課程學

蔡清田 著

五南圖書出版公司 印行

作者簡介

蔡清田

學歷：臺灣省立臺南師專、國立臺灣師範大學教育系學士與教育研究所碩士、英國東英格蘭大學（University of East Anglia）教育學院哲學博士。

重要經歷：曾任國小教師、臺灣省國民學校教師研習會研究教師、國立臺北師範學院兼任講師、國立暨南大學籌備處教務處研究助理、國立中正大學教授。參與教育部國民教育階段九年一貫課程改革規劃、研擬國民中小學課程發展共同原則、教育部國中小學九年一貫課程試辦輔導小組委員、教育部高級中學課程綱要研究委員。

現職：國立中正大學教授兼課程研究所所長與師資培育中心主任。

專長：課程研究發展、行動研究、課程經營、課程改革、課程設計、課程統整、學校本位課程發展、課程領導。

榮譽：中華民國81年教育部國家公費留學考試，赴英攻讀博士。
榮獲國科會85、86、88、89學年度甲種獎助。
榮獲2007年第20屆國立臺南大學學術類傑出校友。

專著：課程設計（與黃光雄合著，五南，1999）、教育行動研究（五南，2000）、課程改革實驗（五南，2001）、學校整體課程經營（五南，2002）、學習領域課程設計（五南，

2002）、課程政策決定（五南，2003）、課程發展行動研究（五南，2004）、課程統整與行動研究（五南，2004）、課程領導與學校本位課程發展（五南，2005）、課程創新（五南，2006）、學校本位課程發展的新猷與教務課程領導（五南，2007），並譯有革新的課程領導（學富）、校長課程領導（學富）、課程統整（學富）、統整課程的設計（麗文）、「課程行動研究」（麗文）等書，及課程領域學術論文數十篇。

黃　序

　　蔡清田教授為國立中正大學課程研究所所長兼師資培育中心主任，他多年來從事課程研究與師資培育工作，倡導「教師即研究者」的課程改革理念，其用心值得肯定與支持。蔡教授與我共同規劃中正大學課程研究所博士班與碩士班，提供並鼓勵教育人員進行課程與教學研究的機會。特別是中正大學課程研究所97學年度招收碩士生是配合教育部政策，並經由前後任教育學院院長楊深坑教授與胡夢鯨教授協助，透過校內總量管制調撥教育學院教育學研究所、成人與繼續教育研究所、犯罪防治研究所、運動與休閒管理研究所各兩名碩士生員額而成。教育學院四個研究所的鼎力支持，展現團隊精神，令人感沛。本所主要的目標是希望在國內大力從事教育改革的時刻，能夠培養高級的課程與教學研究人才，投入這一波必須永續經營的課程與教學改革。

　　蔡教授的這本著作嘗試進行課程學的研究，內容包括理念建議的課程、正式規劃的課程、資源支持的課程、實施教導的課程、學習獲得的課程、評量考試的課程、評鑑研究的課程，具有課程理論研究與課程發展實務功能，可做為我國推動課程改革的參考。本書的完成，我很慶幸有機會先睹為快，因此不敢獨享，希望能與教育界同道共享。如果本書能及時於國立中正大學課程研究所首度招收碩士生之時，順利出版，則其意義更大。

黃光雄

於2008年元月

國立中正大學榮譽教授

自　序

　　課程研究是課程學的研究過程，課程研究也是課程改革的推動器，更是課程發展的催化劑。透過課程研究，可以課程理念與課程現象做為基礎，深入瞭解課程改革先烈前輩的課程理念與課程經驗智慧，並以課程理念與課程現象相互激盪轉化，瞭解課程改革成敗的前因、過程與後果，以進一步透過慎思熟慮構想理念建議的課程、研議正式規劃的課程、提出資源支持的課程、設計實施教導的課程、引導學習獲得的課程、重視評量考試的課程、落實評鑑研究的課程，研究課程之間的落差與課程缺口，並透過課程的連貫以填補其缺口與橋接其間的落差，促成課程改革的永續發展與進步；甚至透過課程研究，可以鼓勵課程研究者焠鍊出前瞻而務實的課程理念願景，持續開拓前人所未知、更為寬廣、更為深邃之課程學術研究領域，進而建構課程學。

　　因此，本書名為課程學，除了提供今年（2008）成立的國立中正大學課程研究所碩士班開課參考之用，更希望拋磚引玉透過第一章從教育研究到課程研究、第二章理念建議的課程、第三章正式規劃的課程、第四章資源支持的課程、第五章實施教導的課程、第六章學習獲得的課程、第七章評量考試的課程、第八章評鑑研究的課程以探究課程學的研究領域，作為繼續探究課程學的研究參考。

　　第一章從教育研究到課程研究，包括第一節課程的落差、第二節課程的連貫；第二章理念建議的課程，包括第一節歐盟的經濟合作與發展組織OECD（Organization for Economic Cooperation and Development）的「能力的界定與選擇：理論與概念的基礎」（Definition and Selection of Competencies: Theoretical and Conceptual Foundations，簡稱 DeSeCo）能力三維論理念，第二節 Howard Gardner的多元智能論理念，第三節美國、加拿大、英國、

紐西蘭、澳大利亞等強調能力取向的理念，第四節臺灣地區能力取向之理念建議課程；第三章正式規劃的課程，包括第一節能力取向的課程綱要之正式規劃、第二節能力取向的課程綱要之能力指標、第三節能力取向的學校課程計畫之規劃；第四章資源支持的課程，包括第一節由「正式規劃的課程」到「資源支持的課程」、第二節能力取向的「資源支持的課程」。

　　第五章實施教導的課程，包括第一節實施教導的課程之運作與重要性、第二節實施教導的課程與教師專業發展；第六章學習獲得的課程，包括第一節從「實施教導的課程」到「學習獲得的課程」、第二節提供「學習獲得的課程」之學習機會與通道、第三節引導學生透過學習機會與通道進行真實學習；第七章評量考試的課程，包括第一節從「學習獲得的課程」到「評量考試的課程」，討論有關「學習獲得的課程」之評量；第二節「評量考試的課程」之評量報告，則進一步討論有關「學習獲得的課程」之評量報告與如何進行「評量考試的課程」之評量成績報告；第八章評鑑研究的課程，包括第一節層次的課程評鑑與第二節蒐集評鑑研究的課程情報資料，以推動課程發展之改進。

　　本書的出版要謝謝中正大學的同仁與五南圖書公司的協助，筆者希望能對課程研究略盡棉薄之力，唯才疏學，疏漏難免，不周之處尚祈方家不吝指正。

蔡清田

於中正大學課程研究所

2008.1.1

目　錄

第一章　從教育研究到課程研究

　　從教育研究的觀點而言，以往臺灣地區中小學課程與教學的僵化分裂，導致學生學習的零散支離破碎並與生活疏離，容易造成生活、課程、教學、學習、評量之間不連貫的斷裂缺口與脫節落差現象。誠如前行政院教育改革審議委員會，針對學校教育現況分析，指出我國傳統學校各科教學與各項學習活動的獨自分立，各處室課程實施計畫欠缺協調與統合，導致學生承受零散的課程內容，學生學習經驗無法統整，學生人格發展無法統整，全人教育無法實現的弊端（行政院教改會總諮議報告書，1996），是以生活、課程、教學、學習、評量之間不連貫的脫節，所導致的落差現象，值得特別重視與檢討改進，教育相關人員除了可以從課程統整的角度加以因應之外（黃政傑，1991，黃炳煌，1999，黃光雄等譯，2001，單文經，2001，陳伯璋，2003；歐用生，2003；蔡清田等，2004b；Beane, 1997；Drake, 1998；Fogarty, 1991；Jacobs, 1991），亟需進一步深入研究其彼此之間的可能連貫之道，並透過課程改革的具體行動，以填補其缺口與橋接其間的落差（Whitty & Power, 2002）。

　　特別是從「課程研究」（curriculum research）的觀點而言，過去臺灣地區課程標準與課程綱要的教育目的、課程目標、教學目標、單元目標、具體目標、課程內容、教學歷程、學習結果、評量內容之間往往出現彼此不連貫的缺口與落差，甚至產生彼此矛盾衝突之處（蔡清田，2005），更形成課程、教學、學習、評量之間斷裂脫節的缺口與落差，有逐漸加深加廣之惡化現象，令人憂心；殊不知如果課程不連貫，就會導致教學與學習之道不連貫，更會造成教學不連貫與學習不連貫，影響學習品質，不利於學習的進步開展，值得重視與進一步深入研究探討，應該可以透過課程學術研究來探究此一複雜課程現象（Halpin, 2006），以建構課程學術研究

的專門領域與學術造型，可以作為課程學的研究重點。

「課程研究」是課程學的研究過程，課程研究是課程改革與課程發展的入門，課程研究也是課程改革的推動器，更是課程發展的催化劑。課程研究（research），不只是在蒐尋（search）課程現象，更是以新的視野重新蒐尋（re-search）課程現象（蔡清田，2002）。課程研究，是一種系統化的活動，透過蒐尋與再蒐尋的重新審視歷程，以發現或建構一套有組織的行動知識體系。課程研究可以指出課程因素，以便理解課程現象（Pinar, Reynold, Slattery & Taubman, 1995），而且課程研究的發現，可作為繼續探究課程的指引（Moore, 2006）。課程研究的目的在於增進對課程現象的理解，透過探究以建構課程理論、模式或行動方案（Stenhouse, 1975），可以協助相關人員理解課程發展歷程，並作為進一步規劃與實施課程方案之參考依據。

「課程研究」是指一種對課程現象追求更寬廣更深層的理解之努力行動（黃光雄與蔡清田，1999），透過課程研究，可以課程理念與課程現象做為基礎，理解（understanding）課程改革先烈前輩的課程理念與課程經驗智慧，進而設法站在巨人的肩膀上，登高遠眺並深入研究課程的各種可能來源與發展軌跡，而且透過課程理念與課程現象相互激盪轉化，研究課程理念與課程現象之間的落差與缺口，理解課程改革成敗的前因、過程與後果（Pinar, 2004），以進一步透過慎思熟慮構想「理念建議的課程」、研議「正式規劃的課程」、提出「資源支持的課程」、設計「實施教導的課程」、引導「學習獲得的課程」、重視「評量考試的課程」、落實「評鑑研究的課程」，研究「課程的落差」與課程缺口，並透過「課程的連貫」以填補其缺口與橋接其間的落差，促成課程改革的永續發展與進步；甚至透過課程研究，可以鼓勵課程研究者超越自己的先前理解，進而焠鍊出前瞻而務實的課程理念願景（Scott, 2006），更鼓勵課程研究者持續開拓前人所未知、所未發現、更為寬廣、更為深邃之課程學術研究領域（Moore, 2006），進而建構課程學。作

者野人獻曝，希望能在本書各章逐步就此進行初步的研究，並可作為未來建構課程學的基礎。本章從教育研究到課程研究，便針對上述各層面的課程意義、理念、實務現象及其落差現象與可能的連貫之道進行研究，包括第一節「課程的落差」與第二節「課程的連貫」。

第一節　課程的落差

　　從課程學術的研究觀點而言，生活、課程、教學、學習、評量之間不連貫的缺口斷裂脫節等等現象，產生「課程的落差」（curriculum gap），除了可能是課程改革（curriculum reform）的不同階段過程之課程研究、課程規劃、課程設計、課程實施與課程評鑑之間所導致的可能結果之外（蔡清田，2001），也往往與不同課程理論流派立場的教育相關人員對「課程」（curriculum）意義之觀點與詮釋理解有著密切關係（蔡清田，2006）。

　　課程從哪裡來？這個問題是課程學研究的重要問題，這個問題也與課程的意義有著密切關聯（Marsh & Willis, 1995）。例如，將「課程」視為一種學習科目、教科書、教學物質材料或具體可見之教材，通常是一種常識，也是學校教師、學生家長及社會大眾所熟知的一種課程意義，也是最傳統、最普遍的課程定義方式之一（Glatthorn, 1987）。特別是在傳統的課程定義之下，往往「課程」的範圍是指學校教學的科目知識結構、知識內容或教材綱要（Glatthorn, 1990）。換言之，一般人往往將教師準備於課堂教學的科目主題與內容綱要，視同為「課程」的同義詞，或將學校開授的科目表或學生的功課表視為「課程」的全部，甚至將教科書當成唯一的「課程」（Glatthorn, 2000）。

　　上述此種課程意義與來源，重視學科內容的知識權威性，以致課程改革容易流於強調學科之間上下左右的變動、上課時數的調整、教材內容的增刪，較少注意課程實施的實際情況和教育改革理

念的動態變化（黃光雄與蔡清田，1991），更容易忽略學校教育資源、教師教學態度、學生學習能力等等面向的課程改革（蔡清田，2001）。可見上述的傳統課程意義，並不是唯一的課程意義，特別是不同層次的教育人員可從不同的立場角度觀察課程現象，而提出不同的課程意義與詮釋觀點（Doll & Gough, 2002），而且不同層次的課程意義之間也存在著不一致的落差（黃政傑，2005）。從課程理念轉化到課程實際之間，這條漫漫長路的課程通道（歐用生，2007），往往存在著彼此不連貫的缺口。是以課程改革這一條漫漫長路，要避免沿途中斷不通，尚需考慮到其他面向的課程意義觀點與差異現象，並需設法填補其缺口及橋接其落差，以連貫課程通道，並確保其間交通暢通無阻。

　　從課程研究的視野而言，「課程」的意義是什麼？眾說紛紜，有如蘇東坡的題西林壁所云：「橫看成嶺側成峰，遠近高低各不同；不識廬山真面目，只緣身在此山中。」此種千變萬化的景象，不僅讓教育相關人員嘆為觀止，更顯露出課程現象的動態性與意義的多樣性（蔡清田等，2007）。例如，部分家長與社會人士便往往習慣於認為課程便是學校教學「科目」（Willis, Schubert, Bullough, Kridel & Holton, 1994）；部分學校教師也都習慣於接受課程是出版社編輯設計出版的「教科用書」（Glatthorn, 1987）；部分課程學者認為課程是指「教材大綱」，亦即，課程是條列教材內容的綱要（Bruner, 1967）；也有部分教育行政人員強調課程是一系列的教學「目標」（Bobbitt, 1918; Tyler, 1949）；更有教育行政人員主張課程是一種學校教學「計畫」（黃政傑，1991）；也有部分課程學者認為課程應該是指學生學習「經驗」（Schubert, 1986; Skilbeck, 1984）；甚至有學者從教師的專業角度來分析課程的教育意義，將課程視為有待教師在教室情境當中加以實地考驗的一套教學歷程的「研究假設」（蔡清田，2001；Stenhouse, 1975）。可見，課程存在許多層次，每一個層次的課程都是特殊決定過程所造成的結果（黃光雄與蔡清田，1999）。這種情形就如同Daignault

（1995, 483）所探討的課程理念與教學實務之間的「缺口」與「落差」之現象，流露出課程現象的動態性與意義的多樣性，具有「諾曼地」的游牧性質（Pinar, Reynold, Slattery, & Taubman, 1995, 483），也是變動不居的、未完成的、有待補充的（Cherryhomes, 2002），可以提供「課程的落差」與「課程的連貫」之再概念化觀點。

　　從課程學的研究觀點而言，不同層次的課程意義與來源，可能代表不同人員對課程的不同觀點視野與詮釋意義，也可能代表不同課程之間的區別，更可能代表不同課程之間存在著某種不能被忽視的落差（Brophy, 1982）。例如，美國教育學者古德拉（Goodlad, 1979, 60）便認為有五種不同的課程意義在不同的層次運作；第一個層次是「理念的課程」（ideological curriculum or ideal curriculum），舉例而言，美國聯邦政府、各種基金會和特定利益團體成立委員會，探討課程問題，提出的課程革新方向都是屬於「理念的課程」。第二個層次是「正式的課程」（formal curriculum），舉例而言，由美國州政府或地方教育董事會所核准的課程方案，可能是各種理念的課程之綜合或修正，也可能包含其他課程政策、標準、科目表、教科書等等，皆屬於「正式的課程」。第三個層次是「知覺的課程」（perceived curriculum），指學校教師對於「正式的課程」加以解釋之後所認定的課程。第四個層次是「運作的課程」（operational curriculum），指教師在班級教學時實際執行實施運作的課程。第五個層次是「經驗的課程」（experienced curriculum or experiential curriculum），指學生實際學習或經驗的課程。

　　從課程學術的研究觀點而言，不同類型的課程意義與來源，是課程發展相關活動所產生的實質成果，更是課程探究（curriculum inquiry）的對象。這些課程發展活動過程當中，存在於許多不同意義類型的課程層次（Glatthorn, 2000）。誠如美國學者Brophy（1982）以圖1-1說明課程在各層次意義類型之間轉化所造成的落差：

A	(一)美國州政府或地方層次的官方正式課程
Ao　　　　B	(二)學校校長或教師委員會對正式課程的解釋
C	(三)學校採用的正式課程
Co　　　　D	(四)教師對學校課程的解釋
E	(五)教師預定採用的課程
Eo　　　　F	(六)教師實際教學所實施的課程
E2 E1 E3 F3 F1 F2	(七)學生經驗的課程

圖1-1　課程轉化造成的落差

資料來源：Brophy, 1982, 4

一、圖中A代表是由美國州政府或地方學區層次官方所選用的正式
　　課程。

二、在地區學校層次轉化時，被學校校長或教師所組成的委員會加
　　以改變，這些改變包括由正式課程（A）中刪除Ao的部分及加
　　上B的部分。

三、學校採用的正式課程（C）已非原本州政府或地方學區的官方
　　正式課程的A課程。（C＝A＋B－Ao）

四、每位教師在解釋學校所採用的課程（C）時，可能依據教師本
　　身的喜愛及對於學生需求的觀點，而刪除圖形中Co的部分，
　　加進D的部分。

五、因此每個個別的教師所採用預定的課程E（E＝C＋D－Co），
　　既不同於官方正式課程（A），也和非官方的正式課程（B）
　　不同。

六、教師在根據自己預定的課程（E）於實際教學的過程中，可能
　　由於時間限制而調整刪除部分課程（Eo），又以錯誤或偏差
　　的方式教導了一部分（F），因此，學生就可能被教導一些不
　　同於預期的或錯誤的引導或不正確的知識。

七、在學生學習的層次，所有個別的教師實際上所教導的正確的（E）或不正確的（F）材料中，學生所學習及保留的部分只有E1和F1，某些部分學生可能因為教師教導得太簡略或含糊不清而漏失掉（E2，F2），又可能因為學生本身錯誤的先入概念，扭曲了部分的知識（E3，F3）。到最後，只有E1部分是教師預定所採用的課程（E）中，所成功教導而成為學生實際經驗的部分。

　　除上述Goodlad（1979）與Brophy（1982）的課程意義分類之外，也可以就美國課程領導學者葛拉松（Glatthorn, 1987）的理論觀點來論述，課程可依據實施程度而分成六種不同的意義類別，即「建議的課程」（the recommended curriculum）、「書面的課程」（the written curriculum）、「支援的課程」（the supported curriculum）、「施教的課程」（the taught curriculum）、「施測的課程」（the tested curriculum）以及「習得的課程」（the learned curriculum）。其所謂「建議的課程」係指學者所構想推薦的課程，類似於古德拉的「理念的課程」；「書面的課程」係指政府公布的課程綱要文件內容，例如美國地方政府所公布的文件，諸如美國地方學區所規定的課程範圍與順序圖表（scope and sequence charts）、美國地方學區所規定的課程指引（district curriculum guides）、教師的規劃文件（teachers' planning documents）以及課程單元（curriculum unit）等等，類似於古德拉的「正式課程」；「支援的課程」則是指受到學校教師所支持的課程內容與方法及支持課程的資源，類似於古德拉的「知覺的課程」；「施教的課程」係指教師所實施教導傳遞的課程內容，類似於古德拉的「運作的課程」；「施測的課程」係指透過測驗考試等評鑑的課程內容；「習得的課程」係指學生學習所學習經驗到的課程，類似於古德拉的「經驗的課程」（黃光雄與蔡清田，1999）。

　　但是，特別是值得留意的是，在不同課程意義層次當中，存在著許多不同的影響型態與落差。換言之，在不同層次課程意義

的理解、詮釋、轉化過程當中是存在著落差，可能造成不同課程意義層次在理解、詮釋、轉化過程當中理念的減損與內容的不斷遞減，甚至形成難以彌補的課程缺口、落差、斷層，而造成課程改革通道的中斷與不通。就一般而言，「建議的課程」往往是尊重學者專家的理念學說之建議，但是「建議的課程」經過正式轉化成為「正式的課程」之程度，可能會受到特定學習領域科目性質之不同而有異（Kendall & Marzano, 1997）。例如美國有些專業團體所研發建議的課程標準，諸如美國全國數學教師學會（National Council of Teachers of Mathematics）所提出的課程革新理念建議之課程標準，似乎研究發展的相當完整而成為一種學說的理念建議課程，而且也被美國數學教師與教育界所廣泛的認同與接受，因此，這些理念建議的課程可以提供政府針對數學教育的「正式的課程」之有用指引。相反地，美國全國英語教師國際閱讀學會所倡導建議的標準（National Council of Teachers of English and International Reading Association, 1996），就是因為課程革新方向與理念太過於模糊不清，而且只是關心發展過程，以致遭受美國英語教師廣泛的批評，因此其所建議倡導的理念課程，似乎對課程發展者實際幫助不大（Glatthorn, 2000）。本章下一節與本書稍後各章，會繼續針對這些不同層面的課程，加以進一步闡釋論述說明，並指出課程連貫的觀點。

第二節　課程的連貫

　　上述學者所提出之「建議的課程」、「書面的課程」、「支援的課程」、「施教的課程」、「施測的課程」以及「習得的課程」等等不同課程意義與來源之間的落差（Goodlad, 1979; Brophy, 1982; Glatthorn, 1987），已經引起學者專家提出有關「課程的連貫」（curriculum alignment）或課程一貫連結的建議與呼籲（蔡清田，2002; 2003; 2006; English, 1992; Glatthorn, 2000）。「課程的連

貫」之重要倡導者，例如English（1992）強調課程與評量測驗考試之間必須緊密加以聯結配合。此種一貫連結可以經由「前置」（frontloading）與「後置」（backloading）來達成連結；「前置」是指先發展課程，再尋求可以配合課程的評量；「後置」則是指先發展評量，再發展可以配合的課程，此種「課程的連貫」之歷程，最好是能夠獲得政府主管教育部門相關人員與學校教師的關注，並設法加以落實課程、教學、學習、評量的連貫（Glatthorn, 2000），不僅可以讓學校教師獲得課程發展所有權的隸屬感，而且更能夠讓學校教師對新課程的理念內容能有更深層而細膩的認識與課程實施的能力與意願。

　　值得注意的是，從生活統整、課程規劃、課程設計、課程實施教學、學習評量之間的連貫而言，美國的「人的研究」（Man: a course of study，簡稱為MACOS）也具有課程連貫的現象，美國聯邦政府為了加速科學教育，透過學界推動「學科運動」（discipline movement），這種由美國聯邦政府透過聘請世界一流大學優秀學者專家進行研究規劃設計，將其「理念的課程」轉化成為教材教具等「支援的課程」，並進而經由指定的教材教法與教師在職進修培訓，以推廣其「理念的課程」與「支援的課程」並連貫到學校課程內容；其規劃途徑，包括從布魯納（Jerome S. Bruner）「理論觀念」（theoretic ideas）到「教育理念」（educational ideals），以及從「課程宗旨」（course goals）到「教學目的」（pedagogical aims）等等「理念的課程」，轉化為一般社會大眾所「知覺的課程」（perceived curriculum）與「支援的課程」以及「運作的課程」（operational curriculum），提供學校教師作為進行教學依據的「學習科目」（course of study）與學生學習經驗（learning experience）之「經驗的課程」（experiential curriculum）。其課程變革本質具有課程的連貫性，包含了「教材的變革」（change of material）、「知識的變革」（change of knowledge）、「學習的變革」（change of learning）和「教學的變革」（change of teaching）的一致性；其課程發展歷程也具有課程的連貫性，包括從「課程結構」（curriculum structure）到「學科結構」（structure of discipline）到「螺旋課程」（spiral curriculum）到「學習科目」（course of study）、在學校中試用、「防範教師」（teacher-proof）的課程等面向；課程發展過程中之「教師即媒介者」角色、學校教師研習進修訓練與課程推廣的性質與學校教師專業發展策略，均強調課程的連貫性（蔡清田，2006），可資我國課程研究人員進一步探究「課程的連貫」之參考。

同樣地，從整體課程改革政策規劃、課程方案設計、課程推廣教學、評量考試之間的連貫而言，英國1988年「國定課程」（The National Curriculum）與國定課程評量（The National Assessment），透過課程一貫連結，合理連貫各層次的課程，使其一貫連結，有助於縮短各課程層次之間的落差。英國教育與科學部（Department of Education and Sciences）的一項政府官方文件《從政策到實務》（*From Policy to Practice*），極力強調官方正式規劃「國定課程」的重要性（DES, 1989），教育與科學部的課程政策指定「國定課程」包括其「基礎科目」（Foundation Subjects）、「成就目標」（Attainment Targets）、「學習方案」（Programmes of Study）；而且「國定課程」的政策推動，基本上是奠基於一種「由中央到邊陲系統」，透過科層體制式「訓練受訓種仔」方法之「分段垂降模式」（Cascade Model）的行政推廣實施策略，而且國定課程評量考試以及英國教育標準局（the Office for Standards in Education，簡稱OFSTED）的學校視導評鑑，均強調課程的連貫性（蔡清田，2003），可資我國課程研究發展人員進一步探究中小學課程連貫之參考。

又如，從生活統整、課程規劃、課程設計、課程推廣、課程實施教學、學習評量之間的連貫而言，英國「人文課程方案」（Humanities Curriculum Project，簡稱HCP）課程規劃小組成員，接受英國中央政府教育與科學部（Department of Education and

Sciences）與「課程和考試的學校審議委員會」（Schools council for curriculum and examination）之專案委託，研議規劃如何因應國民教育年限往上延長至十六歲的國家教育改革政策之配套措施，進行中等學校教育課程改革實驗之規劃，從延長國民教育到規劃方案、從教育政策到教育目的、從教育目的到教育原理，期間歷經從「教育政策」（educational policy）轉化為「教育目的」（educational aim），並從「教育目的」轉化為教育歷程的「邏輯前提」（premises）或「程序原理」（procedural principle）與「歷程原則」（principles of procedure）之「歷程模式」（process model）的課程規劃，從「教師即研究者」到「教室即課程實驗室」、從教育的「實驗規則」到課程的「研究假設」、從課程的「研究假設」到教學的「待答問題」等層面，從生物自然擴散到人為教育推廣、從訓練種籽教師到分段垂降模式、由在職進修訓練到在職進修教育、由教師在職進修到教育專業發展、由教師研習中心到專業社區網路、由學校行政管理到學校課程領導等方面來進行課程推廣，均強調課程連貫的重要性（蔡清田，2001），可作為我國推動十二年一貫課程改革之借鏡。

　　然而，上述課程層面的探究，是英美等國學者根據其特定教育情境的課程層次分類，而較適用於英美等國的學校教育，不一定完全適用於臺灣教育。但是，話雖如此，有趣的是，臺灣的學校課程改革也有著類似的現象。臺灣的「國民中小學九年一貫課程改革」，是一種後現代社會的動態課程，氣象萬千，其原初課程改革理念之一，是透過課程綱要取代課程標準，並下放課程決定權，鼓勵學校進行課程發展，促進教師教學專業自主，減少授課科目，落實人本情懷、統整能力、民主素養、鄉土與國際意識、終身學習等課程改革理念，但是，整個課程改革的起草研議、規劃設計、推動實施，卻沒有完全遵行課程研究發展的正常程序，以致在急進之下，倉促公布課程綱要，並沒有經過嚴謹的課程研究發展實驗教材、試教的測試過程及普遍的課程推廣與適當的教師研習新教材教

法，便在全國各地快速地全面進行課程實施，由於前置作業不夠周延，這個變革幅度大、牽連廣泛的課程改革，從課程理念轉變成為課程綱要的正式課程，再轉化到教科書等支援的課程與師資培訓推廣的配套措施都環環不相扣（2004/3/6，中國時報），產生課程的缺口與落差。

關心此種教育改革現象的課程學者指出，國民中小學九年一貫課程改革的主要問題包括：時間延宕，準備倉促；配套措施，未能突破；由上而下，缺乏參與；概念模糊，影響品質；實施策略，偏於技術；提供命令，缺乏菜單；措施零散，缺乏整體；政策搖擺，加深疑慮（歐用生，2002）。國民中小學九年一貫課程改革的理論與實務之間存有種種落差，諸如宿命式的落差、能量的落差、結構的落差、表象與實質的落差（吳麗君，2002）。政策轉化的宿命式落差，主要是政策不清楚，以及政策與手段未能配合有關；能量的落差是指能力不足，尤其可能是相關人員的體能、時間和專業知能不足，專業能力如課程領導能力、學校本位課程發展能力、課程慎思能力、統整課程設計能力等有待開發；結構的落差與組織結構因素有關，例如校內外的課程發展委員會及教科書編審及選用等因素；表象與實質的落差，與課程層次由政府機構到學校組織到學年班級到任課教師到教室班級到個別學生的層層傳遞轉化有關，因不同層次之間的溝通和協商不足所致而導致理念的課程、知覺的課程、運作的課程與經驗的課程之間的落差。上述宿命的落差及結構的落差，可說是課程政策目的本身的上游決策問題，不易克服，除非廣邀相關人員參與課程決策；能量的落差及表象與實質的落差，應該是在地方教育主管單位及學校與教師執行課程政策的問題及配套措施，或可努力補強（方德隆，2003）。

目前臺灣已經由國民中小學九年一貫課程改革，進入到建置中小學十二年一貫課程體系行動綱領，努力建構連貫的課程與無縫隙的課程，而不是過去脫鉤不連貫的課程。因此，積極因應時代變遷的未來課程革新，不能再以過去的教材、教導現在的學生、適應

未來的生活。是以教育部積極推動並透過評鑑研究九年一貫課程改革，將國小一年級到國中三年級這九年的課程加以連貫，甚至銜接後期中等教育課程改革，建置中小學十二年一貫課程體系行動綱領，希望建立一個更為緊密連貫與垂直銜接而且沒有漏接漏洞的課程系統。在此過程中，教育人員與學校教師應該在課程研究、規劃、設計、實施、評鑑等課程改革歷程中，強調連貫的課程，如同接力賽跑的選手一樣要有交棒與接棒的連貫過程與結果，面對目前中小學課程的缺口、斷層與落差，進行課程銜接與緊密聯結，重視課程的繼續性、順序性、統整性與銜接性，彌補各教育階段的課程落差，努力建構連貫的課程。

但是，臺灣地區由於過去多年來受到升學考試、統一命題、統一分發與國立編譯館統一編輯教科書的制度影響，大多數學校教師往往認為課程，是教育部等官方政府頒布課程標準的規定或國立編譯館編輯發行的教科書，或是民間出版社根據政府頒布課程標準而編輯設計且經政府審查通過的教科用書。此種觀點認為課程是政府官方規定的書面內容或教科書商編輯的物質產品，甚至認為教科書就是課程的全部，容易忽略了學校的課程計畫（黃政傑，1991），而且往往認為教師的角色只在於將別人所設計的課程產品內容加以照本宣科，進行忠實的課程實施（歐用生，1996），更漠視教師教學實施運作的課程可能涉及教育實務反省批判的歷程與學生學習經驗獲得等層面的課程意義。

課程從哪裡來？這個問題是課程學研究的重要問題，這個問題與課程的意義與來源有著十分密切的關聯。為了回答此一課程學研究的重要問題，而且也因應臺灣當前學校教育現況，本書作者將上述英美紐澳等國學者有關課程落差與課程轉化的種種觀點加以融合，採取課程連貫的視野，考量臺灣目前學校教育現況與未來課程發展趨勢，慎思課程意義的七種可能來源，並嘗試從課程學的研究觀點，區分為如下可加以連貫的課程意義與課程來源，研究課程學的可能圖像，包括：「理念建議的課程」（ideal or recommended curriculum)、「正式規劃的課程」（formally planned curriculum）、「資源支持的課程」（resources supported curriculum）、「實施教導的課程」（taught or implemented curriculum）、「學習獲得的課程」（learned or achieved curriculum）、「評量考試的課程」（assessed or tested curriculum）與「評鑑研究的課程」（evaluated or researched curriculum），摘要如圖1-2，並在本書稍後各章加以逐項一一詳細探索。

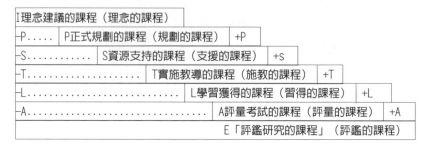

圖1-2　課程學的各課程層次間之落差與連貫

　　整體而言，由上圖可知，課程是動態發展與不斷生成開展的（becoming），每一個課程來源，各自代表課程研究發展的不同階段之不同意義，似乎如同蘇東坡題西林壁所云：「橫看成嶺側成峰，遠近高低各不同」，又如同張三豐的太極劍法，千變萬化、令人目不暇己；然而，如果我們用課程學研究的視野觀點加以研究分析，就會發現每一個課程意義與來源都不是分開獨立中斷的，而應該是代表課程研究發展階段的連續發展與彼此連貫成為一體的不同面向，如同從不同角度立場觀看廬山的不同面向。

　　然而，個別而言，上述課程意義與來源的層次區別與課程研究發展階段的生成與開展，有可能代表不同層級觀點的課程研究發展相關人員，對課程意義與來源的不同理解（understanding）、詮釋、修改、補充、調整轉化過程當中，所產生距離間隔的缺口與落差，例如「理念建議的課程」（ideal or recommended curriculum 簡稱I）轉化成為「正式規劃的課程」（formally planned curriculum

簡稱P），可能減損（-P）或增加（+P）；在轉化成為「資源支持的課程」（resources supported curriculum，簡稱S），可能減損（-S）或增加（+S）；在轉化成為「實施教導的課程」（taught or implemented curriculum，簡稱T），可能減損（-T）或增加（+T）；在轉化成為「學習獲得的課程」（learned or achieved curriculum，簡稱L），可能減損（-L）或增加（+L）；在轉化成為「評量考試的課程」（assessed or tested curriculum，簡稱A），可能減損（- A）或增加（+A）。從課程學的研究觀點而言，各課程層次之間可能產生落差，如果各課程層次之間的溝通、解釋、協商不夠充分，其間落差必然加劇，應該可以透過課程學的研究之努力，蒐集課程研究發展資料情報以探究評鑑研究的課程（evaluated curriculum，簡稱E），並透過經過評鑑研究之後進行課程改革並加以連貫，以縮短各個課程層次之間的落差。

　　本書作者深切期望課程學者、政府官員、出版社、學校教育人員、學生家長與社會大眾等教育相關人員，從不同角度立場理解「課程」的意義，可收「橫看成嶺側成峰，遠近高低各不同」的整體視野交融之效；但應避免「盲人摸象」或各持己見或以偏蓋全，宜從課程學術研究的整體觀點，理解課程現象的動態性與意義的多樣性，探索發現課程研究發展的缺口與落差之處，並且發揮團隊分工與密切合作的同舟共濟精神，透過大隊接力的分工合作與緊密聯結等具體行動以進行「課程的連貫」。

　　簡言之，「理念建議的課程」（ideal or recommended curriculum），簡稱「理念的課程」（ideal curriculum）或「理念學說建議的課程」，又稱「理念研究建議的課程」或稱為「意識型態的課程」（ideological curriculum），是指由學者、專業組織、基金會和特定利益團體成立委員會或個別的學者專家，進行課程問題探討與理念的倡導，如我國行政院教育改革審議委員會總諮議報告書與中華民國課程與教學學會的年刊，黃光雄、黃炳煌、黃政傑、歐用生、陳伯璋等知名課程學者的傳記或其所提出的課程理念學說

與課程革新方向，都是屬於理念學說建議的課程，例如「全人教育」、「整體課程」、「統整課程」、「學校本位課程發展」、「潛在課程」等等理念學說，都有待採用或接受，始可發揮其功能。特別是在革新課程與教學的具體建議上，前行政院教育改革審議委員會總諮議報告書的課程改革理念，也明確地指出國民中小學課程，應該以生活為中心，整體規劃，並以強健體魄，促進個體充分發展與增進群己關係為目標，培養生活基本能力，建立生活的基本態度與習慣，奠定其終身學習的基礎（行政院教育改革審議委員會，1996，38）；前行政院教改會也建議政府應速建立基本學力指標，從事有關課程發展的基本問題研究，並建立課程綱要的最低規範，以取代現行課程標準，使地方、學校及教師能有彈性的空間，因材施教或發展特色（行政院教育改革審議委員會，1996，38），這也都是屬於理念學說建議的課程。

值得注意的是，此種「理念建議的課程」，應該是一種經過課程研究（curriculum research）之後所提出的課程理念或理論構念，以作為課程改革理念之建議，並避免受限於特定課程理論流派立場（Scott, 2006），或陷於習焉而不察之意識型態泥淖而不自覺。特別是課程研究不只是在蒐尋課程現象，更是以新的視野重新蒐尋課程現象，以便進行課程改革情境分析的需求評估，或需要研究影響課程改革的優劣機會與威脅等內外在的動態情境因素，進行課程改革的需求評估，以瞭解課程改革的問題與需要是什麼？進而建構教育願景與課程目標，規劃設計適當課程方案，並進行實施與評鑑回饋。「課程研究」是指一種對課程現象追求更寬廣更深層的理解之努力行動，根據過去經驗，分析研究實際情境與相關理論，對於可能遭遇的困難如衝突抗拒等，加以預測與防範，因此，可以作為課程改革的建議之參考（蔡清田，2002）。

換言之，教育相關人員應該可以透過課程研究的需求評估（Taba, 1962; Tanner & Tanner, 1995）、情境分析（Price & Stradley, 1981; Skilbeck, 1984）與課程探究（Short, 1991a; 1991b; 1991c），

瞭解目標的來源（Tyler, 1949），探索描述分析課程、檢視課程綱要與學校課程計畫（Henderson & Hawthorne, 2000），配合整體社會發展的需要（Oliva, 1992），進行課程學術研究，指出影響課程改革的因素，以便瞭解並說明課程發展現象，而且根據課程研究發現，繼續進行規劃設計與實施評鑑（蔡清田，2000）。課程研究是課程發展的入門，課程發展是在特定的教育情境條件之下，發展出一套課程系統，以達成教育目標的一種課程行動。課程研究的貢獻，可以解釋課程發展的相關現象，其貢獻不僅限於解答特殊的課程問題，而在於提供課程理念、模式與通則等等建議，以協助課程研究發展人員理解課程發展的動態歷程，並進而充實課程規劃設計、實施與評鑑之實踐能力（蔡清田，2002）。

「正式規劃的課程」（formally planned curriculum），或簡稱為「規劃的課程」（planned curriculum），又稱「正式課程」（formal curriculum）或「政府官方規劃的課程」，是指政府所公布的課程文件，例如政府所公布的課程綱要、學校課程計畫以及教師所設計的課程單元主題計畫，往往以書面的型式出現，因此在歐美等國往往又稱為「書面課程」或「書面計畫課程」（Glatthorn, 2000）。就其特點而言，特別是指由政府官方所正式公布認可的課程綱要或課程標準或核准的學校課程計畫與課程方案的規定等政府官方的政策文件，如課程綱要、科目大綱等等，所以又稱「官方形式課程」。

「正式規劃的課程」可能和「理念建議的課程」完全一樣，完全接受「理念建議的課程」，但是，「正式規劃的課程」也可能是各種理念學說課程之綜合或修正。由於「正式規劃的課程」的品質良窳，攸關課程發展成效。因此，從「正式規劃的課程」的研究規劃制定、實施執行到評鑑回饋，都要相當謹慎，以利課程政策的順利推動，促進課程發展。值得注意的是，此種「正式規劃的課程」之課程規劃，宜先透過課程研究的情境分析與需求評估，導出課程改革計畫與架構的慎思熟慮構想，引導課程目標的前進方向。

「資源支持的課程」（resources supported curriculum），或簡稱為「支援的課程」（supported curriculum），又稱「資源支援的課程」「資源材料支持的課程」或材料支持的課程，包含所有可以協助教學的學習材料與可以支援課程的資源，例如教科書、軟體與其他教材教具媒體等材料與資源，可以提供教師種種教學機會，以具體和系統的方式，呈現所要教導的知識技能，也可引導學生學習探究的媒介，或引發進一步的批判評價等等（蔡清田，2002）。政府官方「正式規劃的課程」可能受限於政府有限經費或不願與民爭利，因此，不一定由政府官方出版「資源支持的課程」，而是由民間出版業者根據政府官方「正式規劃的課程」，而進一步衍生出「資源支持的課程」，以便學校教師、家長與學生運用的教材或學習資源，特別是教科用書，這也往往是一般人所謂比較容易接觸而體會的「知覺的課程」。但是，學校師生雖然根據教科書等「資源支持的課程」的內容知覺而進行教學實施運作，但卻不一定能完全落實政府官方「正式規劃的課程」或學者倡導「理念建議的課程」。值得注意的是，此種「資源支持的課程」之課程設計，最好也同時考慮到包含成立學習領域與活動課程的方案設計小組，進行教材的編選設計、教學活動的設計、教學內容的範圍、順序與組織，以及空間、資源與設備的配置等等（蔡清田，2002），此種課程也是有待進一步研究。

「實施教導的課程」（taught or implemented curriculum），又稱「教師實施教導的課程」（teacher implemented taught curriculum）或簡稱為「施教的課程」或「教導的課程」（taught curriculum）或「實施的課程」（implemented curriculum）或「運作的課程」（operated curriculum），係指教師在學校與教室所實際教導運作的課程內容，也是指教師在教學時實際執行運作而發生的課程，因此又稱為「運作的課程」。這種由教師日復一日實際傳遞的課程，不一定和教師所知覺的「資源支持的課程」一致，當然也不一定和相同於「資源支持的課程」或政府官方「正式規劃的課

程」或學者倡導「理念建議的課程」之內容，因為教師在教室中是有某種程度的專業自主性，教師往往透過自己的教育信念來詮釋課程並與學生進行互動，可能與知覺到的課程或政府原先正式規劃的課程之間存有差距（Brophy, 1982），但是由於教師很少自行觀察檢視自己實施教導的課程，因此，可以透過受過訓練的觀察者去觀察和紀錄課程實施的歷程，以進一步瞭解實施教導的課程。值得注意的是，此種「實施教導的課程」之課程實施，為減少對課程改革的誤解與抗拒，在此階段需透過教育人員在職進修與學校組織發展，進行教育專業反省與溝通，化解歧見，充實課程實施必要的知能，以順利進行實施教導的課程（蔡清田，2002）。

「學習獲得的課程」（learned or achieved curriculum），或簡稱為「習得的課程」（learned curriculum），又稱「學生學習獲得的課程」，這是Goodlad所稱的「習得的課程」，也是Glatthorn所指底線的課程（bottom-line curriculum），係指學生根據自己的特質、興趣、需要、問題、機會等所選擇的實際學習或「經驗的課程」（experienced curriculum or experiential curriculum），亦即學生真正學會的課程。學生會由種種活動中主動或被動地建構或獲得自己的學習經驗，因此，學生「學習獲得的課程」不一定等於教師「實施教導的課程」或「資源支持的課程」，不一定能完全落實政府官方「正式規劃的課程」或學者倡導「理念建議的課程」，而且教育人員也可以透過評量、問卷調查、晤談或觀察以瞭解學生學習獲得的課程。

「評量考試的課程」（assessed or tested curriculum），或簡稱為「評量的課程」（assessed curriculum）或「施測的課程」，是「測得的課程」（tested curriculum）是指出現於考試測驗和表現測驗當中的課程。例如美國各州的測驗、標準化的測驗、地方學區的測驗與教師自編的測驗，又如我國大學入學考試的測驗、國中基本學力測驗與教師自編的測量試題，這也稱「評量考試測得的課程」，係指透過測驗考試等評鑑的課程內容，具有許多型式與包括

許多目的。特別是教師所發展出來並用來評量學生學習成就，且給予學生學習成績的評量測驗或考試，是最需要謹慎細心的課程評鑑。值得注意的是，此種「評量考試的課程」之課程評鑑，在於蒐集適當而充分的證據，以判斷並改進課程過程與成效，可結合教育行動研究建構不斷循環的評鑑系統，以發揮評鑑與回饋的功能（蔡清田，2002）。

就「評鑑研究的課程」（evaluated or researched curriculum）而言，上述「理念建議的課程」、「正式規劃的課程」、「資源支持的課程」、「實施教導的課程」、「學習獲得的課程」、「評量考試的課程」等等，上述這些課程都是有待研究考驗的課程，也是有待「評鑑研究的課程」，簡稱「評鑑的課程」（evaluated curriculum）或「研究的課程」（researched curriculum），透過課程評鑑研究，可以有助於教育人員探究「評鑑研究的課程」，這種經過評鑑研究的課程，可以有助於教育人員與社會大眾發現並理解本書所指出「理念建議的課程、「正式規劃的課程」、「資源支持的課程」、「施教教導的課程」、「學習獲得的課程」、「評量考試的課程」等等的「缺口」、「落差」與不連貫之處，有助於評鑑研究並前瞻未來，以因應課程改革的永續經營。

以下各章，將分別進一步針對「理念建議的課程、「正式規劃的課程」、「資源支持的課程」、「施教教導的課程」、「學習獲得的課程」、「評量考試的課程」、「評鑑研究的課程」等等層面的課程意義來源及其可能的落差與連貫之道，進行其「課程的落差」與「課程的連貫」之進一步研究。

第二章　理念建議的課程

　　誠如本書上一章所言，「理念建議的課程」（ideal or recommended curriculum）簡稱「理念的課程」（ideal curriculum）（Goodlad, 1979），是指由學者專家所提出的理念學說課程，或由專業組織、基金會和特定利益團體成立委員會，進行課程問題探討與理念的倡導所提出的「建議的課程」（recommended curriculum）（Glatthorn, 2000）。例如，在全球化的浪潮之下，我國行政院教育改革審議委員會總諮議報告書所提出強調培育優質人才的能力取向課程理念建議與課程改革方向，便是屬於「理念建議的課程」（ideal recommended curriculum）。

　　有趣的是，由於學者專家或專業組織、基金會和特定利益團體所提出的「理念建議的課程」，是一種「理念研究建議的課程」或「理念學說建議的課程」，也是一種烏托邦的公共願景與希望（Doll & Gough, 2002; Halpin, 2006），或許都有其倡導的理想色彩或特定利益與習焉而不察之立場（Scott, 2006），因此又被稱為「意識型態的課程」（ideological curriculum）（Goodlad, 1979）。例如，以臺灣地區而言，在課程改革與教學創新的建議上，我國前行政院教育改革審議委員會便有其重視生活中心的特定理念與強調基本能力取向的意識型態立場，前行政院教育改革審議委員會總諮議報告書的課程改革理念建議，指出國民中小學課程應該以生活為中心，整體規劃，並以強健體魄，促進個體充分發展與增進群己關係為目標，培養生活基本能力，建立生活的基本態度與習慣，奠定其終身學習的基礎；甚至明確建議政府應速建立基本學力指標，從事有關課程發展的基本問題研究，並建立課程綱要的最低規範，以取代課程標準，使地方、學校及教師能有彈性的空間，因材施教或發展特色（行政院教育改革審議委員會，1996，38），這可說是一種強調生活中心基本能力取向的意識型態之「理念建議的課程」。

　　本章特別就目前臺灣比較重視的能力取向之課程改革理念，也就是強調培育優質人才的能力取向課程改革理念，進行論述，並就世界各國有關此種能力取向的課程理念之現況加以敘述說明，包括第一節歐盟的經濟合作與發展組織OECD（Organization for Economic Co-operation and Development）的「能力的界定與選擇：理論與概念的基礎」（Definition and Selection of Competencies: Theoretical and Conceptual Foundations，簡稱 DeSeCo）能力三維論理念，第二節Howard Gardner的多元智能論理念，第三節美國、加拿大、英國、紐西蘭、澳大利亞等國的強調能力取向的理念課程，第四節臺灣地區能力取向之理念建議課程，分節敘述如次。

第一節　OECD的DeSeCo能力三維論理念

　　當人類邁向21世紀時，世界各國在社會、政治、經濟、文化上都發生重大變化，而且在全球化的浪潮之下，世界各國政府大都瞭解教育的重要性，先後進行教育改革，重視「基本能力」或「關鍵能力」（key competencies）的重要性，以激發個人潛能，並促進社會進步。在此種趨勢下，世界各國政府莫不積極進行教育改革，思考如何培育新理念、新技術方法、新視野觀點的國民，以促進社會進步發展，與提昇國家的競爭力。

　　例如，為了讓歐盟成為最具競爭力的經濟實體，並讓人民具更有工作力與社會凝聚力，歐盟會議在2001年提出有關未來教育應提供人民具備終身學習的八大關鍵基本能力包括：1.用母語溝通的能力；2.用外語溝通的能力；3.運用數學與科學的基本能力；4.數位學習的能力；5.學習如何學習的能力，包括時間管理、解決問題、蒐集資訊、有效運用資訊的能力、生涯規劃的能力；6.人際互動、參與社會的能力；7.創業家精神；8.文化表達能力。

　　特別是歐盟的「經濟合作與發展組織」（Organization for Economic Co-operation and Development，簡稱OECD）於1998至

2002年進行之大規模專案研究計畫，稱之為「能力的界定與選擇：理論與概念的基礎」（Definition and Selection of Competencies: Theoretical and Conceptual Foundations，簡稱 DeSeCo），便提出一種能力取向的課程改革理念，作為歐盟各會員國進行課程改革的理念建議。歐盟經濟合作與發展組織的「能力的界定與選擇：理論與概念的基礎」DeSeCo專案研究者，特別藉由「基本能力」之大規模研究計畫，試圖凝聚歐盟多數國家之共同理念，形成面對21世紀各項挑戰的行動準則，並體認到個人能力培養與團體社會福祉之間的密切關聯。「能力的界定與選擇：理論與概念的基礎」所探討的「基本能力」屬於較新興之教育研究概念，具有課程研究及教學實驗價值，但其精神為科際整合的團隊合作，從各個專業面向深入追究「基本能力」的本質，因此「能力的界定與選擇：理論與概念的基礎」DeSeCo共整合了十二個歐盟國家的研究團隊，一反過去傳統國際評量研究較著重實用價值的現實取向，轉而採取相當謹慎的基礎研究（basic research）途徑，企圖建立較為堅實而穩固的課程改革理論基礎及願景共識。

在歐盟經濟合作與發展組織的支持下，「能力的界定與選擇：理論與概念的基礎」DeSeCo 的專案研究者進行大規模專案研究計畫，提出了「基本能力」的三維論理念（Rychen & Salganik, 2003）。根據「能力的界定與選擇：理論與概念的基礎」DeSeCo研究團隊指出，所謂的「基本能力」指的是一個人在特定的情境中，能成功地滿足情境中的複雜要求與挑戰，順利進行生活運作或達成工作任務；換言之，「能力的界定與選擇：理論與概念的基礎」DeSeCo的研究團隊採用「需求取向」（demand-oriented）或「功能取向」（functional approach）的論點，強調個體在複雜的情境當中，如何藉由自我的特質、思考、選擇、以及行動，來獲得理想的結果，諸如成功的人生或美好的生活。

什麼是能力？能力是一種複雜的東西，包含許多的要素。例如，能在文法正確的條件下使用語言，此種能力包含某些習慣、技

能、評價、態度、慾望、知識、對他者期待和批評的感覺、對語言的注意、自我判斷、對正確與錯誤形式的感覺、對語言內容的興趣（Bobbitt, 1924）。所謂的「基本能力」，是一種由概念、程序和表現等構成的綜合能力，是「認知」和「動機—行動傾向」的能力綜合體，解決問題的客觀和主觀能力，能成功學習及執行某種任務的行動能力，一些能讓人在一生中應付各種學習、社交、工作挑戰的一般能力，一種判斷個人知識狀態，應用知識及學習知識的後設能力（metacompetencies）（Weinert, 1999）。這種能力取向的理念，適合現今快速變化的知識社會，因為這種能力取向，強調培養一個個體能夠在各種不同社會場合中，應付各種不同工作挑戰的生活能力。在此種情境下的基本能力的特徵，是具有必要性與重要性、基礎性與發展性、普遍性與應用性，而且基本能力包括概念性思維、策略性思維、創造性思維等思維能力與洞察力、執行力、研發力等行動能力。

就「能力的界定與選擇：理論與概念的基礎」DeSeCo研究團隊所界定的「基本能力」而言，包含三類相互關連而且同時各有其重點範疇的「基本能力」，亦即「能自主地行動」（acting autonomously）、「能互動地使用工具」（using tools interactively）、「能在異質性的社會團體中運作產生功能」（functioning in socially heterogeneous groups）。詳細而言之，在這個「能力的界定與選擇：理論與概念的基礎」DeSeCo研究專案界定概念下的「基本能力」，包含三類相互關連，但卻同時各有其重點範疇的「基本能力」分別是：

一、能自主地行動（acting autonomously）

(一)防衛及保護自我權力、利益、責任、限制與需求的能力。
(二)形成及執行生活規劃與個人方案的能力。
(三)在廣泛脈絡情境中與他人互動的能力。

能自主地行動，是指自主地行動的能力素養，指人格認同的發展與決定、選擇與行動的自主性。這類能力素養的範圍，包括捍衛主張及伸張個人自己權利權力、利益志趣、責任、限制及需求的素養；組織形成及執行個人生涯規劃與個人人生計畫的能力；行動時掌握大局視野的世界觀與情境脈絡的能力素養。

二、能互動地使用工具（using tools interactively）

(一)使用語言、符號及文本進行互動的能力。
(二)使用知識與訊息互動的能力。
(三)使用科技互動的能力。

　　能使用互動式的工具，是強調觸類旁通且互動地使用工具，意指靈活使用語言、符號、文本的能力；靈活運用知識和資訊的能力素養；靈活運用科技的能力素養。換言之，包括使用語言、符號與文本的能力，用以理解世界和與人溝通，發展知識與有效與環境互動等；互動地使用知識與資訊、靈活互動地使用科技。

三、能在異質性的社會團體中運作產生功能
（functioning in socially heterogeneous groups）

(一)與他人建立正向關係的能力。
(二)合作的能力。
(三)管理及衝突的能力。

　　能在異質性的社會團體中運作產生功能，重視在多元、多族群的異質性社會團體中良好運作的能力素養，指適應多元文化、多元價值與多族群、多種族、多宗教等異質性社會的重要能力素養。在異質性的社會團體當中運作產生功能，強調人與人之間的互動，尤其是與不同族群、不同文化背景、不同價值的其他人之間的互動，例如擁有與他人良好溝通的能力；維持適當人際關係、與人合作的

能力；處理並解決爭端衝突的能力，並由個人關聯到家庭、社區、社會、國家與國際地球村。

　　歐盟經濟合作與發展組織的DeSeCo進行之大規模專案研究計畫，其主要目標為「建構一個關聯到個人立基於終身學習社會觀點所欲發展之基本能力或關鍵能力的廣泛概念架構，由個人關聯到家庭、社區、社會、國家，亦關聯到國際之間對於這些基本能力或關鍵能力的評估比較、以及就國際比較指標之研究發展與詮釋理解」（Rychen & Salganik, 2003, 2）。由於此一大規模專案研究計畫的構想，相當強調「廣泛及整體的觀點」（broad, holistic perspective），其思考對象不限於學校教育或職業生涯所需取得之素養或能力，而是前瞻性地探索未來社會之中，個人應該具備那些基本的知識與態度，方能夠同時促成「成功的生活」（successful life）及「健全的社會」（well-functioning society）。

　　歐盟經濟合作與發展組織的「能力的界定與選擇：理論與概念的基礎」DeSeCo研究團隊，所提出的這套整體性的基本能力理念參考架構，具有某種程度的普遍性。然而，魏耐特教授（F. E. Weinert）區分了「普遍領域」（domain-general）和「專門領域」（domain-specific）的基本能力，強調DeSeCo計畫注重的是「普遍領域」的素養，而不觸及特定學科的知識領域。誠然，「能力的界定與選擇：理論與概念的基礎」DeSeCo專案研究團隊基於OECD國家的需要，其研究也反映了「文化特定」（culture-specific）或「文化連結」（culture-bound）的特性，歐盟國家有其特定歷史文化背景，「能力的界定與選擇：理論與概念的基礎」DeSeCo的研究理論不見得完全適用於臺灣的社會文化情境。而且，不同的研究團隊對於「基本能力」的定義也有所不同，因為基本能力的建構內涵，會受到情境因素的影響，所以不同學者對「基本能力」的建構內容會有所不同，例如DeSeCo所界定的基本能力似乎欠缺了有關人與自然環境之間關係的能力素養，而且歐盟「能力的界定與選擇：理論與概念的基礎」所論述的基本能力或關鍵能力，似乎是指

述學生修畢後期中等教育的學校課程要進入職場前，應具備的能力，這或可作為我國進行後期中等教育課程改革與政府正式規劃十二年一貫課程改革的準備與參考。

　　值得留意的是，此種能力取向的課程改革理念之建議，特別是強調重視以能力為依據的課程改革理念，強調以基本能力或關鍵能力（key competencies）作為特定焦點之「理念建議的課程」，這是一種強調培育優質人才的能力取向課程改革理念。此種強調培育優質人才的能力取向課程理念的規準包括，明確地指出優質人才應該具備哪些基本能力或關鍵能力的核心素養，可以成為某種特定「正式規劃的課程」之焦點，透過政府課程政策公告宣示，以便於學生知道他們被期待去獲得基本能力或關鍵能力，並被告知學生與教師們會被依基本能力或關鍵能力的達成程度而被應用成為「評量考試的課程」；甚至教學活動之「實施教導的課程」與教材「資源支持的課程」等等也都要能適合於該年齡水準，乃是根據特定基本能力或關鍵能力的邏輯進展而加以建構，而且此種活動也要能引發學生的學習興趣，以預期可達成學習結果之「學習獲得的課程」，而且此種教學活動的學習結果與實作表現，也應該可以運用特定的基本能力或關鍵能力，來評量學生學習的「評量考試的課程」；特別是評鑑更要合乎高品質的規準，可以透過課程評鑑，以確定學生在基本能力或關鍵能力方面的進展情形；評鑑可以提供特定關鍵能力的回饋資訊，而且有效地蒐集並記錄特定基本能力或關鍵能力的資料（Glatthorn, Carr & Harris, 2001, 42）。

第二節　Howard Gardner多元智能論理念

　　在21世紀裡，雖然並不是每一個人都可以如同孫中山先生當名醫或政治家，但是每一個人都有潛力與能力為其國家社會貢獻與為人類服務，可以人盡其才與物盡其用，並且可以行行出狀元。美國哈佛大學（Harvard University）嘉德納（Howard Gardner）教授引

用神經科學的論點、結合心理研究和不同文化知識發展及使用之發現，對人類智能重新加以詮釋理解，指出人類智能可能是由多種能力組成，雖然多數人都擁有完整的智能光譜，但每個人仍顯現出個別的智能特徵。

1983年Gardner教授出版《智能的架構》（*Frames of Mind*），Gardner教授在書中提出了多元智能論（The theory of Multiple Intelligences）的理念，主張人類至少有七種智能存在，其後在1995年又擴展出第八項智能，已被認定並普遍接受的多元智能類型包括：語文智能（linguistic intelligence）、音樂智能（musical intelligence）、邏輯—數學智能（logical-mathematical intelligence）、空間智能（spatial intelligence）、肢體-動覺智能（bodily-kinesthetic intelligence）、內省智能（intrapersonal intelligence）、人際智能（interpersonal intelligence）和自然觀察者智能（naturalist intelligence）等八項智能，茲摘要敘述如次：

一、語文智能

Howard Gardner教授認為語文智能（linguistic intelligence）是人類智能的明顯例證，語文智能是指「能有效地運用口語表達或文字書寫的能力」，亦即有效運用「接受的語言～聽與閱讀；表達的語言～說與寫」的能力素養，包括：

1.語法—語言的結構、規則；
2.音韻—語言的發音、音調與節奏；
3.語義—語言文字的意義；
4.語言實用學—實際使用語言並使其能相互結合並運用自如的能力。

口頭語言表達較佳者如演說家、政治家、新聞廣播人員；書寫表達能力較佳者如詩人、作家、編輯或記者，所使用的語文工具形式包括辯論、公開演講、詩詞、正式和非正式的談話、論文、創意

寫作以及語文的幽默。語文智能相關研究相當豐富與普遍，使研究者有穩固的理論基礎來檢視人類語文能力的發展。特別是高語文智能者在運用文字思考、使用語言表達及鑑賞語文的複雜意義方面，展現出較高的能力。其擅長使用的語文能力如：修辭學—運用語言說服他人採取一項特殊行動；記憶法—運用語言記憶訊息；解釋—運用語言告知；及後設語言—運用語言講述語言本身。語文智能高的學習者，較喜歡玩文字遊戲、閱讀、討論及寫作，此類學習者在學習時傾向於用語言及文字來思考，因此比較理想的學習環境應提供豐富的學習材料和學習活動，包括各種閱讀材料、錄音帶、寫作工具，以及對話、討論、辯論及說故事等聽說讀寫的學習活動。

二、音樂智能

　　Howard Gardner教授認為音樂智能（musical intelligence）也是人類智能的明顯例證，音樂智能指一個人能「察覺、辨別、改變和表達音樂的能力」允許人類「創造、溝通與理解聲音的意義」，包括對節奏、音調、旋律或音色的敏感性，對音樂能夠：

　　1.象徵性地或從上而下完全或直覺地理解；

　　2.形式的或從下而上分析或技術性地理解；

　　3.兩者兼備。

　　音樂智能是非常早就出現的人類潛能，也是最古老的藝術形式之一；對音樂智能的研究，有助於瞭解人們對音樂的特殊偏好、呈現音樂智能與其他人類智能間的相關。具有高度的音樂智能者如作曲家、演奏家、音樂評論家、調音師等，音樂智能高的人，在學習時傾向透過節奏、旋律來思考；對音樂智能高的人而言，比較理想的學習環境必須能夠提供有關的教學材料及學習活動，例如：樂器、音樂錄音帶及CD、唱遊時間、聽音樂會、彈奏樂器等等。

三、邏輯─數學智能

Howard Gardner教授主張邏輯─數學智能（logical-mathematical intelligence）是人類智能的明顯例證，邏輯-數學智能是指「能有效應用數字和推理的能力，及對抽象關係的使用和理解」，使人能夠計算、量化及考慮命題和假設，而且進行複雜的數學運算的能力。邏輯─數學智能包括對數字類型、邏輯的方式和關係、分析、陳述和主張、因果關係、功能及其他相關抽象概念的敏感性，採用計算、思考技巧、數字、科學推理、邏輯、抽象符號以及型態辨識等工具，如：數學家、稅務會計、統計學家、科學家、電腦程式員或邏輯學家等。

擁有高度邏輯數學智能的人，特別喜愛數學及科學類的課程，對可被測量、歸類、分析的事物較能接受，喜歡提出問題並探究答案；喜歡尋找事物的規律及邏輯順序；喜歡在他人言談及行為中尋找邏輯缺陷；對科學的新發展有興趣。此類學習者在學習時是靠推理來思考，不涉及聽覺、口語領域，但這種思考形式與物理世界息息相關，因為在面對物體，加以排列、重組、估計數量時，學習者將獲得其最基本的邏輯數學知識。比較理想的學習環境，必須提供可探索和思考的事物、科學資料、操作等教學材料及學習活動，並安排參觀科學館或工藝博物館。

四、空間智能

Howard Gardner教授主張空間智能（spatial intelligence）也是人類智能的明顯例證，空間智能是指「能準確感覺視覺環境的體認能力，並把知覺表現出來的能力」，能精確覺知物體或形狀，讓人有能力以三度空間的方式來思考，能操作物體、形狀或在腦中進行空間旋轉，形成心像或轉換心像，如獵人、偵察員、嚮導、室內裝

潢設計師、建築師、藝術家或發明家等。空間智能包括對色彩、線條、形狀、形式、空間及它們之間關係的敏感性，也包括將視覺和空間的想法立體化地在腦海中展現出來，使人能知覺到外在和內在的影像，會運用到素描、繪畫、雕塑、剪貼、剪輯、具象化、影像化、意象化以及創造心像等工具。在人類認識世界的方式當中，視覺心像是一種比語言符號更古老的方式，正確知覺視覺世界的能力、根據個人最初的知覺進行轉換和修正的能力、以及在缺乏相關物理刺激下重建視覺經驗的能力，是空間智能的重要之處，空間智能很容易和視覺產生聯結，因為一般人的空間智能往往來自於視覺的觀察，但是，空間智能與視覺可能並無直接關聯，因為失明而和視覺世界無直接接觸的個人也能夠發展空間智能。

空間智能高的人，可以在空間中從容遊走，或隨心所欲在一個空間的矩陣中很快地找出方向和操弄物件位置。空間智能高的人較喜歡玩拼圖、走迷宮、操弄魔術方塊之類的視覺遊戲；喜歡想像、設計及塗鴉；喜歡看書中的插圖；學幾何比學代數容易。空間智能高的學習者在學習時是以意象及圖像來思考，較理想的學習環境必須能夠提供樂高積木、錄影帶、幻燈片、想像遊戲、視覺遊戲、圖畫書、參觀美術館及畫廊等等的教學材料和學習活動。

五、肢體─動覺智能

Howard Gardner教授主張肢體─動覺智能（bodily-kinesthetic intelligence）也是人類智能的明顯例證，肢體─動覺智能是指「善於運用身體來表達想法和感覺，以及運用雙手巧妙地生產或改造事物的能力」，如演員、運動員、舞者、工匠、雕塑家、機械師或外科醫生等。這項智能包括巧妙處理物體、或使用特殊的肢體技巧來運作或表達，如協調、平衡、敏捷、力量、彈性和速度，以及自身感受的、觸覺的和由觸覺引起的能力，通常採用舞蹈、戲劇、肢體遊戲、默劇、角色扮演、身體語言、運動以及創作等工具來呈現。

肢體智能，主要核心能力包括控制個人身體動作的能力和運用技巧掌控物體的能力；這兩種主要核心能力可能分別存在，但在典型的例子當中兩者是可能傾向同時存在的。身體動覺智能高的人，往往透過身體感覺來思考與學習，很難長時間靜止不動，喜歡動手建造物品、觸摸環境事物；喜歡從事戶外活動、定期從事體育活動；常配合手勢或肢體語言與人交談。這一類的學習者在學習時是透過身體感覺來思考，所以比較理想的學習環境是提供諸如：演戲、動手操作、建造成品、體育和肢體遊戲、觸覺經驗等教學材料及學習活動。

六、內省智能

　　Howard Gardner教授認為內省智能（intrapersonal intelligence）也是人類智能的明顯例證，內省智能是指「能自我省察、分辨自我感覺，擁有自知之明，並根據此自知來表現適當行為的能力」。內省智能包括：

　　1.對自我的正確瞭解個人的優點和極限；

　　2.意識到個人內在情緒、意圖、動機、性情、脾氣和需求以及期望等的意識；

　　3.自律、自知、自尊的能力。

　　內省智能是個人內在層面的發展，其核心能力為「親近個人自我的感覺生活」，亦即發展可靠的自我運作模式，區別這些感覺、予以標記、編碼，作為理解和引導個人行為的能力。運用情感處理、日記、思考日誌、教學轉移、高層次的思考以及自尊的練習等工具，可理解如何建構正確自我知覺的能力，並能善用這些知識來規劃和導引自己的人生。

　　具備強烈內省智能者如：哲學家、心理學家、神學家等，內省智能強的人喜歡獨處；常有寫日記或反省的習慣；常試圖由各種回饋中瞭解自己的優缺點；常靜思以規劃人生目標。這一類的學習者

常以深入自我的方式思考，所以較理想的學習環境須能提供他們秘密的處所、獨處的時間及自我選擇等條件。

七、人際智能

Howard Gardner教授主張人際智能（interpersonal intelligence）也是人類智能的明顯例證，人際智能是指「察覺並辨識他人的感覺、情緒、意圖、動機與情感，並做出適當反應的能力」。包括對面部表情、聲音、動作的敏感性；區別許多不同人際關係的線索，以及對這些暗示做出適當反應，並以有效的方式對這些線索予以反應的能力。例如：成功的教師、社會工作者、政治家、推銷員或心理輔導者等。人際智能是向外發展、向他人延伸的個人智能，包括影響一群人讓他們按規定行事。人際智能高的人能夠善解人意，具有察覺並區分他人的情感及意向、與人有效交往的才能。較喜歡團體性質的運動或遊戲，遭遇問題時較願意請他人幫忙，喜歡教導他人。人際智能高的學習者學習時是靠他人的回饋來思考，理想的學習環境必須提供諸如小組作業、小組討論、朋友、群體遊戲、社交聚會、社團活動、社區參與等教學材料及活動。

八、自然觀察者智能

Howard Gardner教授主張自然觀察者智能（naturalist intelligence）也是人類智能的明顯例證，自然觀察者智能是指對生物例如植物、動物的分辨觀察能力；對自然界景物例如樹木、石頭、礦物特徵的敏察能力；對各種模式例如古物、消費成品的辨認能力，以及運用此能力獲得產出例如狩獵、農耕的目的。此種智能是幫助人類求生存的一種能力，例如：遠古時代的狩獵、採集；現代人分辨各種消費成品，如車輛、運動鞋、髮型等。

人類憑藉此能力獲取生活所需，也藉以躲避具有傷害性的動

物。擁有高度自然觀察者智能者，例如博物學家、動物學家、生物學家、地質學家等，具備探索自然界種種事物的興趣和熱忱、強烈的關懷及敏銳觀察力。擁有高度自然觀察者智能者使用工具有：動手做實驗、田野之旅、感官的刺激以及嘗試去分類和聯繫自然的型態。在學習環境、課程和教學材料的安排上，應該多從事種植、飼養、觀察、參觀等需要發揮觀察力的活動，例如：參觀動物園、植物園、水族館、天文臺；觀察昆蟲、樹林、岩石；飼養寵物、種植蔬菜、花卉並記錄生長情形；體驗自然生態的野外郊遊等。

Howard Gardner教授的多元智能理論所提出來的語文智能，是使用語言、母語、以及或許其他語言的能力，是表達腦海中的意念和理解其他人的能力；擁有高度發展之邏輯－數學智能的人，能以如科學家或邏輯學家一般的方式，瞭解潛藏在某種因果系統背後的原則；或者，能以如數學家所使用的方式操弄數量、及演算；空間智能所指涉的，是在腦海中內在地表達空間世界的能力－如水手或飛機駕駛員航行在廣大的空間世界中；肢體動覺智能，是使用全部身體或是部分身體的能力、手、手指、手臂以解決問題、製作物品、或應用某項產品。最明顯的例子是體育或表演藝術領域的人士，特別是舞蹈或戲劇界。音樂智能，是以音樂方式思考的能力，能夠聽出各種樂句組型、指認出它們、記住它們、以致於也許能操弄它們。人際智能是理解其他人，內省智能所指的是能瞭解自己、知道自己是誰、自己能做什麼、自己要做什麼、自己如何對事物作回應、要避免那些事物、以及要受到什麼事物的吸引自然智慧所指的是人類辨別具有生命的事物（例如植物、動物）的能力，以及對自然世界其他形貌（例如樹木、石頭的外形）的敏銳度。多元素養的表達是在對學習材料有深刻的感覺－知覺涉入之後才會出現的：「個體與環境進行互動，而該環境會呈現出多樣化的品質。個體根據其態度、目的、與先前的學習經驗，經由此一互動過程而將環境中的各個層面加以建構起來，並且形成概念」，這種學習的結果可以使用不同的方式加以表達出來。

Howard Gardner教授的多元智能論引起熱烈迴響，這種能力取向的理念，促使許多的教育工作者在課程教學場域興起革新的行動，Howard Gardner的多元智能理論的主要功能，在於喚醒人們對智能應抱持更宏觀、更開放的視野，指出人在日常工作以及實際情境中會展現不同的能力組合並發現自己，教育工作人員應該改變智能是一種能力混合組成的概念，幫助學生去發現自己的弱勢和強勢智能，同時加以補償或矯正（Gardner, 1983）。因此，每個人都可透過多種智能來認識世界，並以不同的方式來結合和運用，以在不同的領域中發展、完成不同的工作，而個人的表現也會有差異。因為人們各自擁有不同的優勢智能，只要經過適當的引導，每一種智能都有其發展的可能性（Gardner, 1983）。但是Howard Gardner教授的多元智能理論也遭受一些心理學者與社會學者的質疑與批評。舉例而言，Howard Gardner強調智能多元本質的理論，雖然已經超越許多過去的智力觀點和研究，但仍有不足之處；特別是多元智能理論似乎比較偏重專家的培養，忽視了學生在傳統學術能力中表現較弱的部分，而且Gardner將模組的觀念應用在多元智能的理論中，認為智能是多種天生機制建構而成，每一種工作單獨處理一項內容的類別，而且兩種智能之間的相關，可能是人為或者是社會文化因素所造成的，因此，智能是否獨立，可能必須置於文化因素之下來考量。因此，能力取向的理念，也必須考慮各國的文化差異，以下分別就美、加、英、紐、澳等國的能力取向課程理念論述如次。

第三節　美、加、英、紐、澳能力取向理念

　　歐盟所倡導重視的能力取向課程理念，近年來十分受到西方世界國家的美國、加拿大、英國、澳洲、紐西蘭等各國政府與學者的重視，本章將分別加以介紹。

一、美國的能力取向理念

美國勞工部（Department of Labor）在1991年公布的「職場對教育的需求：2000年美國的職場人力需求報告」（What Work Requires of School: A SCANS Report for American 2000），按美國的SCANS（1991）所提列的工作表現之核心能力包括：㈠基本能力：讀、寫、算、聽、說。㈡思考能力：創造、推理、做決定與解決問題。㈢個人特質：負責、自尊、社會能力與自我約束。美國密西根州K-12年級的課程總目標，其分別是：能讀書識字的個人（literate individuals）、身體健康適能的人（healthy and fit people）、負責任的家庭成員（responsible members）、有生產力的工作者（productive workers）、參與投入的公民（involved citizens）、及自主的終身學習者（self-directed, lifelong learners）等五種能力素養。

1994年3月，美國國家素養研究院 （the National Institute for Literacy, NIFL）自美國34個州，151個成人課程中，選出1500位成人學習者，並請他們回答一個問題：「成人在擔負就業者、家長和家庭成員、以及公民和社區成員的角色和責任時，須要哪些知識與技能？」，其目的在探討「哪些是21世紀每位成人必須具備的知識與技能？」。美國國家素養研究院的研究結果於2000年發表，並出版「培養未來成人素養和終身學習的標準」（The Equipped for Future Standards for Adult Literacy and Lifelong Learning，簡稱EFF）。1996年，「培養未來成人素養和終身學習的標準」從八個研究計畫蒐集回來的資料，整理出成人在擔任公民、家長、以及就業者角色時，每一個角色所需要獲得的知識和技能如下：

1.第一是公民／社區成員的角色：有效能的公民和社區成員會掌握和利用資訊，採取行動來改善他們的生活、社區、以及世界。因此要具有下列責任和功能：掌握和利用資訊、形成

和表達意見和觀念、合作、為貢獻社區而行動。

2.第二是家長／家庭的角色：有效能的家庭成員會致力於建立與維持一個穩固的家庭系統，以促進家庭成員的成長與發展。因此，要具有下列責任和功能：促進家庭成員的成長與發展、滿足家庭的需求和擔負家庭的責任、強化家庭系統。

3.第三是就業者的角色：有效能的就業者不僅適應社會變遷，並主動參與以達成環境變遷的要求。因此，要具有下列責任和功能：執行工作、與他人共事、考慮組織內外的需求、計畫和引導個人和專業的成長。

其次，該研究探討不同角色之間的共同性，以便找出可以遷移的技能。接著，找出一組執行這些共同活動所必須的生產力技能（generative skills），並將其轉化為指標。「培養未來成人素養和終身學習的標準」EFF發展出下列四大類技能、十六項指標：

㈠溝通技能（Communication Skills）

1.閱讀理解 （Reading with Understanding）

2.透過寫作傳達觀點 （Convey Ideas with Writing）

3.說清楚使他人瞭解 （Speak So Others Can Understand）

4.積極地傾聽 （Listen Actively）

5.批判地觀察 （Observe Critically）

㈡決策技能 （Decision-Making Skills）

1.解決問題和作決定（Solve Problem and Make Decisions）

2.規劃（Plan）

3.使用數學來解決問題並與他人溝通（Use Math to Solve Problems and communicate）

㈢人際技能 （Interpersonal Skills）

1.與他人合作 （Cooperate with Others）

2.引導他人（Guide Others）

3.提倡和影響（Advocate and Influence）

4.解決衝突和協商（Resolve Conflict and Negotiate）

㈣終身學習技能（Lifelong Learning Skills）

1.承擔學習的責任（Take Responsibility for Learning）

2.透過研究來學習（Learn Through Research）

3.反省和評鑑（Reflect and Evaluate）

4.使用資訊和溝通科技（Use Information and communications Technology）

美國國家素養研究院出版「培養未來成人素養和終身學習的標準」EFF主張這十六項指標不僅要能夠被評量，並且可用於學校教育培養或接受校內外訓練。

二、英國的能力取向理念

英國「皇家文學、製造和商業促進會」（RSA）於1979年頒布一份《能力教育宣言》（*Education for Capability Manifesto*），指出英國教育在培養人才素質的構成方面存在嚴重缺陷，專業劃分過於狹窄和細化，學生強於具體的專業知識和技能，但是在校外現實社會環境中有效運用和發揮專長的能力則稍嫌薄弱。這種缺陷不僅對學生個人是不足的，而且對整個社會、經濟、工商產業都是有害的。此份教育宣言主張，培養優質人才的教育，不僅應該包括對新知的探求，也應該包括對應用所學、解決實際問題等能力的培養，特別是培養敢於面對挑戰、解決實際困難、應對日常生活、團隊協同合作等方面的能力。該教育宣言立即在教育界、工商產業界、地方社區及政治界產生強烈的迴響，英國社會各界呼喚並支持學校進行教育改革，更新教育思想，轉變培養模式，強化能力培養。因此，為了適應職業流動性和職業適應性的要求，英國也逐漸重視能

力取向的課程理念。

1979年繼續教育部門（Further Education Unit）在它的一個重要文件《選擇的基礎》文件中，第一次對英國教育中的基本能力提出了十一項建議，涵蓋內容很廣且十分細緻，其基本思想主要是將經濟需要與社會要求相結合。但是，在其後的幾年中，青年失業問題仍沒得到解決，再加上技術文化的加快，人們越來越覺得有必要習得一些可受用終身的技能。1982年，繼續教育部門出版《基礎技能》，描述基本能力的兩個原則：普遍性（genericness）和遷移性（transferability）。普遍性，是指這種技能在各種工作和學習情境中都是需要的，而遷移性是指在一個環境中習得的技能，可以被運用於另一個環境中。

1989年2月，教育國務大臣（Secretary of State for Education）貝克Kenneth Baker在一場演說中發表將基本能力納入課程的構想建議。他認為這些技能對青年及成人的未來而言，將是基本且必要的。隨後於1989年11月，英國工商產業聯盟（Confederation of British Industry）發表「邁向技能的革命」（Towards a skills revolution）文件，也提出建議八項基本能力，包括：1.有效的溝通，2.價值感與正直，3.運用數學，4.運用科技，5.對世界及工作環境的瞭解，6.個人與人際技巧，7.問題解決，8.處理變化。

到1990年3月，英國國定課程委員會（National Curriculum Council，簡稱 NCC）回應教育國務大臣的要求，針對適合16-19歲的學生學習的課程計畫，建議若干核心技能可併入學校課程教學，其核心技能包括：

1. 溝通：瞭解及使用語言的能力，包括聽、說、讀、寫、與心像（images）的運用。
2. 問題解決能力：定義問題、規劃及評估解決方法的能力。
3. 個人技巧：包括對於個人的學習和表現具有責任感的能力和團體中的其他人能有效率地一起工作的能力。
4. 算術能力：即運用數字的能力，包括使用適當的計算設備來

第二章　理念建議的課程

39

進行數字運算、處理並解釋數據資料的意義等能力。

5.資訊科技能力：運用資訊科技來執行儲存、組織、展示、處理、及資料分析等工作的能力，其目的包括：資料修補、溝通、問題解決及研究等等。

6.熟悉現代語言。

90年代之後，英國對基本能力的建議，逐步走向科層體制層級式的結構，1992年英國國家職業資格審議委員會（the National Council for Vocational Qualifications）對不同重要性的基本能力的建議，開始區分為強制性的和非強制性的兩類。1996年的迪林報告（Dearing Report）是英國教育發展史上的一個重要文件，它建議將普通國家職業資格與學術水準兩條進路途徑加以整合，提議將溝通、數字應用、資訊技術三項為基本能力，國際合作、問題解決和學習的自我管理三項能力為廣泛的關鍵能力。迪林報告對英國基本能力的演變產生了很大的影響，它將社會政治哲學、經濟需求與課程改革聯結在一起，不僅強調社會經濟義務，必且也強調個人要求，對基本能力的演變產生很大的影響。

1999年，資格檢定與課程當局（Qualifications and Curriculum Authority）再一次對基本能力進行調整，就形成目前英國職業教育所規定的基本能力了，共分成六項如下：1.溝通能力，2.數字應用，3.資訊科技，4.與他人合作，5.學習和表現的自我提升，6.問題解決。其中前三項是主要的基本能力，在普通國家職業資格課程中必修，後三項是廣泛的基本能力，對其要求相對較低。

另一方面，特別是英國1988年教育改革法案所推動的「國定課程」，是一種以均衡寬廣為本位的課程理念，而且也是以能力來界定其三大課程目標：㈠各科要能提供學生在精神的、道德的、社會的和文化的等方面的發展。㈡各科要能提供學生在個人的、社會的、健康教育和國民素養與公民資格（citizenship）的發展。㈢各科要能提供學生在各種能力（skills）的發展。資格檢定與課程當局（Qualifications and Curriculum Authority）於

2000年對「國定課程」基本能力進一步加以說明，建議「國定課程」第三項目標的能力可分為兩大類：一是「關鍵能力」（key skills），另一類是「思考能力」（thinking skills）。關鍵能力包括溝通（communication）、數的使用（application of number）、資訊科技（information technology）、與他人合作（working with others）、改善自己的學習和表現（improving own learning and performance）、問題解決（problem solving）等六種能力；思考能力（thinking skills）包括訊息處理能力（information-processing skills）、推理能力（reasoning skills）、探究能力（inquiry skills）、創造思考能力（creative thinking skills）、評鑑能力（evaluation skills）等五種能力素養。除了上述之外，尚有理財能力（financial capability）、企業教育（enterprise education）、謀生能力的發展（education for sustainable developemnt）（QCA, 2000）。

2005年英國教育與技能部公布「14-19歲的教育與技能」（14-19: Education and Skills）白皮書，該白皮書其實提供11-19歲教育的一個清楚而廣泛的課程架構，期教育能提供每位青少年皆能有寬廣的機會發展其各自的潛能，以因應21世紀的生活，從此課程架構可以看出此次白皮書所強化的能力已經逐步重視到11歲的兒童；同時也再度強化學校教育與職場工作結合的方針，公布「技能：馳騁職場與工作」（Skills: Getting on in business, getting on in work）白皮書，確立學校可以提早和市場人力需求結合，讓學校教育的「產品」足以因應職業和市場的需求；並公布「所有學校都更好、更卓越」（Higher standards, better schools for all）的白皮書，希望全面提升學校的品質，以厚植國家競爭力。

2006年英國關鍵能力資格檢定考試（Key Skill Qualifications），主要測試項目為溝通、算數與資訊科技的能力，通常參與考試檢定的學生年齡為16-19歲。14-16歲學生則以參與普通中等教育證書考試（General Certificate of Secondary Education，簡稱GCSE）

的英文、數學與資訊科技（English, Mathematics or Information Technology）檢定考試為主（DfES, 2006）。

回顧基本能力在英國的內容演變，其正式規定的歷史可以追溯到1979年，以後的二十多年中，其所規定的基本能力內容都發生了多次的變化（關晶，2003），詳見表2-1所示。

表2-1　英國教育的基本關鍵能力之演變

年份	操作部門	出自文本	基本能力
1979	繼續教育部	選擇的基礎	讀寫能力、數理能力、圖表能力、問題解決、學習技巧、政治和經濟讀寫能力、模仿技巧和自給自足、動手技巧、私人和道德規範、自然和技術環境
1983	繼續教育部	青年培訓計畫增補	溝通能力、數理能力、資訊技術、問題解決、動手靈巧
1985	商業與技術教育委員會及倫敦城市與行會協會	職前教育證明	溝通能力、數理能力、資訊技術、問題解決、個人/職業生涯發展、產業、社會及環境研究、社會研究、科學和技術、創造性發展、實踐技能
1986	商業與繼續教育委員會	普通技能及核心計畫	溝通能力、數理能力、資訊技術、問題解決（跨學科）、與他人合作、自我發展、自我組織、研究和學習、資訊分析、科學與技術、設計技能、實踐技能
1989	英國工商產業聯盟	朝向技能的革命	有效的溝通、價值感與正直、運用數學、運用科技、對世界及工作環境的瞭解、個人與人際技巧、問題解決、處理變化
1989	教育與科學部	繼續教育：一個新戰略	溝通能力、數學應用、熟悉技術、熟悉系統、熟悉變化、個人技巧
1990	國定課程委員會	16-19歲的核心能力：回應國務大臣的要求	溝通、問題解決能力、個人技巧、算術能力、資訊科技能力、熟悉現代語言
1991	商業與技術教育委員會	普通技能和總體方針	溝通、數理應用、資訊技術應用、問題解決、與他人合作、自我提升和管理、設計與創造力

（續下表）

年份	操作部門	出自文本	基本能力
1992	國家職業資格委員會	普通國家職業資格細則	溝通能力（強制性）、數理能力（強制性）、資訊技術（強制性）、問題解決（非強制性）、個人技巧（非強制性）、外語（非強制性）
1993	倫敦城市與行會協會	普通國家職業資格細則關鍵能力	溝通能力、數字應用、資訊技術、問題解決、個人技巧（學習和業績的自我提升）、個人技巧（與他人合作）
1996	學校課程與評鑑當局	對16-19歲青年資格的檢討	溝通能力、數字應用、資訊技術、問題解決、自我學習管理
1999	資格檢定與課程當局	關鍵能力介紹	溝通能力、數字應用、資訊技術、問題解決、學習和業績的自我提升、與他人合作
2000	資格檢定與課程當局	「國定課程」基本能力進一步加以說明指出第三項目標的能力	溝通、數的使用、資訊科技、與他人合作、改善自己的學習和表現、問題解決
2005	教育與技能部	「14-19歲的教育與技能」（14-19: Education and Skills）	強化的能力已經逐步重視到11歲的兒童；同時也再度強化學校教育與職場工作結合。
2006	教育與技能部	關鍵能力資格檢定考試（Key Skill Qualifications）	溝通、算數與資訊科技的能力，英文、數學與資訊科技

三、澳洲的能力取向理念

澳洲對教育改革的實施一向相當地積極重視，也認同透過學校教育培養學生具備終身學習、職業投入及社會全面參與之基本知能、價值及理解，是發展國家競爭力時的必要基礎（DEST, 2005）。澳洲於1990年代一系列全國性教育改革的實驗計畫，定名為以「基本能力」為基礎的教育（key competency based education，簡稱KC教育），主要訴求是扭轉過去以知識為本位的教育作為，轉而強調學生基本生活及工作能力的培養（羊憶蓉，

1996）。

　　澳洲由聯邦與各州所組成的澳洲教育委員會（Australian Educational Council, AEC）在1989年決議發布了適用於全澳洲各地區的十大目標（AEC, 1989）：以卓越的教育配合國家社會、文化與經濟需求，充分發展性向與潛能；使所有學生達到學習的高標準，並發展、自信、樂觀、自尊、敬重他人與自我卓越；提升教育機會的均等，尤其對特殊學習需求的對象；為回應當前國家經濟與社會變遷，應培養學生在未來職場所需的能力及其生活能力；奠定未來學習的基礎，培養終生學習所需的知識、能力與態度；培養學生英文的聽說讀寫能力、數運算與其他數學能力、分析與解決問題技巧、資訊處理與電腦運用、獲得技能並瞭解科學與科技在社會上的角色、澳洲地理歷史知識與欣賞、外語知識及藝術創作的瞭解、欣賞與自信性的參與、瞭解與關心全球環境的平衡發展、道德倫理與社會正義判斷能力；在澳洲民主社會與國際環境下培養學生成為主動、有素養公民所需的知識、態度與能力；瞭解與尊重文化遺產，包括對原住民少數族裔文化；培養健康體適能與善用休閒時光；生涯教育與社會的瞭解（張明輝，1999）。這些目標奠定將「能力導向」落實於教育界的理念，欲培養未來年輕人具備企業界需求水準之就業能力（羊憶蓉，1996；許菊芳，1996），可視為澳洲關鍵能力教育改革發展的濫觴。

　　此種由知識導向轉向能力取向理念構想的落實，先後有費恩委員會（Finn Committee）及梅爾委員會（Mayer Committee）之承接。這些委員會皆經由中央與地方政府一致同意設置，並以召集人之姓名來稱呼之，前者召集人Brian Finn是當時澳洲IBM分公司總裁，為澳洲極為成功且享有清譽的企業家，委員會的其他成員則有貿易組織、教師會、教會學校、產業界、學校行政部門、職業訓練單位……等，可謂整合及納入相當多元團體的組成（許菊芳，1996）。而費恩委員會在1991年7月提出「青年人於義務教育後之教育與訓練（Young People's Participation in

Post-compulsory Education and Training）」報告書中，正式確定
澳洲青年人必須為未來職業做出必要的預備學習，定名為與就
業相關的基本能力（employment-related Key Competencies），
無論學子未來欲投身求學或職業訓練的軌道上，基本能力的想
法同樣適用，且是國民必須達成的基本能力目標。然而，此時
的基本能力只有形成一個概括的架構：1.語言與溝通（Language
and Communication），2.數學（Mathematics），3.科學與科技的
理解（Scientific and Technological Understanding），4.文化理解
（Cultural Understanding），5.解決問題（Problem Solving），6.個
人與人際間的特質（Personal and Interpersonal Characteristics）。

接續在後的梅爾委員會（Mayer Committee）繼續此項工作，
主要任務為進一步發展出基本能力的具體內涵，它於1992年9月提
出「基本能力（key competencies）」總結報告，基本能力七大基
本範疇大致完成（Mayer Committee, 1992），分別為：1.蒐集、分
析、組織資訊（Collecting, Analysing and Organising Information），
2.溝通觀念及資訊（Communicating Ideas and Information），3.規
劃與組織活動（Planning and Organising Activities），4.與他人團隊
合作（Working with Others and in Teams），5.數學概念與技術應用
（Using Mathematical Ideals and Techniques），6.解決問題（Solving
Problems），7.應用科技（Using Technology）。此七大基本能力內
各自有其詳細的內涵設定，並分為三個水平階段，各階段中對學生
應達成之學習目標有不同的描述。

1993年時，澳洲中央政府宣布在往後三年提供二億元澳幣之經
費，進行「基本能力」於教育及培訓體系的試驗及評估計畫。而至
1994年上半年度，基本能力終於在澳洲全國各州及地方開始試行，
陸續於各地學校付諸實踐，各州及地方亦達成必須參與及發表「基
本能力計畫」評估報告的共識（羊憶蓉，1996）。此外，為了因應
澳洲多族群組成及多元文化的背景，昆士蘭地區也曾經大力主張納
入第八項「理解不同文化」之基本能力，但是礙於各地區及團體間

一直未達成共識，並質疑此項能力過於抽象不易實踐及具體評量，故第八項「基本能力」曾懸而未決多年（羊憶蓉，1996）。1999年澳洲在「21世紀國家學校教育目標」中，對學生基本能力的構想其內涵則如下（MCEETYA, 1999）：

1. 具備解決問題和溝通資訊並且組織規劃活動的能力。
2. 培養自信樂觀的生活態度，使其滲透於潛在生活、家庭社區及工作生活內。
3. 賦予道德判斷和社會正義倫理的觀念，以培養理解世界及對自己行為負責的能力。
4. 成為積極理解欣賞澳洲政體與市政的公民。
5. 理解工作環境與技能。
6. 培養創造科技的能力，尤其是資訊和通信的技術。
7. 理解且關心自然環境的管理工作、生態維持與發展，並擁有相關之知識、技能和態度。
8. 建立並保持健康的生活模式，具備創意並滿意地善用休閒時間之相關知識技能與態度。

由上可知，澳洲整體教育目標與基本能力都在不斷進行擴充中，而在澳洲「21世紀國家學校教育目標」的內容之中可以看到，過往所發展出之基本能力內涵已整合於其中出現，此外加入自然生態、生命態度及生活規劃、公民責任、文化尊重與理解等面向目標的加入，皆使得澳洲對學生基本能力的架構更趨於完整。

四、紐西蘭的能力取向理念

自1989年以來，紐西蘭教育改革旨在促成教育經費的有效運用，提供更能滿足1990年代以來紐西蘭快速變遷的需求。在學校管理改革之後，焦點轉向課程發展與文憑體系的發展，以迎合學生需要與經濟的需求（王如哲，1999）。紐西蘭教育部1991年在國定課程列出了六項基本能力（essential skills），1993年又新

增第七項身體能力，內涵包括：1.溝通能力、2.數學能力、3.問題解決能力、4.自我管理與競爭能力、5.社會合作能力、6.工作與研究能力及7.身體健康能力。1999年確認七個必要的學習領域（essential learning areas）為：健康和體育、數學、語文（英語、毛利語和其他外語）、藝術、社會科學、科技、科學。這些學習領域可以幫助學生發展核心的技能（core skill）：溝通技能（communication skills）、資訊技能（information skills）、問題解決技能（problem-solving skills）、體能技能（physical skills）、計算能力（numeracy skills）、自主管理能力和競爭能力（self-management and competitive skills）、社會與合群能力（social and co-operative skills）及工作與研究技能（work and study skills）（Ministry of Education, 2004）。此為紐西蘭首度提出「核心能力」（core skill）的概念，此核心能力是針對中小學的教育階段，在國定課程架構下所發展出來的七個領域及透過此課程學生可以培養所需的技能、態度與價值。

紐西蘭在《Tertiary Education Strategy 2002-2007》報告書中揭示，第三級教育發展的策略主要是以培養「參與現代社會的關鍵能力」為主（Ministry of Education, 2002）。在紐西蘭，所有中等教育後的教育和訓練都稱為第三級教育，其範圍包括企業基礎教育、技術訓練和中等教育後的學習，第三級教育是高等教育的階段，從紐西蘭教育部網站資料更新的速度和推動第三級教育相關組織設立，可看出紐西蘭政府對於第三級教育的重視（林佳慧，2003）。紐西蘭教育部於2005年「第三級教育的關鍵能力」（Key Competencies in Tertiary Education）報告書中，根據紐西蘭所面臨知識經濟的社會環境，提出四項第三級教育的關鍵能力。

1.運作於社會團體中（Operating in social group）：不論是在生活、工作和玩樂中，與他人互動時所需的合作和分享的能力。

(1)和他人相處良好

(2)合作

(3)處理和解決衝突

(4)聲明、保護權利和責任

(5)支持、實現責任和貢獻

(6)激發團體共同達到特定的成果

2.自主地活動（Acting autonomously）：在工作、家庭或社區
等不同場合中，個體能夠適切地定義自己，並且有效扮演不
同的角色。

(1)根據自己的興趣、限制和需求，以自我定位和行動

(2)形成或指導生活和個人的計畫

(3)在大的脈絡及圖像中行動

3.互動地使用工具（Using tools interactively）：「工具」泛指
設備，例如，語言、資訊、知識和物理工具等。使用者有意
義的使用工具，並且使「工具」適應不同的任務。

(1)語言、識字和算數能力

(2)符號

(3)知識

(4)科技

4.思考（Thinking）：思考是運用其他三個關鍵能力時必要的
能力。思考為內在監督和意識的重要歷程，其可以幫助人們
在特定或是新的脈絡下，靈活地善用關鍵能力。

(1)創造性思考

(2)使用認知或是後設認知的策略

值得注意的是，紐西蘭所提出的關鍵能力與歐盟DeSeCo
Project的研究者提出的「基本能力」的三維理論（Rychen &
Salganik, 2003），有著極高的能力取向理念相似性。

第四節　臺灣地區能力取向之理念建議課程

　　1990年代，臺灣社會的生命力自政治解嚴之後逐漸解放出來，各種改革風起雲湧，當時教育部長郭為藩倡議籌組教育改革審議委員會，以檢討改善教育所面臨的問題。1994年9月21日前行政院教育改革審議委員會（簡稱教改會）成立，中央研究院院長李遠哲博士受當時的行政院連戰之邀，出任教改會的召集人，邀集社會賢達與家長，利用研討會與座談會，發掘問題，瞭解教育問題狀況，研商討論，集思廣義，為若干議題做出診斷並提供建議，在1996年12月2日提出《教育改革總諮議報告書》，在尊重差異與肯定多元的理念下，希望能發展適才適性的教育，要「帶好每位學生」，將學生視為未來的人才，不放棄任何學生，使每個人不同的潛能與特質都受到尊重，並獲得充分發展的機會。前行政院教改會提出「教育改革總諮議報告」之後，行政院核定教育部的「教改行動方案」，確立政府推動教育改革的理念及方向，為臺灣的教育規劃了一個未來的教育理想，為了圓此一美夢，努力朝此方向邁進。

一、前行政院教育改革審議委員會諮議報告書的能力取向理念

　　前行政院教育改革審議委員會的精神是在尊重差異，肯定多元，進行鬆綁，希望長期被戒嚴的教育能夠獲得開放舒展和解放，為教育開拓更多自由的空間，並為課程與教學注入新鮮氣息，由過去強調知識的傳遞，轉向活用知識，學以致用的能力。我國前行政院教育改革審議委員會總諮議報告書指出，指出未來社會與國家的活力，將建立在民眾的行動能力與解決問題的能力上。教育歷程必須改變偏重智育、以考試為重的文化，轉向培養各種能力。在讀、寫、算之外，有關分析、組織、與解決問題的能力，與人溝通的能

力，團隊合作的能力，均會獲得更大的關注。前行政院教育改革審議委員會總諮議報告書指出，教育現代化的方向之一便是要培養各種關鍵的能力，而且更明確地指出：

現代化教育目標在基本知能方面，除了讀寫算之外，應提高有效利用多種語文和電腦的本領，加強適應變遷和解決問題的能力，養成手腦並用的做事習慣，兼顧科技知能、科學精神和態度、敬業精神和工作倫理之學習。此外，還應促進自我瞭解、自我實現的能力與情操，培養人文素養、審美品味和休閒嗜好，養成終身學習的意願、習慣和能力。在與人相處方面，宜積極培養設身處地、容忍、關愛和尊重他人、為自己的行為負責和團隊合作的精神。在公民職責方面，應特別培養對社會的公德心、關懷心和責任感。最後還要培養地球村民意識，促進對全球一體、世界一家的理解、尊重與關懷（行政院教育改革審議委員會，1996，摘4-5）。

就達成現代化教育目標而言，在邁入21世紀之初，為積極培養學習者有效適應現代生活，並有能力促進社會良性發展，當前教育改革更應強調達成基本能力與知識、自我瞭解與自律、個人品味習慣、與他人相處、公民職責、地球村民意識等目標（行政院教育改革審議委員會，1996，17）。教育改革不應是盲目的許願，而是承諾的實現，也不只是減輕學生的壓力，應是增進學生的能力。從生命生活生存所需要的「能力」而言，在不同的生活情境當中，各種知識的價值、各種能力的高下卻是隨社會生活情境的變化而靈活變化加以因應，因此能力的面向應該包括多元智能，在學校生活中除了具備紮實的學科知識之外，也要鍛鍊健全的體魄，同時包括體力腦力才會有競爭力，才能促進身心的均衡發展，因此學校課程要朝向培養學生文武並進、靜動兼顧的生存能力，這是一種能力導向的理念或教育政策。

當代教育革新的批評家，擔心學生將不會學到基礎能力，特別是學不到「新的基礎能力」（new basics），亦即成為未來具有生產力的國民需要具備的能力。例如讀、寫、算是基本能力素養，但

是在這個複雜的世界裡，學生將來需要科技的素養（technological literacy）和資訊管理、問題解決、以及批判思考的能力。從知識內容到基本能力核心素養的轉變，有部分的原因是因為有太多學不完的東西；同時，有許多的學生也發現他們忘的最快最多的是傳統學校系統中無所不在的紙筆測驗裡所學到的東西（Hynes, 1996）。因此就培養學以致用的願景而言，為了因應快速的變遷，學校教育除傳授基本知識外，更須要培養學生能夠學以致用的能力，能將知識轉化為因應各種生活挑戰和工作所需的能力。譬如，面對浩瀚的資訊，重要的不再是知道多少資訊，而是能否有效蒐集及分析、研判、整合、運用資訊的能力，以及面臨困難時，能否有手腦並用、解決問題的能力。是以在教育改革理念上，教育目標就不在只偏重知識的傳授，而是培養個人生活、工作、成長和不斷學習的能力（行政院教育改革審議委員會，1996，86）。

更進一步地，前行政院教育改革審議委員會總諮議報告書，更建議發展適性適才的教育，帶好每位學生的改革方向。特別是應改革課程與教學，因為我國過去課程過度重視智育，又由於受到升學主義的扭曲，以致活動課程不受重視，師生關係不佳，群育不易進行，因此無法落實全人教育。今後為適應社會變遷與現代化生活，應該是學生有生活的基本能力，養成手腦並用的習慣，達成學以致用的目的（行政院教育改革審議委員會，1996，35）。

二、國民中小學九年一貫課程改革的能力取向理念

在革新課程與教學的具體建議上，行政院教育改革審議委員會總諮議報告書的課程改革理念也明確地指出國民中小學課程，應該以生活為中心，整體規劃，並以強健體魄，促進個體充分發展與增進群己關係為目標，培養生活基本能力，建立生活的基本態度與習慣，奠定其終身學習的基礎（行政院教育改革審議委員會，1996，38），特別是政府應速建立基本學力指標，從事有關課程發

展的基本問題研究，並建立課程綱要的最低規範，以取代課程標準，使地方、學校及教師能有彈性的空間，因材施教或發展特色（行政院教育改革審議委員會，1996，38）。

呼應前行政院教育改革審議委員會總諮議報告書所建議的課程改革理念，我國前教育部長林清江博士更在立法院提出教育改革的施政報告，強調培養學生帶著走的能力（林清江，1998）。教育部更進一步地廢除舊有的課程標準，並正式公布九年一貫課程綱要，進行九年一貫課程改革，強調「讓知識走出書本，讓能力走進生活」、「培養帶著走的能力，取代背不動的書包」，因應21世紀的變化與需求？例如，教育部在國民中小學九年一貫課程改革修訂背景指出「迎接21世紀的來臨與世界各國之教改脈動，政府必須致力教育改革，期以整體提升國民之素質及國家競爭力」，課程綱要的基本理念也指出「教育之目的以培養人民健全人格、民主素養、法治觀念、人文涵養、強健體魄及思考、判斷與創造能力。

三、培養學生帶的走的能力，而非背不動的書包

林清江部長曾提出國民中小學九年一貫課程改革的主要原則，是「培養學生能帶得走的基本能力，而不是背不動的書包」。以往中小學教育目標陳義甚高，或不夠具體，而且受升學主義及聯考的影響，學習大都偏重知識記誦方面，無法與社會實際生活配合，造成「學非所用」或流於偏狹。我國中小學九年一貫課程理念是以培養人本關懷、統整能力、民主素養、鄉土與國際觀及終身學習等五項的健全國民作為主要的課程改革理念訴求。如要在國際上具有競爭性，需要學生具有能力 （Dagget, 1995），因此教育首要之務，是培養孩子成為現代化國家的國民，是透過教育讓孩子具備創意，而不是訓練孩子變成背誦機器；擁有思辨能力，能夠掌握資訊，並且做出正確判斷；培養寬廣的視野，迎接地球村時代。

在眾多教育理念當中，必須有所抉擇的優先性呈現於基本能

力。我國九年一貫課程改革特別從人與自己、人與社會、人與自然等三個面向，培養國民的十大基本能力與國民核心素養，此種基本能力是根據對於未來社會人力需求之預測，也是參考英美紐澳等歐美先進國家的能力取向理念與課程架構而來，如各國對於新世紀能力大多普遍要求溝通、資訊蒐集、分析與組織、規劃、算數、問題解決能力等，也與DeSeCo Project的研究者提出能自主地行動（人與自己的面向）、能在社會異質團體運作（人與社會的面向）、能使用工具溝通互動（人與工具面向）等「基本能力」的三維理論（Rychen & Salganik, 2003），具有異曲同工之妙。

四、基本能力與基本學力的理念

在國民中小學九年一貫課程綱要中依據國民教育十大基本能力分別為：一瞭解自我與發展潛能，欣賞、表現與創新，生涯規劃與終身學習，表達、溝通與分享，尊重、關懷與團隊合作，文化學習與國際瞭解，規劃組織與實踐，運用科技與資訊，主動探索與研究，獨立思考與解決問題。我國國民中小學九年一貫課程在於培養國民中小學生具備十項基本能力，這是一種能力導向的課程理念，而且教育改革目標在培養帶得走的能力而不是背不動的書包，也合乎多元智能、多元學習與多元課程的理念。

我國國民中小學九年一貫課程，其課程目標在於培養國民中小學生具備十項基本能力，基本能力是指個體為了參與未來社會的生活、工作與學習，而經由學習之後所具備的必要能力，基本能力是可以在社會情境脈絡下進行教學的，「基本能力」是一種陳述說明，提出學校應該教、且學生應該學的必要知識與技能；必要的知識是學生應該知道的知識，包括了最重要而永恆的觀念、議題、兩難困境、原則與學科概念；必要的技能是學生應該能做的技能，如思考的方法、工作的方法、溝通的方法與調查的方法。基本能力，也指出校內外成功的相關行為與態度，這些包括，但不只是，提供

證據去支持所提出的主張以及發展有益於他人而令人滿意的關係。可見基本能力,在教育系統中,對於學生學習成就有著指引的作用,是學校教學與學生學習的方向,甚至要與學校課程的學習領域之知識與技能結合,進一步成為能力指標。因此,有必要先理解基本能力、基本學力與能力指標的關係。

「基本能力」係指學習者在完成一個教育階段的學習之後所應具備「基礎且重要」的能力,此能力對提升學習成就與適應社會生活,皆是關鍵而不可或缺的能力。這些能力往往隨著時代變遷與社會文化脈絡而異;基本學力係在基本能力為根基的前提下,學習者在該階段各個領域所應達成的學習與行為表現。具體而言,二者的比較關係(楊思偉,1999)如下:

㈠就概念作用而言:基本能力指引整體課程規劃的方向;基本學力規範教學活動必須達成的學習結果。

㈡就概念層級而言:基本能力指導基本學力的建構與內容。

㈢就構成關係而言:基本能力是基本學力逐漸累積的最終結果。

㈣就測量觀點而言:基本能力較不易全面具體測量;基本學力則必須明確、具體而可測。

值得注意的是,「基本能力」乃生存所需的基礎、核心、重要能力,生活所需的完整、周延能力;基本能力兼顧之知識與技能,並不限於知識內涵:基本能力強調內化用之生活、工作、學習及自我成長(李坤崇,2002a)。「基本」的意義,就層次而言,基本指基礎、核心、重要的,而非高深、外圍或細微末節的;就範圍而言,基本指完整、周延的,而非偏狹或殘缺的。「基本學力」乃學生在學校教育系統學習一段時間後,表現出的基礎、核心、重要的學習結果,此結果包含認知、情意與技能的面向,亦包括基礎性的學力、及統整應用基礎性學力以解決真實情境中問題的發展性學力。「基本學力」、「基本能力」雖均強調基礎、核心、重要的學習結果,但在先天後天、學習環境、內化等三方面則有差異,詳細差異詳見表2-2。

表2-2　「基本學力」、「基本能力」的差異比較（李坤崇，2002a，142）

	基本學力	基本能力
先天後天差異	後天的學習結果，而非先天的能力	先天、後天的學習結果與學習潛能
學習環境差異	學校教育的學習結果	不限於學校的學習結果，包括家庭、社會教育。
内化差異	致力學習知識技能，尚未到達内化到生活層次	強調學習結果的内化，用之生活、工作、學習與自我成長

　　然而，就「基本能力」的相關問題而言，基本能力究竟是什麼，目前此一問題已經有許多彼此不同的定義。到目前為止，已經有許多不同的基本能力用語。在某些領域範圍而言，他們是指可能的學習目標、可能的學習「結果」（outcome）、「預期的學習結果」（intended learning outcomes）（蔡清田等譯，2002），或「基本學力」。一般而言，基本能力是基本的學習能力，是學生可以經過學習而獲得與遷移的基本能力（competence），因此有時又通稱為基本學力。雖然基本能力可以定位在國家層級的課程綱要所的指定能力，而基本學力則在國家訂定各課程學習領域的基本學習能力外，地方縣市政府層級及每個學校仍可在其文化脈絡與地方特色中建構適合自己學校的基本能力之達成程度；如此有了基本能力或基本學力的建構，教師及父母便可檢核學生的學習表現。不過，值得留意的是，並非所有的學生都能在相同時間以相同的方法獲得基本能力，因此，基本能力有必要成為吾人重新慎思熟慮構想學校與教學實務的主要對話討論內容之一部分。是以，進行學校課程改革，最好透過研究，根據基本能力，分析學生的背景資料，如學生年齡、社經背景、先備知識、性向、能力、動機、價值觀念及需要等，做為課程目標的來源之一（Tyler, 1949; Taba, 1966），做為規劃課程改革方案之參考（Skilbeck, 1984）。

　　特別值得注意的是，就課程改革的規劃而言，「基本能力」一詞有相同普遍的目的，是要去確定某種程度的績效（accountability），以協助教育人員進行課程改革的規劃。基本能力是一系列學習目標的組合，皆由學生行為的改變，作為學校課程

目標的具體指標,如同美國課程學者泰勒(Ralph W. Tyler)在「八年研究」(The Eight Year Study),設計「可欲改變的學生一般行為組型」之具體目標,協助課程設計人員,敘寫具體的課程目標(Tyler, 1949),進一步再加以細部設計教材內容與學生的「學習經驗」,以達成一套預期的學生學習結果。

外國學者也提出建議一個以基本能力為根基的課程改革規劃途徑與傳統的途徑,有著下述的特點(Drake, 1998):

1.以基本能力作為課程規劃的開始。

2.基本能力、教學策略與學習評量是緊密結合前後一貫。

3.將焦點集中於學生將要學習的事項,而非教師所要做的。

4.基本能力是可觀察的與可加以測量的知識與技能。

5.並沒有嚴格規定時間界線以要求獲得基本能力。

6.科目的內容是可以獲得基本能力的媒介工具。

7.在導向基本能力的前提下,教師可以自由採取任何教學型態。

8.以多元的教學技巧促進統整教育。

由此可見,「基本能力」並非是課程改革規劃歷程當中的一項單獨存在的部分,「基本能力」的課程理念必須轉化成為能力指標或分段能力指標,並和「正式規劃的課程」與「資源支持的課程」之課程內容、「實施教導的課程」之教學策略、「學習獲得的課程」與「評量考試的課程」等等,進行連貫與緊密聯結。

值得特別注意的是,以基本能力或關鍵能力為根基的能力取向課程系統,是指研發一種培育優質人才的課程,以協助學生達成能力導向課程目標的一種課程系統。此系統的共同一致性是以基本能力或關鍵能力為焦點,包括教與學的活動、讓學生參與學習的材料、以及利用評量來記錄學生的基本能力或關鍵能力達成程度所出版的教材、學習單元、技能順序、教學經驗、活動或策略與評量都是以關鍵能力為依據。

此種強調優質人才能力取向的核心素養之課程理念,以一致而

且有目的的方式，讓學習者和基本能力或關鍵能力產生聯結，包括水平聯結與垂直的銜接。就課程與教學而言，每一個年級與每一門課所要教導與評量的基本能力或關鍵能力及其相關的知識與技能，都要明確地加以說明與陳述，而且強調能力取向的優質核心素養的課程，應該包括以關鍵能力為依據的學習單元，並且最好還要包含教學活動方案與教材出版品及其他學習資源等實例，同時每一個年級與每一門課也應該包括學習單元的教材資料庫。

特別是就能力取向的課程改革理念之地位而言，學校教育的績效責任，在國家教育財政負擔沈重與授權學校進行學校課程發展的情境之下，益形重要。特別是基本學力測驗之結果，往往成為學生家長、行政人員或學校教師的關心焦點，除了基本學力測驗之外，學校的平常考、月考、期末考等定期評量之結果，皆應該儘量和基本能力之指標結合，學校需要的是高水準的基本能力具體指標與更大的績效責任。一旦猶豫不決、消極被動而未能將基本能力具體指標視為改進課程教學的媒介，則考試將會填滿此一中空狀態，造成考試宰制教學的情形而失去能力取向的課程改革焦點。但是，當關心教育改革的社會人士與家長及學校教育人員採取課程改革的具體行動，利用基本能力具體指標成為課程教學的焦點，以增進與學習的效果，學校教育人員可能強調能力取向的基本能力具體指標焦點，將考試評量的威脅危機轉化成為培養基本能力的學習機會，並且緊密聯結「正式規劃的課程」、「資源支持的課程」、「實施教導的課程」、「學習獲得的課程」與「評量考試的課程」，並將觀注焦點從評量考試轉移到課程、教學、學習、評量的連貫，以培養學生可以帶得走的基本能力，作者將在本書以下各章分別就此加以論述。

第三章　正式規劃的課程

「正式規劃的課程」（formally planned curriculum）簡稱為「正式課程」（formal curriculum）（Goodlad, 1979），或「規劃的課程」（planned curriculum），又稱政府官方正式規劃的課程，是指政府所正式規劃或官方文件所規定公布的課程綱要（curriculum guidelines）、課程標準（curriculum standards）、學校課程發展委員會正式規劃且經政府官方明文核備的學校課程計畫（school curriculum plans），以及甚至包括學校課程發展委員會正式審查通過教師規劃設計的課程方案教學進度教材範圍順序（scope and sequence）與單元設計等書面文件（document）等計畫（蔡清田，2003）。就其特點而言，「正式規劃的課程」，是政府透過扮演國定課程代理人的角色，進行文化選擇與傳遞（Lawton, 1982; Ross, 2000），將教育知識國家化（Young, 2006），特別是指由政府官方所正式認可公布的課程綱要或課程標準或核准的學校課程計畫與課程方案等政府官方正式核定的書面文件課程，如課程綱要、科目大綱、學校整體課程計畫、教學計畫等等，所以又稱「官方形式的課程」（official curriculum）（蔡清田，2003；Apple, 1993）。這些「正式規劃的課程」往往以書面文件的正式型式出現，因此，在歐美等國往往又稱此種課程為官方正式公布的「書面的課程」（written curriculum）（Glatthorn, 1987）。

此種課程觀點，合乎「課程即計畫」的課程意義（黃光雄與蔡清田，1999），重視事前預先規劃與未雨綢繆，以便於規劃與管理等優點，強調課程是一種事先規劃設計安排的學校教育內容與教學實施程序的學習計畫，可以經過周密的課程計畫，規劃優良的學習內容與方法，達成預期的學習結果。課程計畫，就是指從事課程規劃（curriculum planning）的相關教育人員，根據社會文化價值、學科知識與學生興趣等等，針對課程目標、內容、方法、活動與評

鑑等因素，所進行的一系列選擇、組織、安排之規劃設計（蔡清田，2001；Lawton, 1983；Skilbeck, 1984；Pratt, 1994）。課程可以是政府官方規劃的「課程綱要」、或學校審查通過的「學校課程計畫」、或教師正式規劃設計的「教學計畫」（Marsh, Day, Hannay, & Mc Cutcheon, 1990）等等的正式書面文件。

就此而言，課程是達成教育改革理念與未來理想願景的計畫通道，因此，必須透過事前「課程規劃」的「慎思熟慮構想」（deliberation）（蔡清田，2001），審慎思考政府官方正式課程綱要、教科書內容、學校情境、教師教學與學生學習等課程規劃要素（Schwab, 1983），方能順利達成課程改革的理念。而「課程規劃」是課程改革的重要因素，乃是從事前計畫的觀點，未雨綢繆，從前瞻的角度進行課程改革的「築夢」行動，特別是根據社會文化價值、學科知識與學生興趣等，研擬政府官方政策、課程綱要與課程計畫等書面文件，針對教育改革的理念與目標、課程計畫方案架構與進程等因素，進行一系列選擇、組織、安排之規劃建構（蔡清田，2002），以企圖落實「理念建議的課程」。有趣的是，就「正式規劃的課程」與「理念建議的課程」之關係而言，兩者可能具有一致性與連貫性，「正式規劃的課程」可能和「理念建議的課程」所涵蓋的範圍內容一樣，「正式規劃的課程」可能完全接受「理念建議的課程」；「正式規劃的課程」與「理念建議的課程」兩者也可能沒有一致性與連貫性，因為「正式規劃的課程」可能是各種「理念建議的課程」之綜合或修正，因此，兩者甚或產生矛盾衝突與不一致的現象，值得進一步探究。

一般而言，有了政府公布的課程綱要或課程標準等「正式規劃的課程」，不管是學校課程計畫、出版商出版教科書或教師教學，才有所依循（Glatthorn, 2000）。而且因為政府官方規劃課程綱要或課程標準等「正式規劃的課程」之目的，往往在於作為引導學校課程發展的依據，可以有效的規劃各學習科目或各學習領域教材等之「資源支持的課程」，甚至引導學校辦學方針與教師進行教學的

指引方向。是以課程綱要或課程標準等「正式規劃的課程」之品質良窳，攸關學校課程教學之成效。因此，各國政府往往相當重視課程綱要或課程標準之研究發展規劃及修訂工作。

然而，課程綱要或課程標準之研究發展規劃制定或修訂，既是複雜性和專業性的工作，又是長期性的工作，必須針對社會發展、教育潮流和時代脈動，而且不斷研發與修訂，才能建立一套符合時宜的課程綱要，因此，我國中央政府似乎應該有一個「課程研究發展的常設專責機構」，如同英國中央政府官方設立的「資格檢定與課程當局」（Qualifications and Curriculum Authority），可作為我國政府研擬規劃課程綱要或課程標準等「正式規劃的課程」的常設專門機構之參考，並可研發課程政策計畫及進行課程改革與國際課程比較工作之專責機構。因為從課程綱要或課程標準等「正式規劃的課程」之研究規劃制定、實施執行到評鑑回饋，都需要相當謹慎地進行長期的研究發展，以利課程政策計畫的規劃與順利推動，才能有效促進「理念建議的課程」之實踐與學校課程發展之永續經營。

特別值得注意的是，就學校層次的課程發展而言，學校課程計畫之「正式規劃的課程」，是指可實踐「理念建議的課程」與政府規劃的課程綱要及學校課程願景目標之學校課程發展行動計畫。有趣的是，光有「理念建議的課程」，而缺乏政府正式規劃的課程綱要與學校正式規劃的課程計畫，是無法實踐理念建議的課程，也無法有效落實課程改革的理想願景，因此，正式規劃的課程就有其重要性。換言之，徒有「理念建議的課程」是無法美夢成真，因為「理念建議的課程」可能是天馬行空的理念，如果是可以預期的築夢願景，應該要透過政府正式規劃課程綱要與透過學校務實規劃學校課程發展計畫（蔡清田，2002），才能踏實逐夢，理念才不致淪為白日夢或不切實際的幻想（黃光雄與蔡清田，1999）。因此，本章特別就我國能力取向的課程綱要之規劃、能力導向的課程計畫與能力指標、能力取向的學校課程計畫之規劃等「正式規劃的課程」

加以闡述，包括第一節能力取向的課程綱要之正式規劃，第二節能力取向的課程綱要之能力指標，第三節能力取向的學校課程計畫之規劃等，論述如次。

第一節　能力取向的課程綱要之正式規劃

誠如本書第二章第三節指出我國前行政院教育改革審議委員會總諮議報告書之「理念建議的課程」，似乎對我國政府部門的教育部所研擬規劃的國民中小學九年一貫課程綱要之「正式規劃的課程」有著相當程度的影響。似乎教育部「正式規劃的課程」接受前行政院教育改革審議委員會總諮議報告書之「理念建議的課程」。然而，有趣的是，教育部官方「正式規劃的課程」可能有其政策規劃與實際執行的考慮，可能是各種「理念建議的課程」之調整修正或綜合歸納各種團體與學者專家「理念建議的課程」，而與原先「理念建議的課程」產生不一致的跳躍轉化與不連貫的落差，甚至矛盾脫勾的現象，值得進一步進行課程探究。

一、由前行政院教改會的「理念建議的課程」到教育部官方正式公布課程綱要之「正式規劃的課程」

整體而言，由於受到過去傳統將課程意義視同為教科學科目的影響，我國過去由政府官方規劃的中小學課程標準等「正式規劃的課程」，比較重視教學科目與教學節數的規劃與教材大綱的規定，特別偏重「學科知識」的傳遞，不僅學校教師與學生比較缺乏課程選擇的自主權，而且產生教學科目林立、知識零碎的後果，同時也常流於主、副科的爭辯，導致學生承受零散的課程內容，學生學習經驗無法統整，學生人格發展無法統整，全人教育無法實現的弊端，無法落實適性的學習，不利於學校學習與社會生活的統整（行政院教育改革審議委員會，1996）。

為了矯正過去學校教育的缺失，前行政院教育改革審議委員會重視生活能力取向的課程理念，強調「以生活為中心進行課程規劃，掌握理想的教育目標，訂定課程綱要取代課程標準，強化課程的銜接與統整，減少學科數目和上課時數」的課程改革理念（行政院教育改革審議委員會，1996，摘9），冀能減輕學生負擔，充實教學及其他個別化輔導活動，落實「適性化教育」。因此，前行政院教育改革審議委員會透過其總諮議報告書提出課程改革理念的建議，此種「理念建議的課程」呼籲重視學校課程發展，強調學科方面的統整與簡化，以及學年及各級教育階段之間的連貫（行政院教育改革審議委員會，1996，35）。

前行政院教改會總諮議報告書提出「理念建議的課程」，企圖將每一個孩子帶上來，以更寬宏的眼光和胸襟，來看待教育改革的過去和未來。但是，值得注意的是，前行政院教改會是臨時編組，而不是政府正式編制的行政機關。在1996年12月2日提出《教育改革總諮議報告書》的「理念建議的課程」，前行政院教改會完成了既定的任務之後就解散了，並未能如行政主管機關權責提出「正式規劃的課程」。前行政院教改會在《教育改革總諮議報告書》的序文中特別提到，「社會上還有許多人不完全瞭解，教改會只是一個為期兩年的臨時編組，負責重大教育改革方案或政策的擬議、審議、建議、諮詢等任務，而不是長期執行教育實務工作的單位。當年教改會最重要的責任是為臺灣教育診斷出病症，寫成教改總諮議報告書後，提出理念的建議，希望行政主管單位能依據所提出的理念建議加以執行。遺憾的是，就是以兩年時間完成諮議報告書的時間仍太趕，且應再花時間針對如何執行好好規劃並提出「正式規劃的課程」與落實理念的課程實施行政配套措施。但在，沒有完整的課程實施推動計畫與行政配套措施，就急於將新課程付諸實施並且倉促上路，難免出現改革理念建議與現實的落差。

前行政院教改會雖有崇高理想的課程改革理念，然而，教改是一項複雜的教育工程，不能光說不練，除了崇高的教改理想之外，

它必須採務實和漸進方式，一點一滴逐步改善，才能慢慢看到成效，但前行政院教改會卻未有「正式規劃的課程」之實施計畫，也未由官方出版教科書支援教材等「資源支持的課程」，也沒有完整的「實施教導的課程」與教師專業發展等等教育行政主導權責與相關配套措施，也沒有確實促成學生的真實學習，也沒有具體可行的學習評量證明提升學生基本能力，也沒有適切的課程評鑑，無法證明課程改革理念的實踐，這也是其所倡導的課程改革的理念，難以獲得所有教師和家長肯定的主要原因之一。當初推動教育改革的人物，對教育改革似乎都是充滿熱忱，對改革賦予最大的想像空間，彷彿教育改革即等同於「不死仙丹」，是追求國家進步的唯一表徵（秦夢群，2003）！但是對於推動教育改革的社會工程，如果缺乏課程改革專業知能與具體實踐行動的支持，光憑「教改理念」的崇高理想與「教改熱忱」滿腔熱血，硬要趕鴨子上架，可能造成所謂的「非預期的後果」（unintended consequences）（黃光國，2003）！

這真是一場課程改革理念與學校教育現實的交戰，過於堅持理念，淪為空中樓閣，難以落實；過於順從現實狀況，則難免有喪失理想之譏。特別是如果教育改革已經邁入多元文化、五育並重等教改理念，然而如果社會主流觀念依舊還停留在升學主義惡性競爭等原初的階段，難免造成理念與現實之間的衝突？甚至不同的團體可能有不同的教改理念偏好，而引發彼此間理念的衝突與立場的對峙。當改革與反改革成為對立的兩極，教育人員對教改的批評，往往得不到理性的對話空間，教育改革的諸多措施，改革之初信誓旦旦的理念，實施之後節節後退，本是值得追求的教育理想，但也都是遇到現實反彈就需要加以修改，必須與政治現實交換和妥協（2004/3/4，聯合新聞網）。

另一方面，更值得關切的是，教育部行政部門所「正式規劃的課程」可能不完全等同於前行政院教改會所提出「理念建議的課程」。特別是，教育改革問題不只有執行的課程落差與理念偏差，

而且「正式規劃的課程」可能是「理念建議的課程」之調整修正，或綜合各種理念建議的課程，而與前行政院教改會原先「理念建議的課程」產生不連貫與不一致的落差與跳躍轉化，因此，有人批評當前的課程改革論述空有理念，沒有課程理論。這樣的批評，其實是對課程理論有些誤解，其實課程理論與實踐，是不斷在理念對話的辯證關係當中展開動態的發展。當前課程改革反映了當今的課程思潮，課程改革可能融合課程的再概念化思潮、後現代主義、批判實用主義、行動反思、關懷倫理、意識覺醒、解放知識論、視野交融、邊界教育學、賦權增能等等理念學說（陳伯璋，2004）；整體而言，課程改革的過程是從許多理論的理解觀點來探究課程的意義與脈絡，是強調對「文化、歷史、政治、生態學、美學、神學和自傳如何影響人類條件、社會結構和生態圈等」，作為增進課程理解的論述，這些課程論述絕非去脈絡化和歷史真空，而是在社會和知識變遷的脈絡下滋長的。

值得肯定的是，前行政院教改會曾針對課程改革提出理念的建議，強調應該成立常設性的課程專業組織充分研究各種理念學說，再研擬規劃課程改革方向。然而，國內進行課程改革過程中，常因理念不同或政治考量而爭議不休，致使課程綱要等「正式規劃的課程」，未能依原先規劃之結果如期發布實施，例如我國國民中小學九年一貫課程綱要的數學領域學習階段劃分、分段能力指標與學習內容等等的爭議，就是最好的例證之一。特別是，當前課程綱要等「正式規劃的課程」制定或修訂，面臨著兩大問題：一是缺乏課程研究發展的專責機構，無法從事長期規劃課程綱要與修訂工作，多年來的課程綱要等「正式規劃的課程」修訂，不易看出是在課程研究發展的專業基礎上進行，修訂開會時，經常是臨時編組的學者專家代表，依據不同理念派點與理論基礎，甚至是各說各話而沒有對話，往往天馬行空提出各種不同「理念建議的課程」，這種情形就如同Daignault（1995）所指出「諾曼地的」游牧性質之課程改革現象（Pinar, Reynold, Slattery, & Taubman 1995, 483）；另一是政治意

識型態的介入，政治考量往往凌駕課程專業判斷，難以達到提升學生學習成就的目標。因此，要解決課程綱要等「正式規劃的課程」的規劃問題，設置課程研究發展專責機構與進行長期研究發展的規劃，並儘量減少政治力不當介入，應是相當重要的當務之急（國語日報，2003/10/17）。

事實上，課程改革成敗的責任也應該要分層負責，臺灣課程改革幾經扭曲之下，國人早已難窺其原貌。就前行政院教改會「理念建議的課程」，轉化成為教育部「正式規劃的課程」之後，七折八扣與調整修正轉化之後，其實大概只有強調「以生活為中心」與「重視終身學習」等「能力取向」的理念，連貫到教育部正式規劃的國民中小學九年一貫課程綱要等課程政策計畫，而不完全等同於前行政院教改會《教育改革總諮議報告書》所描繪的「教育鬆綁、帶好每位學生、暢通升學管道、提昇教育品質、建立終身學習社會」等等最初構想與理想願景；可見前行政院教改會「理念建議的課程」與教育部「正式規劃的課程」等等不同層面之間的課程理念與課程政策，已有某種程度的轉化與落差距離（Goodlad, 1979; Brophy, 1982; Glatthorn, 1987），似乎如同海明威所著的《老人與海》描述，原先補獲的大魚在拖運回港途中，已不斷遭到攻擊吞噬而所剩無幾，似乎只留下魚骨架。

二、國民中小學九年一貫課程綱要「正式規劃的課程」的能力取向官方課程政策

過去臺灣地區的中小學必須遵照教育部頒布課程標準的規定實施，學校甚少長期從事自發性的課程發展，缺乏辦學特色。此次國民中小學九年一貫課程綱要的內涵與以往課程標準有顯著差異，其特色包括：以培養現代國民所需的基本能力為課程設計核心；提供學校及教師更多彈性教學自主空間（陳伯璋，1999a；歐用生，1999a）。這是臺灣課程改革的一個里程碑，可與延長國民義務教

育年限之改革相互對照如下表（蔡清田，2002）：

表3-1　1968年延長國民教育年限與1998年推動九年一貫課程改革之對照

1968年實施九年國民教育學校制度	1998年推動九年國民教育課程一貫
年限延長	課程改革
量的擴充	質的提升
強調升學聯考科目	強調終生學習目標
重視學科知識內容	重視生活基本能力
學科分化科目林立	學習領域課程統整
分科教學	合科教學
行政管理課程控制	行政鬆綁課程解嚴
集權中央制訂課程標準	授權學校本位課程發展
規定用書進行統一編審	鼓勵教師進行課程設計
要求照表操課，進行忠實實施	鼓勵進行課程實施行動研究

　　國民中小學課程改革重點至少包括三方面，一方面指出國民教育階段學校教育目標，重視當代生活所需的能力；第二方面依據基本能力，規劃學習領域課程內容，取代只重視升學準備考試之傳統科目，避免科目分立，知識支離破碎；第三方面，另藉學校課程發展與教室層面課程設計，縮短理念建議的課程、正式規劃的課程、資源支持的課程、實施教導的課程、學習獲得的課程等等之間的差距，落實學校課程發展之過程與結果，充實學生學習經驗（林清江與蔡清田，1997）。

　　教育部正式規劃的國民中小學九年一貫課程綱要之課程目標，指出「國民中小學之課程理念應以生活為中心，配合學生身心能力發展歷程；尊重個性發展，激發個人潛能；涵泳民主素養，尊重多元文化價值；培養科學知能，適應現代生活需要」以及「國民教育之教育目的在透過人與自己、……傳授基本知識，養成終身學習能力，培養身心充分發展之活潑樂觀、合群互助、探究反思、恢弘前瞻、創造進取、與世界觀的健全國民」。此外，在《教學創新九年一貫問題與解答》中提及兼顧「領域學習之知識能力」與「現場學習之探索能力」，並透過生活之真實經驗，領悟學習樂趣，驗證知

識道理，進而培養自理生活、自勵學習之能力（教育部，2003），這是一種企圖落實能力取向課程理念之「正式規劃的課程」。

　　國民中小學九年一貫課程綱要「正式規劃的課程」，回應了行政院教育改革審議委員會（1996，摘9）所強調「以生活為中心進行課程規劃，掌握理想的教育目標，訂定課程綱要取代課程標準，強化課程的銜接與統整，減少學科數目和上課時數」的「理念建議的課程」，冀能減輕學生學習負擔，充實教學及其他個別化輔導活動，落實「適性化教育」。特別是國民中小學九年一貫課程綱要的課程改革基本理念，呼應前行政院教改會總諮議報告書的理念指出：

(一)人本情懷方面：包括自我瞭解與自尊、尊重與欣賞他人及文化等。

(二)統整能力方面：包括理性與感性之調和、知與行合一，人文與科技整合等。

(三)民主素養方面：包括自我表達、獨立思考、與人溝通、包容異己、團隊合作、社會服務、負責守法等。

(四)鄉土與國際意識方面：包括鄉土情、愛國心、世界觀等，涵蓋文化與生態。

(五)終身學習方面：包括主動探究、解決問題、資訊與世界語言之運用等。

　　上述由教育主管部門正式規劃公布的課程綱要「正式規劃的課程」，符合前行政院教改會「教育鬆綁、帶好每位學生、暢通升學管道、提昇教育品質、建立終身學習社會」的理念（行政院教育改革審議委員會，1996，摘9）。國民中小學九年一貫課程綱要之「正式規劃的課程」基本理念，目的旨在丟掉背不動的書包，培養學生帶得走的基本能力，並改善過去只重視背誦，學生只重讀死書，不知如何實際應用的學校教育現象。當前教育部公布的課程綱要「正式規劃的課程」與臺灣過去的課程標準，有許多不同之處，見表3-2：

表3-2　課程綱要與課程標準的比較（修改自教育部，1999，
國民中小學課程綱要與現行國民中小學課程標準之比較）

	國民中小學九年一貫課程總綱綱要	82年、83年公布之國民小學、國民中學課程標準
課程修訂小組	由一個專案小組及一組委託研究計畫，制定一套課程綱要	由國小、國中兩個委員會，制定兩套課程標準
課程目的	九年一貫的課程目的：培養具備人本情懷、統整能力、民主素養、鄉土與國際意識，以及進行終身學習之健全國民	國小與國中分別制定其課程目的
課程目標	中小學九年一貫的十項課程目標	國小與國中分別制定其課程目標
基本能力	國民教育階段必須培養十項基本能力	未訂定
教學時間	每節上課以40至45分鐘為原則	國小每節40分鐘；國中45分鐘
教學節數	教學總節數區分為：基本教學節數，占總節數80%；彈性學習節數，占總節數20%	未區分總節數類別
學習領域或科目	七大學習領域（語文、健康與體育、社會、藝術、數學、自然與生活科技、綜合活動）	國小共11科；國中共21科
學校課程審查與規劃組織	各校應成立課程發展委員會及各學習領域課程小組，從事學校本位課程發展，並由課程發展委員會審查、決定全校各學習領域課程計畫及相關實施內容	未訂定
教材選用	1.教科書非唯一教材來源 2.採多元化教材	1.國民中小學以課程標準中規定之各學科教科書為主 2.國小採審定本教科書；國中一般學科採部編本教科書，藝能科採審定本教科書
課程報備制度	在課程實施前，學校應將整年度課程方案呈報地方政府主管教育行政機關備查。	未訂定
教學實施	得打破學習領域界線，彈性調整學科及教學節數，實施大單元或統整主題式教學	未訂定
課程規範範圍	訂定「課程綱要」，僅就課程目標、學習領域的概念架構，以及基本能力表現水準等作原則性的規範	訂定國中小「課程標準」，從大綱到細目，從目標、內容、方法、評量、上下學時間等均列在規定中，內容詳細繁瑣，鉅細靡遺

此種課程綱要之「正式規劃的課程」，著重在培養國民的基本能力，尤其要將國民中小學九年一貫的國民教育新課程結合，從國民教育做起，落實在各級教育中。我國國民中小學九年一貫課程綱要的「正式規劃的課程」中最值得注意的是，強調課程設計以學生為主體，以生活經驗為重心，進行學校課程發展，一定要透過課程研究，分析學生的背景資料，如學生年齡、社經背景、先備知識、性向、能力、動機、價值觀念及需要等，做為課程目標的來源之一（Tyler, 1949; Taba, 1966），做為規劃課程方案之參考（Skilbeck, 1984）。

國民中小學九年一貫課程綱要「正式規劃的課程」之課程目標，十分重視能力的培養，能力是能勝任工作的表現，所強調的是增進自我瞭解，發展個人潛能；培養欣賞、表現、審美及創作能力；提升生涯規劃與終身學習能力；培養表達、溝通和分享的知能；發展尊重他人、關懷社會、增進團隊合作；促進文化學習與國際理解；增進規劃、組織與實踐的知能；運用科技與資訊能力；激發主動探索和研究的精神；培養獨立思考與解決問題的能力。我國國民中小學九年一貫課程綱要的「正式規劃的課程」課程目標在於培養國民中小學生具備十項基本能力，作為主要的教育核心，可見這是一種能力取向的課程規劃。

這些基本能力是可以學以致用，可以學習遷移到不同的情境，也包含了知識、技能與情意態度的能力，而且也具有達到不同目標與解決不同問題的多種功能，不僅可以提升個人的競爭力，更可以培養人與自己、人與社會、人與自然環境及科技的生活因應能力，不僅可讓人活出價值尊嚴及自我實現，也可以使得人類社會與自然更為繁榮與永續發展的能力。這十項基本能力分別為：

(一)瞭解自我與發展潛能

充分瞭解自己的身體、能力、情緒、需求與個性，愛護自我，養成自省、自律的習慣、樂觀進取的態度及良好的品德；並能表現

個人特質,積極開發自己的潛能,形成正確的價值觀。

㈡欣賞、表現與創新

　　培養感受、想像、鑑賞、審美、表現與創造的能力,具有積極創新的精神,表現自我特質,提昇日常生活的品質。

㈢生涯規劃與終身學習

　　積極運用社會資源與個人潛能,適性發展,建立人生方向,並因應社會與環境變遷,培養終身學習的能力。

㈣表達、溝通與分享

　　有效利用各種符號(例如語言、文字、聲音、動作、圖像或藝術等)和工具(例如各種媒體、科技等),表達個人的思想或觀念,善與他人溝通,並能與他人分享不同的見解或資訊。

㈤尊重、關懷與團隊合作

　　具有民主素養,包容不同意見,平等對待他人與各族群;尊重生命,積極主動關懷社會、環境與自然並遵守法治與團體規範,發揮團隊合作的精神。

㈥文化學習與國際理解

　　尊重並學習不同族群文化,理解與欣賞本國及世界各地歷史文化,並瞭解世界為一整體的地球村,培養相互依賴、互信互助的世界觀。

㈦規劃、組織與實踐

　　具備規劃、組織的能力,且能在日常生活中實踐,增強手腦並用、群策群力的做事方法,與積極服務人群與國家。

㈧運用科技與資訊

正確、安全和有效地利用科技，蒐集、分析、研判、整合與運用資訊，提升學習效率與生活品質。

㈨主動探索與研究

激發好奇心及觀察力，主動探索和發現問題，並積極運用所學的知能於生活中。

㈩獨立思考與解決問題

養成獨立思考及反省的習慣，有系統地研判問題，並能有效解決問題和衝突。

就此十大基本能力的批評與討論而言，也與本書上一章所提到歐盟DeSeCo研究專案的基本能力素養有異曲同工之妙，可培養健全個人與良好運作的社會，而也合乎其能力素養的分類架構，例如表達、溝通和分享，欣賞、表現、審美及創新，運用科技與資訊等等能力，是屬於DeSeCo的能互動地使用工具（using tools interactively）之範疇：亦即人與工具方面的使用語言、符號及文本進行互動的能力，使用知識與訊息互動的能力，使用科技互動的能力；尊重關懷與團隊合作，文化學習與國際理解等等能力，是屬於DeSeCo在異質性的社會團體中運作產生功能（functioning in socially heterogeneous groups）之範疇：亦即人與社會方面的與他人建立正向關係的能力，合作的能力，管理及衝突的能力；瞭解自我與發展潛能，主動探索和研究，獨立思考與解決問題，規劃、組織與執行，生涯規劃與終身學習等等能力是屬於DeSeCo的自主地行動（acting autonomously）之範疇：亦即人與自己方面的防衛及保護自我權力、利益、責任、限制與需求的能力，形成及執行生活規劃與個人方案的能力，在廣泛脈絡情境中與他人互動的能力。特別是重視欣賞、表現與創新，文化學習與國際理解，生涯規劃與終身

學習等等能力似乎是英、美、紐、澳等其他國家並未特別強調的能力素養。然而，我國似乎比較缺乏人與自然方面對自然環境保護與休閒生活的興趣與知能之培養。

而且檢視國民中小學九年一貫課程綱要「正式規劃的課程」，對於此課程改革所訴求的學生能力，對於「基本能力」略有提及，然而，較多僅具文字宣示的「形式意義」，並未真正落實成為此波改革的實質重點。特別是檢視「國民中小學九年一貫課程綱要」（教育部，2003）之內容，其課程改革的基本理念與目標及基本能力，多以綱目及條例方式呈現，似乎欠缺對於此改革理論依據及未來期望作詳細的描述。「課程目標」的內涵與「基本能力」相似，基本能力似乎只不過是換了文字敘述的課程目標而已？不見十項基本能力之理論依據說明為何？究竟是根據何種理念學說而來，例如是多元智能理論或社會發展理論？由於許多課程規劃的理念學說思考未明白交代說明，故教育學者與學校教師們大多各自揣摩並且詮釋不一。暫且不問「課程目標」與「基本能力」除文字措辭略有不同外，為何是同樣的內涵？此十項基本能從何而來？為何是此十項能力？十項能力之間的關係如何？是否彼此互斥或有重疊之處？是否有優先順序之考量？以及不同年齡、年級學生在此十項能力的需求先後等問題，也很難從教育部主管部門公布的「正式規劃的課程」之相關書面文件中獲得明確解答。

陳伯璋（1999）曾經指出，這些基本能力是基於社會變遷及未來生活需求所做的評估，對於實用或生計所需的就業能力與競爭力的驅使，然而，對於此基本能力之由來或建構過程之理解，仍是相當模糊，若能更具體地合理建構這些基本能力之意義以及相關的理論基礎，將更為完整。

就此而言，此基本能力是基於社會變遷及未來生活需求所做的評估，雖有理想色彩，但比以往教育目標較為具體，而基本能力，亦需在各學習領域中轉化為「能力指標」，做為課程設計及教學實施的依據。總之，強調能力取向的課程改革理念，是著眼於生活經

驗的重視，以及國民基本素質的提昇。基本能力是一系列目標的組合，皆由學生行為的改變，作為學校課程目標的具體教育指標，如同美國課程學者泰勒（Ralph W. Tyler）在「八年研究」（The Eight Year Study），設計「可欲改變的學生一般行為組型」之具體目標，協助課程發展人員，敘寫具體的課程目標（Tyler, 1949），進一步再加以細部設計教材內容與學生的「學習經驗」，以達成一套預期的學生學習結果。

值得關注的是，國民中小學九年一貫課程綱要補充說明總綱篇，則曾經進一步針對學力指標之定義為：指衡量學習者實際成就的具體化指標，著重於衡量或表示學習者經系統化學習而獲得的實際成就程度。基本能力與基本學力二者相互依存，基本學力的重點在指陳某一教育階段教學活動必須達成的能力指標學習結果與評量；基本能力則是透過基本學力測驗來驗證學習者的能力指標學習成就。就概念本身而言：基本能力描述整個國民義務教育階段完成時所應具備的能力指標行為特質；基本學力界定在整個國民義務教育階段中各個學習階段（如國小低年級第一個學習階段）或年段（如九年級）所應達成的能力指標行為表現。本章下一節將就此進一步分析探究。

第二節　能力取向的課程綱要之能力指標

在歐美過去科目林立分科教學的傳統之下，各個科目領域對於學術基本能力的重要性，往往含有保衛領土的行動（Drake, 1998），因此，基本能力的意義，可能仍然隱含有科目性質的色彩，造成基本能力的意義不只不夠明確，不易讓教師遵循，而且各科皆有自己的基本能力，甚至形成太多基本能力束縛的窘境，而讓教師不易進行課程的設計。

然而，有趣的是，我國教育部公布的國民中小學九年一貫課程綱要，指出的十項基本能力具有課程統整的功能，是各學習領域、

六大教育議題和彈性學習節數課程活動的共同課程目標，各學習領域、六大教育議題和彈性學習節數課程活動，均具有實踐十項基本能力的每一項能力之責任。這些基本能力都是學生在語文、社會、自然與生活科技、數學、健康與體育、藝術與人文、綜合活動等七個學習領域所必須學習的能力素養。這也印證了所謂「愈少即愈多」的理念（Drake, 1998），因為太多的基本能力，就會如同太多的廚師會打翻一鍋湯一般，如果只用少數基本能力，則將會有許多能力指標之叢聚，而容易達到統整之效。

　　然而，因為十大基本能力是屬於比較抽象的課程目標，往往無法直接作為選擇與組織學習經驗的依據，必須加以具體化與明確化。因此，可以透過學校進行學習領域與重要議題的課程規劃之運作實施，將此十項基本能力轉化為能力指標，甚至根據各學習領域不同的學習階段，轉化為各學習領域分段能力指標，成為各學習階段的具體目標，說明學習者在各學習階段的各學習領域應該學習的事實、概念、原理原則、價值與技能，以便作為進行課程設計的重要參照指標，以實踐十大基本能力。

一、能力指標的發展背景

　　我國教育部公布「國民中小學九年一貫課程綱要」（教育部，2003），透過政府官方「正式規劃的課程」文件，界定課程內容應該包括七大學習領域與六大議題與各學習領域能力指標等等，引發國內關心教育的相關人士，針對國民教育中小學生的基本能力與能力指標的課程理念之關注與諸多討論。「能力指標」是我國國民中小學九年一貫課程綱要「正式規劃的課程」所提出的特定用詞，可惜其用意為何，卻難見國民中小學九年一貫課程綱要，有進一步清晰明確的解釋說明。

　　指標（indicator or benchmark），乃是某項決定或判斷的準則、標尺，是一種資訊，提供可解釋的資料，以作為決策參考之

用。能力指標（competence indicator or benchmark），是基本能力
面向之下的具體項目，可以進一步協助學生具體達成該基本能力，
能力指標是學習者經過一段時間的學習之後，所應該於各學習階
段，依據各基本能力所轉化為各學習領域「基礎且重要」的學習結
果層面應該具備的表現程度水準。能力指標，也是學生學習結果的
一種行動實例（action example），是一種可以提供說明學生在不
同年齡、年級或發展階段水準，所達成的指定成就目標（target）
之能力表現水準。能力指標，可以指出學生學習的實例，以說明其
優異或適切的成就表現。能力指標，也可以是指學生在不同年級
階段或年齡，所可能達成的基本能力之指定成就目標之能力表現
水準，而各學習領域的課程綱要之能力指標，乃編輯教材、教學評
量、學習成就評量的參照。

　　學習成就評量指標所意味的能力應指Competence而非Ability，
除了要有認知方面的學習結果外，尚須包含情意以及技能的層面在
內。最好是以簡單、清楚、明確為原則，以簡馭繁地歸納所有能力
指標使用的動詞，並以重要關鍵字、淺顯易懂的文字作說明，輔以
大量舉例的方式，具體解讀指標在教學上的使用；進而釐清指標的
精確意義，作為推動國民中小學九年一貫課程改革，提升教師專業
素養的起點，能讓學校交師容易瞭解的情形下，善加應用。

　　能力指標由十大基本能力配合各學習領域的理念與目標所衍
生的，能力指標包括最低標、靈活化、階段化與適性化等四項特質
（李坤崇，2002a、2002b、2002c）。第一，就最低標而言，能力
指標乃課程目標要求的最低要求基本能力，城市、鄉村、山上、海
邊、離島區域的學生可達成最低要求，能力指標植基於基本能力，
而非最高要求標準的能力。雖然原先設定的能力指標為最低標，但
七大學習領域實際研擬規劃設計時，是否遵循此低標原則，可能遭
受國中小基層教師的質疑。是以，「正式規劃的課程」的研擬規
劃設計者，宜應與學校教師充分對話後適切修正，回歸最低標之精
神。第二，就靈活化而言，能力指標的本質是靈活的，學校可予以

增加、補充、或分化，然而學校應依據學校願景與特色，秉於教育專業自主來加以活化。此賦予學校行政人員與教師相當的彈性空間，得以充分展現教育專業自主。但是如果缺乏足夠專業能力，則教育專業自主將流於空談。第三，就階段化而言，能力指標依學生在各學習領域身心發展的狀況，劃分為三或四個學習階段，能力指標具有區別身心發展階段，及進行縱貫聯繫與階段區隔的功能，學校進行活化時，必須顧及能力指標的各階段內涵，方不致混亂。第四，就適性化而言，學校可依學校情境、家長要求、社區特質、與學生需要來研擬規劃適性化的學習目標，落實能力指標可能出現目標相同，但各校作法與要求互異的現象，此現象適足以顯現適性化的教育。

二、能力指標類型的釐清

但是，我國過去行之多年的課程標準，一般而言是比較偏向由教育部官方「正式規劃的課程」指定內容本位的標準（content-based standard），課程標準作為學校教育活動實施及學校課程編製的準則，旨在確立各級學校教育目標，其所訂定之有關各學科的課程目標、教學科目與時數、教材綱要以及實施通則等，均為編選教材、編寫教科書及進行教學實施與學習評量的主要依據。內容標準清楚地界定學生在每一個學習科目應該獲得的知識和技巧（Marzano & Kendall, 1996, 14）。然而，內容標準仍被批評有所缺失，部分學者認為這種標準雖然是決定課程內涵、教學實施、教材選擇、師資培訓的基本需求，不過這種內容本位的課程標準無法回答學生的表現多好才算好呢（Trucker, 1998; Finn & Ravitch, 1996）？而以表現為基礎的標準（performance-based），則指出了學生應該要表現到何種程度才可接受的事證指標與水準。值得注意的是，以表現為基礎的標準並非可以取代內容標準，以免導致標準狹隘的另一種偏失（Marzano & Kendall, 1996 ; Finn & Ravitch,

1996）。

　　考諸臺灣政府的教育部在民國57年、64年、82年版「正式規劃的課程」的課程標準內涵可知，各科目標、時間分配、教材綱要、實施方法，規範的相當清晰有序，甚至在57年版與64年的課程標準當中，更是依據教材綱要提列各科「預期學習效果」，描述學生具體的學習結果，似乎兼顧了內容標準與能力標準的意涵，但是實質而言，仍是偏向內容本位的標準。對照國民中小學九年一貫課程綱要的指標結構，分成兩個層級：主題軸和分段能力指標，然而各領域主題軸的性質不一，有著重知識內容如數學學習領域，有著重能力和素養如語文、自然與生活科技等學習領域，有些領域又不易讓使用者立即掌握該領域的學習內涵和範圍，雖以能力指標為名，表面上似乎是能力取向的標準，但是，文辭的敘述卻又不夠具體，實在很難確切區分其到底屬於內容標準或者是能力標準的取向。

　　理論上，能力指標，是根據課程綱要基本能力之下，更為具體陳述之指標面向的能力，能力指標是能力目標的傘狀用詞之下的一種能力用詞類別。能力指標應是所有指標使用者，例如教科書編輯者和審查者、教師、學生、家長、行政人員、測驗評量發展者等的共同語言。然而，能力指標在體例和敘寫方式並不一致，而且許多指標內涵不夠明確清楚，因此，出現一套指標，各自表述的情形，各領域能力指標敘寫方式的不一，成為各方詬病所在。臺灣地區國民中小學九年一貫課程綱要的「正式規劃的課程」能力指標，與美國在90年代以後，各州課程架構的標準（standards）和分項指標（benchmarks）可說是有些部分的類似。

　　在能力指標敘寫方面，盧雪梅（2004）指出：雖然國民中小學九年一貫課程各領域的研發人員不同，但各學習領域課程綱要都屬於國家層級課程文件，因此在能力指標系統建構、指標敘寫體例和內涵上應該要有一致的規範和共識。正如Marazno與Kendall（1996）所指：發展標準和指標時，第一個步驟就是確定敘寫體例和內涵概括度（generality），如此才不至於目前分段能力指標

編碼不一致的現象，例如美國密西根州將各學科從幼稚園到高中的課程標準一律分為初小（Early Elementary）、高小（Later Elementary）、中間學校（Middle School）及高中（High School）四個階段，康乃狄克州則是分為K-4、5-8、9-12三階段。儘管劃分階段別不見得一致，但各學科分段的統一是共同的作法。可見，我國國民中小學課程綱要的「正式規劃的課程」能力指標的紛雜體例不一，已如前所述。因此，修訂課程綱要的「正式規劃的課程」能力指標，或可統一以具體的內容指標，如教材綱要取而代之；或可將現有的能力指標，進一步擴充為具體的內容標準。在各領域學科的階段劃分方面，尤應統一，或三階段或四階段為宜。而能力指標的階層序列化，以更清晰易懂的排列方式，有助於呈現學科結構的論理系統，並協助閱讀者易於理解。

三、能力指標的運用

　　相當令人矚目的是1988年9月英國中央政府頒布「國定課程」之後，自此英國凡五歲兒童在進入小學時都得進行基本學力測驗（蔡清田，2003）。「基本學力測驗」是教師用來瞭解學生在入學之初學習需要的工具，教師可用來評估學生認知、理解與行為能力的表現，將之告知家長，同時也會提供有關學生基本學力測驗方面的資訊供家長參考。此種基本學力測驗的目的，一方面旨在發現學生的認知、理解與行為能力表現，所以教師可以依測驗結果有效的依學生個別需要規劃教學內容；另一方面旨在協助學校評量與瞭解學生在入學之初的學習進展，如此有助於學校檢核學生是否達到學校為他們設定的學習標準（盧美貴，2000）。在基本學力測驗的內容方面，所有的課程方案都必須經過英國「資格檢定與課程當局」（Qualification and Curriculum Authority，簡稱QCA）的審核與認可。英國此種基本學力測驗的目的在瞭解學生的起始點學習，以便提供教師及父母進行課程與學習的最佳安排；反觀國內，我國的國

民中學基本學力測驗，是否能達到國民中小學九年一貫課程綱要的基本能力？是否能讓孩子獲得帶得走的能力，而不是背不動的書包呢？值得深思？

特別是我國國民中小學九年一貫課程以能力取向，如何將十大基本能力與各學習領域「能力指標」（competence indicator），轉換成為學習評量，如何具體去理解教師教學與學生學習的成效？教師如何去面對基本能力與能力指標與學力測驗？教師如何根據基本能力與學力測驗的標準，去規劃學習評量？有意願使用？如何去熟悉這些學習評量？學生與家長對評量方式的改變的接受程度如何？都是值得關切的問題。可見，如果基本能力的意義若過於籠統，將不易轉化為各學習領域的學習目標，將難以掌握學習重點。若能將基本能力再細分成數個分階段的細項能力指標，將更易於協助教師透過教學轉化為學生的學習目標，設計學習活動與實施學習評量。就能力取向的課程綱要「正式規劃的課程」而言，「能力指標」係指把學生所應具備的能力項目，轉化為可以評量的具體數據，藉以反映學生的學習表現（楊思偉，1999）。基本能力難以直接評量，欲評量基本能力必須對基本能力細分的為分階段的能力指標，再轉化為更具體的學習目標與學習活動，方能進行學習評量，是以目前我國政府推動國民中小學九年一貫改革的課程目標、基本能力、能力指標、學習目標、學習評量與基本學力測驗之關係，可能如下圖所示。

圖3-1　課程目標、基本能力、能力指標、學習目標、學習評量與基本學力測驗之關係

　　國內推動國民中小學九年一貫課程改革的相關學者指出，各學習領域課程綱要的能力指標，乃編輯教材等資源支持的課程、進行教導實施運作與學習評量的參照，具有下列六項功能：(1)作為各學習領域各學習階段的廣義課程目標。(2)各學習領域各學習階段的課程設計編輯教材依據。(3)確立各學習階段各學習領域的學習目標與引導學習方法的前提。(4)實施校內各學習領域各學習階段的學習評量準則。(5)實施校外基本學力測驗的依據。(6)評鑑各學習領域各學習階段的課程之參考依據（李坤崇，2001；黃嘉雄，1999）。

　　明確的能力指標，是學生獲得更高的學習成就之支柱，能力指標與評鑑的結合，是學校課程革新的重要機制，但是，如果要在學校實施以能力指標為依據的教育，是需要去瞭解什麼是能力指標，而且透過學校組織結構的支持與運作，方能實踐以能力指標為依據的課程改革。但是，值得關注的是，推動國民中小學九年一貫課程至今，國民中小學教師依據主題設計研發教材能力頗佳，但依據能力指標進行教學的能力則有待加強。這可能是因為課程綱要「正式規劃的課程」能力指標的規劃，對教師在設計課程與教學時，仍存在下述有待解決的困境：(1)分段能力指標太多，對教師教學形成限制與壓力。(2)分段能力指標在各學習階段分配不均，甚至太多或太少。(3)分段能力指標未能適合學生身心發展階段。(4)缺乏情意目標的意涵，有待教師填補不足之處。(5)能力指標的意義模糊不清，不夠明確，造成教材編輯、教學實施與學習評量缺乏明確依據（黃嘉雄，1999；盧雪梅，2001）。可見能力導向的「理念建議的課程」、課程綱要的「正式規劃的課程」與學校課程計畫的發展及教師教學實際狀況等等之間，出現課程不連貫的課程落差現象，十分引人關注。

第三節　能力取向的學校課程計畫之規劃

　　國民中小學九年一貫課程改革，強調「課程綱要取代課程標準，學生學習中心取代學科本位中心，學校本位課程發展取代中央政府統一編輯」，鼓勵教師主動發展課程（林清江，1998）。此項課程改革是由中央政府主導的教育革新，重視學校課程發展的專業任務，強調學校課程發展，賦予教師進行課程發展之專業角色（陳伯璋，1999b），合乎世界各國教改潮流，深具時代意義。

　　學校課程發展，係指在教育部課程綱要等「正式規劃的課程」授權之下，臺灣地區的學校為了實踐教育改革的願景，以學校為課程發展的基地，學校教育人員為課程設計的參與決定者，對於學生的學習內容與方法，結合校內外的人力物力資源，進行學校整體課程的研究、規劃、設計、實施、評鑑與經營。學校課程發展的主體在個別學校，學校人員根據中央政府提供的政策指示與課程綱要等「正式規劃的課程」，進行民主協商與理性互動，是學校課程發展的必要過程。學校課程發展並非相對於中央課程控制的極端，它仍然受到中央課程政策的指引，同時保留較大的自主空間，可視為一種課程發展的分工與互補。因此，學校課程發展雖是草根模式，卻不應該是草莽模式，應該合乎國家教育的期望與規範，透過課程規劃，以研擬學校層次課程計畫等「正式規劃的課程」。

　　我國教育部公布《國民中小學九年一貫課程綱要》，其實施原則要求各校組織「課程發展委員會」，呈報學校課程計畫。其實施原則更明確指出：應充分考量學校條件、社區特性、家長期望、學生需要等相關因素，結合全體教師和社區資源，發展學校課程，並審慎規劃全校課程計畫（教育部，1998；2000）。可見我國課程改革，不僅倡導學校課程發展，更重視學校課程計畫之正式規劃。

　　就學校層面而言，課程是達成學校願景與教育目標的通道，因此必須透過事前「課程規劃」的「慎思熟慮構想」（蔡清田，

2001）。「課程規劃」是學校課程發展的要素，乃是學校課程發展的經營團隊，從計畫觀點，進行課程發展的「築夢」行動，特別是透過課程發展委員會，根據社會文化價值、學科知識與學生興趣，針對學校願景、整體課程目標、課程計畫、課程方案架構與進程等因素，進行一系列選擇、組織、安排之規劃建構（蔡清田，2002），呼應政府官方公布課程綱要「正式規劃的課程」的呼籲（教育部，2003），審慎規劃學校課程計畫，期能落實行政院教改會「理念建議的課程」。

● 一、規劃重視課程綱要能力指標的學校課程計畫

　　就學校課程計畫而言，採用學校教育願景與課程目標，是改善學生學習成果的必要步驟，但是如果只是將學校教育願景與課程目標列入書面文件記錄，而沒有明確指出由誰在何時去實施並評鑑課程目標等相當明確的決定，是難有長遠的效果（Marsh, Day, Hannay & McCutcheon, 1990）。儘管此種決定十分單純而直接，但是卻少有學校明確地列出其學校教育願景與課程目標，並提出具體的課程評鑑計畫方案，以便在學校中實施這些學校教育願景與課程目標。

　　政府公布的課程綱要「正式規劃的課程」，可以描述說明如何進行優良的課程實施，然而課程綱要的「正式規劃的課程」，或許是課程的最低規範，並不是學校課程發展的課程計畫。學校課程計畫的相關議題包括：誰來決定學校課程計畫是什麼？會運用什麼原理來規劃學校課程計畫？如何融合非正式課程與正式課程的不同經驗？哪些活動是個別的？小組的？全班的？全年級的？全校的？該項學校課程計畫包括了什麼時間架構？時間長短適當嗎？何處可以獲得所需的專家協助，以支持該項學校課程計畫？學校教育系統內？系統外？參與者？輔導者？同儕教練？小組成員？學習小組成員？委員會成員？書籍？期刊？扮演何種角色，以便在學習過程中

相互協助？誰要負什麼責任？需要採取什麼行動步驟？行動步驟所需的時間系列是什麼？需要什麼修正？

政府公布課程綱要的「正式規劃的課程」，授權學校進行課程發展，尊重學校教育人員的專業自主權，鼓勵學校教育人員組成課程發展委員會，依照學校特色、家長期望、社區資源進行情境分析與需求評估，進而提出學校課程計畫（蔡清田，2002）。學校是進行課程發展的重要基地，可以根據中央與地方政府的教育願景，進一步分析自己學校的教育情境，進行學校課程規劃與革新。學校課程計畫，可以使學習的內容隨著學習時間的發展，而具加深加廣的擴展效果，更容易實現螺旋式課程組織的功能，並經由日積月累地橫貫所有的學習經驗，以及相關學習單元的評量。

學校課程計畫是一種計畫課程，也可以是一種包含政府公布課程綱要基本能力與能力指標的能力導向之「正式規劃的課程」。就能力導向的理念課程之行動計畫而言，學校課程計畫，是一項為了改進學生在有關課程綱要指定的學習之學校課程計畫行動方案（action plan），包括了相關課程資料的分析、確認需求、明確的課程目標與任務、角色與責任。學校課程計畫，清楚地說明課程的責任，是為了達成學生學習的目標以獲得可以帶得走的基本能力。所有學生都有機會，去接觸並展示所獲得能力指標所指陳的知識與技能。課程如果未能以能力指標為根基，則儘管其課程內容豐富含有許多知識技能的資訊，也容易迷失其方向。是以如果一開始，便將課程綱要的「正式規劃的課程」能力指標，加以分配到特定的年級層次與學習領域的科目當中，便能明確地傳達訊息，指出能力指標是課程的焦點，而且能力指標與教學歷程及學生學習興趣、能力、準備度等關係，也必須十分明確。

學校課程計畫與課程綱要「正式規劃的課程」能力指標連貫系統產生的結果，是一個經過規劃而具體的課程計畫，一個課程計畫行動方案是不同於一般的組織計畫，因為其直接而明顯的焦點是去改進學生的學習，並協助學生獲得可以帶得走的基本能力。因此，

必須檢視並確定學校課程計畫是否具體包含政府所制訂之課程綱要的「正式規劃的課程」，而且政府所制訂之課程綱要的「正式規劃的課程」，應該要反映在政府制訂的基本學力測驗當中；是以課程綱要的「正式規劃的課程」可以提供有用的學校課程發展之指引，以做為學校擬定課程計畫與進行課程發展參考之用。簡言之，學校課程計畫的行動方案，是以完整的評鑑系統資料為依據，包括不限於學生學習結果的資料，特別關心的是課程計畫所需的資源，並能在有限的時間內發揮最大的效果，可以由學校教師、行政人員與社區成員參與課程計畫行動方案的發展，進行每年度課程計畫的檢討與修正。

二、傳統教學進度表之優缺點

過去所謂的學校課程計畫，幾乎等同於教務處要求教師在開學時所繳交各科教學進度表的教材範圍與順序（scope and sequence）的書面文件（document）。這些書面資料，記錄著該學習該科目的內容與進度，有這些內容有時十分詳盡，有的較為廣泛。有時教學進度表則反映了所使用的教材，有時則可能是根據課程研究與教學實務經驗。教學進度表的設計過程，涉及了課程實施者對於必要知識與技能的對話與討論，其優點是在此對話中逐漸形成共識與認同。教學進度表的另一個優點，是以合乎邏輯發展的方式重組知識與技能，並以書面記錄方式加以公開學校師生所要教學的內容。

不幸的是，教學進度表也有許多缺點，特別是就課程綱要「正式規劃的課程」以能力指標為依據的教育情境而言，學校並不一定在所有的每一學習領域科目上，都有熟悉該學習領域科目內容的學科專家，不易在每一學習領域科目，都能發展出精確而高品質的教學進度表之書面記錄。當所有的教學進度表內容總和之後，其教材通常是超乎一般學生的學習負荷。因此，實際上，教師往往會參考教學進度表而斟酌調整，不會忠實地實施教學進度與教材。

　　教學進度表，往往是由不同學習領域科目的教師分別設計擬定，因此，不同教師會使用不同的格式與用詞，以致教師往往實際上不會使用別人所設計的教學進度表，這對通常負責包班教導所有學習領域科目的小學教師而言，是一項相當大的挑戰。傳統上，教學進度表，往往不能明確地與學生學習成就表現產生連貫，因為教學進度表只能指出要教什麼，未能指出學生學到什麼。教學進度表，通常無法明確指引如何進行教學與如何進行評鑑。

　　如果學校採用能力指標導向的課程計畫，學校就可以修改現有的教學進度表，並以能力指標來連貫學習內容的知識與技能。但是，光是如此，還是無法做到以能力指標為依據的學習之規劃。通常此種連結是太薄弱而缺乏效能，其結果是某些能力指標被疏忽遺漏，而導致整體能力指標的實施仍不夠明確。是以修改教學進度表，只能說明能力指標如何結合現有課程，卻無法回答究竟如何協助學生去達成能力指標。

三、能力指標導向的學校課程計畫是一種變通方案

　　就能力指標而言，能力指標導向的學校課程計畫，是一種另類變通的選擇方案。課程綱要「正式規劃的課程」之能力指標，是公開的，而且是學校所共享的，能力指標，包括了精確而高品質的學習知識與內容的技能，能力指標是一種對學生學習的期望之一貫說明，可以提供一種架構以建立適切而豐富的學校課程。當透過課程綱要「正式規劃的課程」能力指標為依據的課程計畫，取代了教學進度表，學校課程會反映：

- 在哪一個年級水準，實施並評鑑哪些能力指標，以及評鑑的次數頻率。
- 學生評鑑檔案，會顯示所記錄學生學習資料並保留一段時間。
- 教學指引會說明透過什麼方法，去協助學生學習，以達成指

定的能力指標。

・一個高品質的以能力指標為依據的課程計畫、學習單元、支援的教材等資料庫，可以在校內進行同仁彼此分享運用。

從課程綱要「正式規劃的課程」當中，找到所要實施的學校課程計畫目標，便可進一步去決定某一特定年級水準什麼學習領域的能力指標與活動方案課程的內容、特定方法所要實施與評鑑的內容。表3-3所指出的學校課程計畫之明確的（explicit）、嚴謹的（coherent）、動態的（dynamic）、實用的（practical）、完整的（comprehensive）、一致的（coherent）、可行的（manageable）等七個特色，這些是與課程綱要「正式規劃的課程」能力指標連結的學校課程計畫之特色。

表3-3　學校課程計畫的特色（改自Carr & Harris, 2001, 8）

特色	描述說明
明確的	從指定的能力指標與課程目標群當中，陳述明確的能力指標與具體的學習目標。
嚴謹的	當學生升上較高年級時，其學習內容（概念、技能與歷程）的課程目標與能力指標，顯示逐漸嚴謹的期望。
動態的	課程目標與能力指標、學習者的興趣與需求、有效教學與多面向的評鑑等之間的豐富互動。
實用的	提供一個明確、組織良好、使用方便的形式。
完整的	包括了課程中所涵蓋的所有學習領域科目與活動方案。
一致的	在整份文件中，以一致的組織方式與語言，來連貫所有學習領域科目與活動方案。
可行的	所呈現不只是「所有」學生都有能力學習的東西，而且也是「任何每一位」學生都被期待有能力去學習的東西。

課程綱要「正式規劃的課程」能力指標，是某一特定年級水準的特定學習領域課程目標的特定結果。有些政府部門或專業團體組織所發展出來的課程目標，並未明確指出能力指標的年級階段分配之理論依據，或許是因為他們認為明確的分段能力指標，應該是由熟悉學生需求的教師來加以決定安排。例如我國教育部公布的國民中小學九年一貫課程綱要，則只是針對每一學習領域的課程目標，

提供第一、二、三、四學習階段水準的能力指標，並未明確指出每一個年級的分段能力指標。

另一個問題，是究竟應該是根據學校學習階段的水準（schooling level）或是根據年級水準（grade level），以說明能力指標（benchmark）的基準。部分學者建議根據每一個年級水準來說明其能力指標，以便幫助每一個年級的教師都能根據清楚而明確的指引，以便進行教學，消除不必要的重複或避免脫節現象。是以課程目標清單可以作為基礎，以便進一步具體指出，能力指標是某一特定學習領域課程目標的特定水準的特定學習結果。

因為規劃學校課程計畫是一個複雜的歷程，因此，可以參考表3-4規劃以能力指標為依據的學校課程計畫，提出主要步驟的摘要表。學校課程發展委員會應該研擬規劃課程學校計畫的程序步驟，以反映自己學校教育情境分析的優劣及可用資源。

表3-4　規劃以能力指標為依據的學校課程計畫
（Glatthorn, Bragaw, Dawking & Parker, 1998, 36）

・規劃課程目標：
1 利用多種資源，規劃一套完整的課程目標；
2 經由刪除與合併，來精練完整的課程目標清單；
3 確保教師的投入，以指出教師認為的優先程序；
4 利用資料以規劃課程目標的最後草案，並區分為「必要的課程目標」與「補充的課程目標」。
・發展能力指標：
1 檢討有關強調的課程目標，
2 指出「持續發展」的課程目標、「必要的」課程目標、補充的課程目標；
3 決定如何指出能力指標，是由課程發展委員會或課程與各學習領域課程設計小組或教師來進行；
4 規劃能力指標的初稿，並根據規準加以評鑑；
5 邀請教師進行檢討，必要時修訂能力指標。
・設計最後的成品：
1 利用能力指標去製作課程範圍與順序表；
2 決定課程指引（curriculum guide）的內容；
3 將能力指標進一步分析成為具體的學習目標。

取自：Glatthorn, Bragaw, Dawking, Parker, (1998, 36) Performance Assessment and Standard-Based curricula. N.Y.: Eye on Education.

㈠檢討所強調的能力指標

　　決定每一個年級水準所強調的能力指標。學校課程發展委員會或各學習領域課程設計小組，應該檢討現有課程方案的每一個年級水準所強調的能力指標。當二個或三個年級水準強調重複的能力指標時，學校課程發展委員會或各學習領域課程設計小組，可以根據某一年級學生在特定學習領域方面的發展差異而加以取捨，以避免不必要的重複。

㈡指出「持續發展」（continuing development）的課程目標

　　檢討必要的課程目標清單，指出在許多年級水準都應該被強調與加強的能力指標，這些就稱為持續發展的課程目標，例如情意結果、態度、行為與經驗不應該只限於一個年級水準，而應該繼續不斷地在不同年級水準繼續加以發展。例如我國教育部公布的國民中小學九年一貫課程綱要之社會學習領域的第一條課程目標：「瞭解本土與他區的環境與人文特徵、差異性及面對的問題」。綜合活動學習領域的第一條課程目標：「實踐體驗所知：綜合活動學習領域引領學習者透過活動中的實踐、獲得直接體驗與即時反饋訊息，從過程中應用所知，增進對自己的瞭解」（教育部，2003）。藝術與人文領域的第二條課程目標：「審美與理解：使每位學生能透過審美及文化活動，體認各種藝術價值、風格及其文化脈絡，珍視藝術文物與作品，並熱忱參與多元文化的藝術活動」。這些課程目標，都有必要在每一個年級水準都要加強，甚至一年之內要強調好多次，而不是教一次就可以不再教的。

㈢決定如何指出能力指標

　　有兩種途徑可參考，第一種途徑是成立學校課程發展委員會或下設各學習領域課程設計小組，進行初步決定並邀請教師參與檢討；第二種途徑是訓練教師並要求其指出能力指標，並由學校課程

發展委員會或下設各學習領域課程設計小組負責檢討與修正教師的建議。學校課程發展委員會或下設各學習領域課程設計小組，參考下列來源，特別是參考教育部課程綱要、參考國家考試或全國性的考試，例如國民中學基本學力測驗、專業組織團體所建議的課程目標、地方政府所公布的課程指引、出版社所提供的參考教科書與其他資源、參考地方政府所舉辦的中小學學生基本能力檢定考試等等，進而修訂綜合的清單，刪去重複部分、刪去模糊不清與地方學校不相關者或可能不會考試的內容項目；其次請教師根據他們該領域的經驗、知識、與對學生的理解等，將經過精鍊的清單，排列其優先、中度優先、低度優先的順序；進而提出課程目標的清單，一是「必要的課程目標與能力指標」，是指學生必須精熟的課程目標與能力指標，另一個是「補充的課程目標與能力指標」，這些是如果時間允許下，教師可能包括的課程目標與能力指標。詳而言之，如果由學校課程發展委員會或各學習領域課程設計小組進行初步決定，則應：

1.分析其限制

課程發展委員會應注意「必要的課程目標與能力指標」，(1)首先考量哪些因素可能會限制（constraint）能力指標的安置。第一個限制是所需要的深度，通常每個年級的每個課程目標，平均應有三個能力指標（Glatthorn, Bragaw, Dawkins & Parker, 1998），(2)其次課程發展委員會或各學習領域課程設計小組，應該考慮時間分配是一種限制，特別是課程目標及其相隨的能力指標，不應占據所有課程時間，最好只占60%-80%，其餘保留了彈性時間、適應差異，以便加深加廣或補救，(3)第三個限制是每一個年級水準所強調的課程目標及其對決定能力指標的影響。

2.規劃起初的學校課程計畫草案

學校課程發展委員會應該決定檢討影響課程目標與能力指標的所有來源，例如專業團體的建議、國家政府的規定、現有的課程綱要指引、所採用的教科書、國家或地方學區的考試測驗。課程發展

委員會或各學習領域課程設計小組，也可以進一步自行分析，以回答為何特定年級的學生必須達成某種特定的課程目標與能力指標。

在規劃起初的計畫草案時，應該區分陳述性知識（declarative knowledge）以及程序性知識（procedural knowledge）的能力兩者的差異。陳述性知識包括概念、事實、通則、原理、時間順序、因果順序原則與通則。程序性知識能力包括歷程、策略、詮釋與技術，這是求知的歷程，亦即知識是指陳述性知識，能力是指程序性知識（Glatthorn, Bragaw, Dawkins & Parker, 1998）。

3.邀請教師進行檢討

課程發展委員會或各學習領域課程設計小組，所起草的能力指標，應該可以參考表3-5能力指標的評鑑規準，並進一步請特定年級的任教教師進行檢討，是否適用於某特定年級水準。課程發展委員會或各學習領域課程設計小組並根據教師的建議，進行更進一步的修訂。

表3-5　能力指標的評鑑規準
（Glatthorn, Bragaw, Dawking & Parker, 1998）

能力指標是否數量少，才能獲得精熟？
能力指標是否適當地發展，有挑戰性但可經由努力而達成。
能力指標是否說明得夠清楚？
能力指標是否依年級逐漸增進，基於過去所學而加深加廣，沒有不必要的重複？
能力指標是否與課程目標有直接關連？
能力指標是否依年級而有效地分配，如此才不致某一年級負荷太輕或太重？
能力指標是否反映目前該領域專家的建議，包括有經驗及有專業知識的教師？
能力指標是否與該年級所強調的學習領域課程內容相互一致？

㈣ 設計最後的成品

在最後形式，將所有的決定置於一個大範圍順序的表格，表的左側列出目標的主題軸組織，表的上方則指出年級水準，在每個交叉的方格當中，寫出某年級的某學習領域課程目標的能力指標。

這種表格的優點，是展現出逐年級發展的能力指標一覽表。此一範圍順序表，可以進一步加以利用成為修訂的課程指引。美國有些地方學區比較偏好「對教師友善的」（teacher-friendly）指引，而只有包括了一張繼續發展的目標清單，而不是能力指標、必要的課程目標、必要課程目標的年級水準能力指標（Glatthorn, Bragaw, Dawkins & Parker, 1998）。

其他的地區則主張應該發展一個比較詳細的指引，而且應該增加下列的成分：例如補充的課程目標與能力指標、課程哲學、課程願景、教育目標、研究回顧、教學建議、可用的資源、評量歷程、單元範例等（Glatthorn, Bragaw, Dawkins & Parker, 1998）。

一個有關課程指引的重要議題，是應不應該包括詳細的學習目標，或是留待教師決定。此處所稱的學習目標（learning objectives），可用來促進教室內的學習歷程。為了理解此一議題的重要性，茲以美國「2061專案」的高中科學課程的能力指標（benchmark）：「知道地震通常發生於推擠的板塊交界處」為例，此一能力指標應該更進一步分解成為所組成的學習目標（Glatthorn, Bragaw, Dawkins & Parker, 1998）：

・學生能界定「地震」的意義。
・學生能解釋地震的原因。
・學生能解釋芮氏地震儀（Richter Scale）可作為地震測量工具。
・學生能解釋可能發生地震的區域如何做好最佳的準備？
・學生能解釋居民應該如何因應地震的發生。

五、能力指標與螺旋課程的規劃

一般人對課程重複有兩類的抱怨，例如，有人指出社會學習領域的範圍過大，廣泛而且深度不夠是一種和稀泥的作法；又如有人指出我國國民小學學生的數學表現較佳，常獲得奧林匹克數學競賽

的獎牌，而國民中學學生的數學成績不盡理想，便是部分歸因於課程難度水準的重複，而未能隨著年級的升遷而適當的加深其難度。能力指標，有必要轉換成為特定年級水準的分段能力指標，而不只是低、中、高年級或第一、二、三、四學習階段的分段能力指標。

　　能力指標、分年細目之詮釋內容，應為教師教學及教科書編輯的主要參考依據。此外，教師教學及教科書編輯亦可依詮釋內容為基礎，再深度與廣度做適度的延伸。例如，數學學習領域分年細目亦以三碼編排，其中第一碼表示年級，分別以1，……，9表示第一至九年級；第二碼表示主題，分別以小寫字母n、s、a、d表示「數與量」、「幾何」、「代數」和「統計與機率」四個主題；第三碼則是分年細目的流水號，表示該細項下分年細目的序號。

　　教育人員必須決定哪些能力指標與分段能力指標，必須在哪個年級階段水準的哪個特定學習領域科目，進行必要的重複出現。重複出現能力指標的一種最有效的方式，便是設計螺旋課程。在能力指標為依據的螺旋課程設計當中，學生在固定的學習階段期間會再次學習特定的能力指標，然而，學生每次是以逐漸加深加廣其複雜度的方式，學習這些重複出現的能力指標。一般而言，有三種方式可以用來增進能力指標的複雜程度：一是增進課程內容的複雜程度。二是增進學生與課程內容進行互動的複雜程度。三是同時增進學生與課程內容進行互動的複雜程度，以及課程內容本身的複雜程度。例如，下列一個語文能力指標及其相隨的能力指標例證，

　　能力指標：應用語言文字表達情意，分享經驗，溝通見解。

　　其閱讀能力的能力指標項目是：能理解在閱讀過程中所觀察到的訊息。能和別人分享閱讀的心得。

　　這個能力指標是適用於國民中小學九年一貫的語文學習領域，其能力指標項目是適用於第一學習階段（1至3年級）。這些內容會隨著學生的逐漸成熟而增加其複雜程度，以上述能力指標為例，學生可能會先由閱讀圖畫書開始，而隨後才是分章節的小書、自傳、與教科用書，而溝通能力也可以逐漸由口頭表達而轉變到寫提早寫

作、短篇作文。而課程也逐漸增進學生與課程內容互動的複雜程度，一位小學生可能先由舉例，列出事件、人物與環境，而隨著成熟，進而指出所列出的事件之關係。隨後或許可以根據這些關係而進行推論、發展假設，而且經由進一步的延伸研究而檢證其預測，同時也可以加強學生努力以達成能力指標的責任，例如表3-6螺旋概念舉隅。

表3-6　螺旋概念舉隅

一個概念可以經由螺旋課程，而逐漸增加其深度與複雜度，而協助學生變得成熟並獲得課程內容的經驗與專門知能。以下是一則有關數學的螺旋概念，顯示學生如何學習數學系統（Carr & Harris, 2001, 27）
小學低年級：經由數數、分組與數值的相關，而瞭解數字系統。
小學中高年級：將數字系統加以延伸以包括分數、小數與整數。
國中：經由整數的使用，而延伸數字系統的發展。
高中：比較並對照實數系統與其不同的次系統，並關注其結構屬性。

　　究竟應該如何決定螺旋課程的目標與能力指標？不要忘記之前提到，如果將焦點集中於必要的課程目標與能力指標，則將可以界定課程的範圍並增進課程的深度，因此可設計一個較豐富而有焦點的課程。下述問題可以協助學校課程發展委員會與各學習領域課程設計小組，設計螺旋課程並與能力指標進行連結（**Carr & Harris, 2001, 28**）：

㈠**在以「能力指標」為依據的螺旋課程結構當中，哪些課程目標與能力指標需要加以螺旋組織？**

　　一般的經驗法則，是每一個需要「持續發展的課程目標」與「持續發展的能力指標」，都應在每一個年級水準備學生經驗至少一次。通常，此種熱忱會耗去許多教學時間。選擇螺旋課程的能力指標，應該是強調學科的重要基礎概念與技能，諸如科學的探究或社會學習的讀圖技能，以及哪些跨越學科界線的知能，諸如溝通、問題解決與個人發展等能力。一般而言，學校通常不會有充裕時間

或正當理由，在某一年級水準之內的目標軸一再地將「恐龍」或「內戰」等特定內容進行螺旋課程組織，然而，這些是可以在不同年級水準的目標軸之間重複出現的。

(二)學生如何經驗每一個年級水準的能力指標？

螺旋課程的目的，是希望隨著時間的演進增進課程內容的複雜程度與內容的應用程度，因此要確定螺旋課程不只是相同目標的重複，而是難度的增加，特別是要注意到逐漸發展的進步。舉例而言，如何讓五年級與八年級在公民的社會責任之處理方法有所不同？如果以此做為逐漸發展的進步，則可以在每一個年級水準提供什麼學習經驗？

(三)學生在每一年級水準會用什麼方法來應用該項能力指標？

在上述所舉出的例子當中，每一個能力指標通常都蘊含著不同年級水準的應用原則。究竟學生是如何應用他們所學到的東西？這在內容上是否和其第一次的經驗有實質上的差異？

(四)學生在每一個年級水準會用什麼方法來批判地考驗該項能力指標？

最後，當學生再度接觸那些能力指標時，學生考驗該能力指標所用的方法是否有重要的差異？他們更能區分相似性與差異性嗎？他們能以不同的程度水準來預測結果或解釋現象嗎？

六、課程發展委員會的課程規劃責任

教育部正式規劃的課程綱要，授權學校組織課程發展委員會規劃學校課程計畫，符合尊重、民主的課程發展原則。但是課程發展委員會的委員，必須透過課程專業的教育訓練與研習進修，以培養其課程規劃的能力，方能規劃高品質的學校課程計畫。同時教育

主管當局也必須適時介入參與,除了透過學校建立課程計畫報備制度,負起監督責任,更要積極主動地提供資源支援和技術協助,讓學校課程發展的執行得以順利進行。

值得注意的是課程規劃,是指利用事前計畫以安排課程方案、教學實務與相關學習資源的優先順序之過程,但是,更重要的是改進學生的學習表現結果,是以學生表現為焦點。課程規劃,很明顯地必須與能力指標連結,可以使教育人員的焦點,集中於可評鑑的計畫目標之卓越性,亦即,改進學生能力表現水準,亦即,減少不同學生團體間的差距。學校課程發展委員會之課程規劃責任,可以參考如表3-7課程發展委員會的規劃責任之說明(修改自Carr & Harris, 2001, 83)。

表3-7 課程發展委員會的規劃責任

・其焦點是與能力指標相關的學生表現為主。
・檢查學校的、地方的與國家的學生表現水準與能力指標的關係。
・將學生表現水準的資料,置放於相關資料情報的脈絡情境當中。
・注意長時間以來,不同團體之間的資料之趨勢、主題與型式。
・形成假設,以說明學生表現水準為什麼如此。
・擬定改進學生表現的優先順序。
・擬定表現的目標。
・規劃改進學生表現的主要優先順序。
・融入一個繼續不斷的過程,以監控學生的表現水準,並且隨著時間調整課程計畫。

學校課程發展委員會與各學習領域課程設計小組,可以透過努力將「理念建議的課程」與「正式規劃的課程」加以連結,並且轉化成為學校課程計畫。在此種課程連貫過程中,學校課程發展委員會與各學習領域課程設計小組,可以扮演主動的角色。特別是如果校長扮演積極的課程領導角色,並真正領導課程發展委員會,則可以要求學校課程發展委員會,去分析專業的標準與政府所制訂的課程綱要,也可以進一步檢查課程發展委員會與各學習領域課程設計小組的成果,並加以評鑑「理念建議的課程」與「正式規劃的課程」是否已經獲得足夠的關注。

決定在哪一個年級哪個學習領域科目評鑑哪些能力指標，是課程計畫的核心。跨年段的學習領域課程設計小組、同年級班群的教師團隊，都可以在此方面做成由誰實施哪些能力指標的初步決定，一旦由教師團隊代表提出草案之後，便可送交課程發展委員會，來就此課程計畫草案進行討論，以決定能力指標的安置是否妥當，並檢查其是否有疏漏或重複或其他必須說明的議題。一個比較簡易的方法是去比較政府所提出的課程綱要學習領域能力指標，以及學校課程所強調的課程目標與能力指標。例如，國民小學與國民中學就可以根據政府的課程綱要，去指出學校的各學習領域課程所要教導的學習領域主題與課題之能力指標。

是以，學校在課程發展委員會之下，指定各學習領域課程設計小組進行課程計畫的規劃。例如，一所國民中學可以成立學校課程發展委員會，以安排學校整體課程的優先順序，配合各處室的學校行事活動計畫之規劃，並透過成立學習領域課程設計小組，去發展特定學習領域的學生改進計畫方案。相似地，一所國民小學也應成立課程發展委員會，還可以透過各個學習領域課程設計小組，以及學年小組或跨領域課程設計小組以發展不同的課程計畫方案。理想上，這些小組成員具有下列特徵：

- ‧在規劃與實施行動方案歷程過中，表現熱誠與教育專業承諾。
- ‧在團體中有能力進行溝通與做成決定。
- ‧可以和課程發展委員會與各學習領域課程設計小組以外的人，進行溝通與蒐集資料的能力。
- ‧在學校與地方社區中具有可靠的公信力。

學校課程發展委員會與各學習領域課程設計小組，最好應該每學期至少需要聚會二至四次，以監控學校課程計畫的實施 （Carr & Harris, 2001），而且每位成員最好參與每一年度計畫的更新。規劃學校課程計畫，需要花費時間與精力，但此種經過正式規劃的

步驟一 檢討學生表現的結果	我們注意到什麼？ ・國家、地方、學校與教室評鑑結果的主要特徵 ・評鑑資料不一致之處 ・教師的反省、知識與反應 ・非直接與學校表現有關的學生資料之主要特徵	下一步是什麼？ ・這些主要特徵導出什麼問題？ ・導致這些結果的原因是什麼？初步假設 ・尚有哪些其他資料情報或資訊是可用的？
步驟二 檢討其他資料情報來源	我們還知道什麼事？ 分析下列有關的資料情報 ・學習要會 ・課程方案、教學實務 ・資源：時間、經費預算、教材 ・專業發展的實務 ・視導與評鑑的實務	我們還想知道什麼？ ・還有哪些其他問題被提出？ ・還要幫助哪些人回答這些問題？ ・還有哪些可能原因被指出來？ ・我們還要去蒐集哪些資料情報？
步驟三 總結資料情報與詮釋發現	我們已經知道什麼？ ・根據主題或主題軸將問題加以分類 ・回答已經被提出的問題 ・這些問題的解答是否有一致的共識？	我們認為導致結果的原因是什麼？ ・是否浮現任何主題或類型？ ・是否需要去說明差距？ ・是否需要任何規劃與協調？ ・是否有專業發展的需求？
步驟四 將發現與行動步驟加以連貫	對發現我們能作什麼？ ・可以採用什麼步驟或活動以說明我們的發現？ ・這個步驟是否邏輯地與發現進行連貫？ ・什麼會讓我們相信這些步驟會影響到學生表現的結果？ ・是否有最佳的實務與研究支持這些步驟？ ・如何評鑑效能？	將會作什麼？何時作？ ・將步驟分為幾個部分，以建立主要的基準與內部檢核點。 ・設計一個時間軸線以實施每個主要步驟的內容 ・建立適合於所期望的時間現的學生表現目標。 ・判斷能否成功能力，必要時修正其優先順序。

圖3-2 學校課程計畫的規劃模式

*改自*Carr & Harris, 2001, 87.

課程計畫，會導致學生表現的明顯進步。課程計畫，可以說明其所採用的策略、時間線與測量的表現結果，因此課程發展委員會與各學習領域課程設計小組，通常在學校與地方都享有高度的聲譽與公信力。

七、學校課程計畫的規劃模式

此一模式可用來向學校課程發展委員會說明學校課程計畫的規劃過程，下述四個步驟有其邏輯順序，但是實際上仍可參考學校情境而加以彈性調整。

(一)第一個步驟

規劃學校課程計畫的第一個步驟，是扎根於學生表現的資料情報之上，這些資料應該直接來自完整評鑑計畫的學生結果情報資料。第一個步驟可能出現三個陷阱，第一個陷阱是太過於強調學生單一表現的測量，在課程計畫的規劃初期，通常只會注意到全國性的評量成績或常模參照測驗，或忽略整體的外部考試而只重視部分資料，第二個陷阱可能是只強調評量結果，其實學生的學習結果也包含了如出席率、輟學率與調查資料等。第三個陷阱是未能將資料情報加以統合，在此階段必須仔細檢查資料在性別、族群、社經背景、選擇型態與其他方面是否有差異，如果未能統合資料情報，則可能掩蓋了應該在課程計畫的規劃中要說明學生表現之主要差異。

第一次開會時，學校課程發展委員會與各學習領域課程設計小組，應該檢討上述資料並斟酌主要的主題，並根據學生表現的資料情報，以規劃初步的研究假設與問題，並將這些初步的步驟加以明確的標示，以便在其後的步驟中加以精鍊或捨去。一旦課程發展委員會與各學習領域課程設計小組，已經找出資料情報中的主要問題，應該拿來和教師或其他教育專業人員分享彼此的反應，這些程序有其重要性。特別是(1)教師可以協助指出錯誤的資料情報與不

完整的資料情報，並指出資料情報分析的遺漏之處；(2)教師可以增加結果的情境因素，並指出課程發展委員會的課程與各學習領域課程設計小組所忽略之問題或研究假設；(3)和教師分享資料情報，可以引導其繼續合作的歷程，並增進其實施的熱誠。

(二)第二個步驟

在蒐集並加入教師的意見之後，課程發展委員會與各學習領域課程設計小組在進行第二個步驟之前，可以回到資料上並修正主題、問題或研究假設。第二個步驟，則進一步要求課程發展委員會與各學習領域課程設計小組，重新檢討學生表現的背景脈絡資料情報，因為孤立的資料情報，可能導致錯誤的問題與解答。是以步驟二，要求課程發展委員會與各學習領域課程設計小組，從完整的課程評鑑計畫的情境背景與實務要素角度來檢討資料情報。

(三)第三個步驟

仔細的檢討學習機會、其他條件、教學實務與資源，以提出另一套問題，這些問題是連結步驟一所提出的問題為基礎，而形成第三個步驟的分析基礎，步驟三是將問題組織成幾個主要主題。此階段，課程發展委員會與各學習領域課程設計小組，應該考慮的一個問題：什麼發現最能同時有助於學生表現的卓越性與公平性。

(四)第四個步驟

在步驟三當中，許多必須加以說明的部分，要透過安排優先順序的方式，來減少其數量，被放棄的部分，可能是課程發展委員會與各學習領域課程設計小組認為最困難的部分。然而，為了有效的課程計畫方案，必須將焦點集中在少數的領域上，這些是經過細心選出最重要而有助於學生表現的領域，這些領域變成步驟四所要運作的。

第四個步驟，是將發現轉換成特定的活動，課程發展委員會與

各學習領域課程設計小組,必須確定這些活動要邏輯的連結以改進學生表現,而且這些活動是可以管理的,可以在實施的過程中監控其進度,而且課程發展是有系統的,而且與能力指標一貫連結,特別是:

- 活動發生在所有層面:包括教室、學校、社區;
- 活動很明顯的與能力指標連結;
- 活動是連貫的,他們連結了課程發展、教師專業發展、教學運作與評鑑;
- 明確研擬規劃出實施的時程進度表;
- 結果是可測量且可公開分享的。

八、學校課程計畫的認可與落實

學校課程計畫此種「正式規劃的課程」之正式核備,是來自地方教育主管當局、校長、校務會議與課程發展委員會的正式認可,學校課程計畫的品質與下列的因素,會影響其認可與核備:

- 瞭解學校課程計畫的歷程;
- 課程計畫的課程發展委員會與各學習領域課程設計小組之間的共識;
- 教師與行政人員對於目標活動的承諾;
- 清楚的溝通說明計畫,以便向成員及社區進行溝通說明;
- 有一個監控及修正的計畫。

學校必須參考政府公布的課程綱要等「正式規劃的課程」,做為學校課程計畫的指引,以便學校教師與相關教育人員可以參照,以選擇「資源支持的課程」,做為進行「實施教導的課程」運作實施與教學,引導學生「學習獲得的課程」之參考,以進一步落實與課程綱要能力指標的「正式規劃的課程」之連貫。表3-8指出了學校課程計畫與課程綱要能力指標連貫的問題。

表3-8　學校課程計畫與課程綱要能力指標等「正式規劃的課程」連貫的問題

領域	問題
學校課程計畫與課程綱要等「正式規劃的課程」之連貫	學校課程計畫與課程綱要等「正式規劃的課程」之間應該建立什麼聯結，才能實踐所定的學校教育願景與課程目標？
學校課程計畫的「正式規劃的課程」學習領域與能力指標之連貫	學校課程計畫哪個學習領域哪個特定能力指標是一定必須加以實施的？如語文、數學、社會、健康與體育、自然與生活科技、藝術與人文等等學習領域。
學校課程計畫等「正式規劃的課程」與「資源支持的課程」之連貫與接觸管道	如果學生要去達成學校課程計畫等「正式規劃的課程」指定的能力指標，則學生必須獲得哪些資源（學習領域、人員、資源材料設備）等接觸管道？
學校課程計畫的「實施教導課程」與教師專業發展之連貫	教師需要獲得何種教育專業發展與資源支持，以便進行實施學校課程計畫？
學校課程計畫等「正式規劃的課程」與「學習獲得的課程」之連貫	哪些方式最能有效地協助教室內的學生進行與能力指標有關的學習？
學校課程計畫等「正式規劃的課程」與「評量考試的課程」之連貫	如何以最佳的方式來評鑑與記錄能力指標為依據的學習？

　　學校課程計畫也必須說明相關的配套資源，學校課程發展委員會與各學習領域課程設計小組必須清楚地指出，在課程計畫的實施過程中需要哪些人員、時間、物質與經費，通常此種歷程需要現有資源的重新分配而非新資源，而且學校課程計畫的主要優點之一便是效能。

　　學校課程計畫的實施，會因不同的活動本質與實施進程時間線，而有所差異，然而，成功的實施有其共同的要素：

　　　・承諾去持續同時收集有關「實施教導的課程」運作實施與「學習獲得的課程」學生表現等二方面的資料；

　　　・承諾去持續監控學校課程計畫；

　　　・期待並規劃中途的校正與修正；

　　　・當不同的需求彼此競爭時，維持該學校課程計畫活動的焦點；

　　　・學校課程計畫的課程發展委員會與各學習領域課程設計小組

之持續參與；

．持續的與學校及社區進行溝通；

在學校課程計畫的實施過程中，會不斷的出現問題，將問題討論的焦點持續集中於課程目標、活動與資料上，將有助於解決這些問題。課程發展委員會應該處理所有學習領域的科目或活動方案指引內容的議題。儘可能地讓學校課程計畫保持單純，以便讓教師得以因應他們的需要去設計出所需要的內容。一個重要的課程任務是去設計以評量為依據的課程單元，這仍是有待教師去完成的任務。當學校課程計畫開始有明顯的促進學校改善，要將功勞歸功於教室師生以及那些有助於改進學生表現的相關人員，也要獎賞那些激勵動機與支持系統的主要關鍵人物，因為必須透過這些人的努力，課程綱要與學校課程計畫等「正式規劃的課程」，才能連貫到教師教學運作實施的課程以邁向成功的課程實施運作，才能連貫到學生學習獲得的課程以豐富學生學的學習經驗與提升學生的學習成果，這些都是本書接下來各章內容所要探究的重點。

第四章　資源支持的課程

　　「資源支持的課程」（resources supported curriculum），又稱「資源材料支持的課程」（resources material supported curriculum），或稱為資源支援的課程或物質材料支援的課程，簡稱為「支援的課程」（supported curriculum）（Glatthorn, 1987），包括那些可以支援教與學的物質材料或網路資源（蔡清田，2002），例如教科書（textbook）、教學軟體、資訊網站與其他媒體等材料與相關資源。特別是教科書往往是學校教育人員與社會大眾容易知覺，而且也比較熟悉的重要教學材料與媒介，教科書往往主宰了教師的教學內容與學生的學習內容，也是一般學校師生、學生家長與社會大眾比較熟悉的「知覺的課程」（perceived curriculum）（Goodlad, 1979），不過在當今複雜多變的後現代社會，美國哈佛大學（Harvard University）與麻省理工學院（MIT）將教材上網，我國中央研究院等相關機構也有「數位典藏國家型科技計畫—拓展臺灣數位典藏計畫」，可讓世人分享最尖端的課程與知識，更可支援教師與學生進行教學與學習，教學材料與知識等課程來源變得多元與多源；因此學校教育人員不應該只是使用傳統制式的教科書來進行教學，而應該擴展學習內容來源，留意教科書之外的其他「資源支持的課程」，以協助學生獲得更豐富來源與更多元的學習。本章強調能力取向的「資源支持的課程」，包括第一節從「正式規劃的課程」到「資源支持的課程」，第二節能力取向之「資源支持的課程」。

第一節　從「正式規劃的課程」到「資源支持的課程」

　　一般而言，所謂「資源支持的課程」是指所有用來支持「正

式規劃的課程」之相關教學材料，包括教科書和相關軟體及材料等等學習方案（program of study）或資源（resources），例如我國中央研究院等相關機構「數位典藏國家型科技計畫-拓展臺灣數位典藏計畫」的網站資源內容、「空中英語教室」與「大家說英語」等等皆屬之。可見其實教科書並不是課程的全部，只是教師教學與學生學習的媒介之一，只是教材的一種來源，是屬於「資源支持的課程」之一部分。但是，一般人往往只有知覺到教科書的重要性，因為教科書是一般所謂比較容易直接觀察接觸到而且能夠察覺到物件存在的「知覺的課程」（Glatthorn, 2000）。

詳細而言，「資源支持的課程」，包括可以支援課程的教學材料與物質資源，例如學校教師自編教材與民間出版業者編輯出版的教科書、教學指引、學生習作、參考書、測驗卷、期刊雜誌、網站、網路資源、部落格、DVD、VCD、CD、光碟片、錄音帶、錄影帶、幻燈片、影片等等教學媒體與其他學習軟體等教材教具媒介材料與資源。換言之，「資源支持的課程」意涵豐富而多元的課程資料來源與內容，不只是傳統的教科用書，尚包括其他相關的教學資源，特別透過網際網路網站與數位媒材資料庫可以提供「數位教材」的資源分享平臺，以便教師進行多元取材，讓學生獲得多元的學習機會，並協助學生進行多元學習。

有趣的是，政府官方雖然公布課程綱要等「正式規劃的課程」（Goodlad, 1979），但是，政府可能受限於政府政策或不願與民爭利，不一定由政府親自研發編輯出版「資源支持的課程」（Glatthorn, 1987），而可能由民間出版業者根據政府官方「正式規劃的課程」，而進一步研究開發衍生出「資源支持的課程」，以便教師、家長與學生等人可加運用的教學材料或學習資源。例如，我國前行政院教改會雖提出《教育改革總諮議報告書》等課程改革理念，在《教育改革總諮議報告書》第四章附表一有關改革中小學教育的配合考量措施中則提到，「應速予開放中等學校教科書為審定制」，這可能就是後來教育部施行所謂教科書一綱多本的課程改

革政策的主要依據之一。而且行政院教改會本身並未正式公布官方課程綱要，更未親自出版教科用書；而教育部雖然公布官方課程綱要，但是教育部也不同於過去透過國立編譯館統一編輯教科用書，而是由民間各個出版業者根據課程綱要編輯「一綱多本」的教科用書等教學材料，以支援學校師生進行教學。然而，民間各個出版業者所編輯的教科用書等教學材料，卻不一定能完全落實教育部課程綱要公布之「正式規劃的課程」，也不一定能落實前行政院教改會所倡導之「理念建議的課程」。

　　因此，學校課程發展委員會規劃學校課程計畫之後，學校教師應依課程綱要與學校課程計畫等「正式規劃的課程」之說明，組成各學習領域課程方案的課程設計小組，並先熟悉該學習領域的課程目標與能力指標，進而選擇組織採用教科用書等「資源支持的課程」，期能加強其與「正式規劃的課程」及「理念建議的課程」之連貫性。

　　教育部公布的課程綱要之「正式規劃的課程」指出，學校可以因應地區特性、學生特質與需求，選擇或自行發展合適的教科用書和教材，以及設計彈性學習時數所需的課程教材，惟自編教科用書應送交學校課程發展委員會審查（教育部，2000）。學校必須因應地區特性、學生需求，選擇或自行編輯合適的教科用書和教材，以及設計彈性學習時數所需的課程教材。因此，學校教育人員最好能參考繼續性、順序性、統整性、銜接性與均衡性等等課程設計原則（蔡清田，2002），研訂「教科用書評選及採用辦法」，作為選擇教科書及相關補充教材之依據。

　　學校教師應對「資源支持的課程」有相當認識，瞭解學生需要什麼？社會需要什麼？要教給學生什麼？要用什麼教材教具等資源？這些教材教具等資源要如何編選？就「資源支持的課程」之編選設計而言，學校教師可以採用經教育部國立編譯館審查核定出版的民間編輯教科書，此外學校教師也可以自編補充教材，或透過網路蒐集各類學習資源，提供學生學習的素材，因此教材來源可謂相

當的多元化。值得注意的是，教師所用的教科用書及教材是否符合課程綱要的能力指標？各課程方案小組的教師應該謹慎地判斷教科用書和課程綱要之間是否具有能力指標的一致性。

一般而言，學校師生往往只根據所知覺的教科書內容而進行教學實施運作，不一定能廣為善用教科書之外的其他「資源支持的課程」，以落實課程綱要等「正式規劃的課程」。然而，教科用書等「資源支持的課程」和政府「正式規劃的課程」保持連貫與一致，乃是落實「正式規劃的課程」與「理念建議的課程」等課程改革的重要策略。一般而言，如果教科用書和政府「正式規劃的課程」兩者存有相當大的差距，則往往有三種可行的作法：一是選用其他教學材料；二是修正調整原先規劃的課程；三是編選補充教學材料，來縮短彼此之間的差距（Posner, 1995）。另一方面，值得深思的是，不管是以政府統編本的教科書或是以民間出版社所出版的教科書做為主要的「資源支持的課程」，都可能具有一些值得留意的意識型態潛在課程（Glatthorn, 1987），這是必須進一步加以探究的課題，而且更進一步地，這也顯示學校教師有必要加強教科書之外的其他「資源支持的課程」之選擇組織與應用，以提升課程教學實施之成效。

● 一、政府統編本教科書的可能意識型態潛在課程

過去臺灣的政府或基於政治的考量之下，除了由教育部公布官方課程標準作為「正式規劃的課程」之外，並由政府機構的國立編譯館統編教科用書作為主要「資源支持的課程」。我國過去由中央政府教育主管部門統一制定教育規格的統編本教科書，往往視學生為課程教學傳遞的消極被動接受者，此種觀點雖然有其傳統社會價值意義與時代背景，現在則因行政院教改會提出教改總諮議報告書的建議，政府的教育主管相關部門必須考慮到「以課程綱要取代課程標準」、「帶好每一位學生」、「把每一位學生都帶上來」與

「國立編譯館的教科書編輯業務，在統編制改為審定制後，可以把工作交給民間」等等的教育改革理念。當今政府只公布課程綱要作為「正式規劃的課程」之外，並開放民間出版社邀請學者專家與教師編輯教科用書，再由政府機關進行教科用書審查，並由學校教師進行教科用書的選用以進行教學，便是所謂「一綱多本」教科書制度下「資源支持的課程」之一。

　　教科書是最常用的教科用書，也是社會人士、教育行政人員、學校教師與學生家長與一般人所「知覺的課程」（Goodlad, 1979），但是，教科用書也可能有意或無意成為傳遞政治、族群、宗教、階級、性別等等意識型態的灌輸工具，特別是過去政府統編本教科書編輯審查制度之下的教科書，往往成為鞏固政權與思想統一的重要工具。例如，臺灣地區從1945年到1949年中小學教科書是採民編本的審定制，由民間出版社、或教育團體進行編輯，直到1949年時臺灣省政府教育廳除公民、國文、歷史和地理科頒布選用書單外，其他不涉及思想教育的科目仍由民間出版；1968年臺灣實施九年國民義務教育，才改由國立編譯館統一編印所有教科書，實施統編制；到了1996年開始採取教科書審定制，逐年開放國民小學所有教學科目，1999年立法院決議開放教科書審定，高級中學教科書也全面開放；國民中學教科書則配合九年一貫課程於2002年（91學年度）逐年開放。從民編本、部分統編本、全部統編本，到政府只負責審定的一綱多本，事實上和臺灣的民主社會發展歷程頗為一致。

　　特別是過去由中央政府的國立編譯館所統編的教科書，最容易為主政當權者所運用的意識型態傳輸工具，這樣的例子屢見不鮮（陳伯璋，1999；黃光雄，1996；黃光雄與蔡清田，1999；黃政傑，1997；歐用生，2002）。教科用書要完全保持價值中立並不十分容易，但主政當權者至少可以儘量設法降低政治、族群、宗教、階級、性別傾向的歧視與偏見等等意識型態的潛在課程影響與灌輸。因此，針對教科書的革新，前行政院教改會《教育改革總諮議

報告書》在第三章綜合建議中主張「國立編譯館的教科書編輯業務，在統編制改為審定制後，可以把工作交給民間」。

從我國教科書制度的沿革而言，自1968年九年國民教育的教科書，採國立編譯館統編制度以來，易受威權體制意識型態控制，學生學習內容過於單一窄化，容易僵化學生思考，阻礙教師的課程發展專業能力。1987年政治解嚴之後，統編本教科書品質更受到強烈質疑，特別是遭受民間教育改革團體與學者專家嚴厲批判，教育部遂於1996年全面逐年開放國民小學教科書為審定制，2002年逐年開放國民中學教科書為民編本審定制，2003年教育部舉辦教科書制度公聽會，家長代表與教師代表支持多元制度，2005年採部編本與民編本並行制，過去官方壟斷教科書編輯市場的統編本制度，已經不合臺灣社會現況與時代需求。當今臺灣的社會已經走向民主開放，學校教科書的編輯出版制度也沒有必要再故步自封，不宜倒退回到過去統編本的傳統窠臼，是以開放民間出版業者參與教科用書的編輯出版是因應當前臺灣民主社會情境的脈動與發展趨勢。

值得注意的是，教科書研發設計之後，最好還應該經過試教實驗的歷程，並根據試教的經驗心得加以回饋修訂。等到教科用書正式出版之後，學校任教的教師可以就數家出版業者的教科書依其年級、能力指標、教材內容、垂直銜接、水平統整、價格、印刷品質等等選用規準詳加評選比較，共同選出最合適的教科書供師生採擇運用。此種教科用書的課程研究發展設計與選擇過程，當然比政府統編教科書費時費事，但是，似乎可以尊重民間出版社的課程設計專業性與學校教師的專業自主權，讓教育專業人員承擔更多的專業自主權，承擔更多的專業責任，而不是將所有責任交給政府統一編輯管理控制。特別是當政府管理控制得越多，學校與教師的自主性就可能會越低（蔡清田，2003）。因此，政府與社會大眾應該要適度尊重與信賴學校校長和教師的教育專業，相信學校校長和教師團隊慎重考量學生學習的權益，審慎用心地依據課程選擇規準，進行教科用書評選的專業判斷。

前行政院教改會《教育改革總諮議報告書》便強調，「不論國民教育或高級中學教育，教科書之擇用權均在學校」，這當然是為了尊重學校和教師的教科書選擇與採用之專業權與自主權。在《教育改革總諮議報告書》第四章附表一有關改革中小學教育的配合考量措施中則提到，「應速予開放中等學校教科書為審定制」，這可能就是後來教育部施行所謂教科書「一綱多本」的課程改革政策的主要依據之一。「一綱多本」的主要用意，可能可以避免主政者對教科書內容控制的意識型態灌輸工具，同時希望透過自由競爭的市場機能，逐步提升教科用書的研究發展設計與選擇組織編撰的水準。

2006年臺灣省教育會、全國家長團體聯盟等十個民間團體舉行「教改總體檢論壇」，主題是「由一綱多本談教改癥結」，與會人士指出，和教改之前相比，現在的校園氣氛更活潑，學習活動和內容更豐富，教改方向應該朝因材施教方向邁進，才能創造適合學生的教育目標。但是，一綱多本下的基本學力測驗考試，因為版本不同，只能考比較沒有爭議的題目，可能難以真正鑑別學生的學習程度。而且一綱多本似乎並沒有讓學生更輕鬆，學生要念的書不僅增加許多，為了甄試上好的學校，還要學習其他才藝，造成學生程度兩極化的情況比以前嚴重。為了避免日後考試增加學生壓力並且省去不必要的麻煩，前教育部部長郭為藩先生針對一綱多本的議題，提出部編與民間版本並行的一綱「二」本的建議，也有人希望教科書恢復統編制。但是，臺灣民主社會已經走向多元開放之後，恢復統編教科書無異於走回頭路，教科書制度將回到從前的封閉系統，在沒有自由競爭之下，也有人擔心會再一次淪為當權者操弄意識型態的工具。

一綱多本，至少可以讓社會大眾與學校教師及學生家長還擁有不同的教科書版本之選擇權，讓執政當權者知道自制收斂，雖然目前教科用書在研訂綱要、選擇組織設計編寫、採擇使用的過程並不是十分完美理想，不過可以用心逐步改善或解決的問題，不宜遇到

問題就倒退回到過去的傳統窠臼（2004/3/4，聯合新聞網）。或許日後可行的做法，可先由教育主管機構召集學有專精而又比較沒有特定意識型態偏見立場的課程學者，規劃教科書編撰依據的各學習領域課程綱要和內容範圍；再由民間各出版業者邀集教育學養、經驗俱佳的學者和學校教師，依據「正式規劃的課程」之課程綱要和學習領域範圍，精心選擇組織設計教科用書，並交由國立編譯館等編審專責單位的編審委員會審查核定。

二、民編本教科書的可能意識型態潛在課程

目前臺灣地區國民中小學教科書制度採取「一綱多本」，所謂「一綱」是透過課程綱要取代課程標準，而「多本」是指教科書由過去國立編譯館獨家統編，改為開放官方與民間均可參與教科書編輯的現況，這是符合教育多元化的世界潮流。例如，英、美、德、法、中、日、韓、澳等國家的教科書制度，也大都採行「一綱多本」的精神，採審定本或認可制，或是採用所謂的自由制，讓教學空間更為專業與自由民主。然而，臺灣有些家長覺得學生的壓力反而更大，因為學生可能要同時讀很多種版本教科書，有些家長認為，學生學習的壓力，好像從來沒有減少過，反而希望回到過去由國立編譯館統編的「一綱一本」比較單純。有趣的是，從世界各國教科書制度現況而言，全世界幾乎只有比較保守的阿拉伯國家遵循回教基本教義採取傳統守舊的一綱一本制，而歐美等先進各國的美國與法國均採認可制，英國採自由制，德國、日本、韓國、中國大陸、新加坡等也皆採審定制，因此，一綱多本的教科書制度，合乎世界各國教科書制度的時代潮流。

其實就課程研究發展的專業角度而言，不管是過去盛行的「一綱一本」教科書制度，或當今現行「一綱多本」教科書制度，教科書是一種「資源支持的課程」之一。然而，從臺灣當前民主社會的觀點而言，一綱多本的教科書制度，合乎臺灣民主自由社會的多元

文化價值。順應社會民主開放，教科書內容與形式多樣化，可以豐富教材內容，符合民主多元及教育自由化的精神，不僅教科書價格不易被壟斷，更可符合教師專業選擇與社會大眾對教材多元化的需求，可以進一步鼓勵研發具地方特色的教材內容，比較能適應學生個別差異的學習需要。

　　不過，值得注意的是，教育市場化似乎也已經在學校課程和當代社會工商產業之間，建立了一種十分密切的關係，在許多國家可清楚地見到學校課程受到工商產業影響與滲透的情況已屢見不鮮，例如美國商業衛星網路頻道可免費提供學校監視設備，但要求每天要有90%的學生收看業者的新聞和廣告。學校課程的教學資源材料，甚至與工商產業的出版行銷利益關係十分密切，所謂市場化，意味著產品的質與量應由消費者的供需購買角度來決定，而教科用書似乎也成為市場上的商品。特別是受到工商產業贊助的物質教材等「資源支持的課程」，也大幅度迅速的成長，不可否認，經濟概念的市場化觀點已經瀰漫當代社會。但是，教育專業，是否能只用經濟生產的供需與消費關係來對待，尤其是學校教育有其特定的任務和使命，同時肩負著國家興衰、培育人才的重責大任，教育專業並不完全符合一般的工商企業經濟市場機制，所以無法完全由市場經濟機能的喜惡做完全的決定，是故只能取其部分的市場競爭和顧客多寡的績效精神來解釋，因而或許只能稱之為準市場（Whitty & Power, 2002）。然而，臺灣當前的一綱多本之教科書制度，特別是由民間出版社出版的教科書所衍生的競爭問題，已經出現了市場化與差異化的工商社會意識型態潛在課程之可能影響，十分令人關注。

(一)市場化

　　臺灣地區過去原由國立編譯館統編的教科書，價格較為低廉，大多數學生家長都樂意接受，但更新速度較慢，內容有落伍而不盡理想之處，而且也往往未能迅速有效提供教學指引與教學輔助材料

與教具之批評（黃政傑，1991）。話雖如此，不可忽略的是所謂的「統編本」可以統一學生學習的難度，而不必一門科目需要具備多種不同版本的教科書，的確有減輕學生書包重量的功能。然而，自從開放民間參與教科書編輯工作後，許多光怪陸離現象都出現了。由於民間出版業者所競爭搶食的市場是同一塊大餅，不同出版業者與編輯者難免會有較勁與摩擦，公開互批攻擊；而且經過國立編譯館審查通過之後，學校列為指定教材之後，學生家長往往必須購買教科用書與參考用書及測驗卷。而民間出版社編訂教科用書附帶教具，加上許多參考書與測驗卷等相關教材的外加費用，定價就比原先價格高上數倍之多，往往一個學生就得花費數千元，當然會增加學生家長經濟上的許多額外負擔。

　　不過另一方面，由於民間出版業者的教科書，為了爭取市場競爭力，往往提供比國立編譯館更為便捷與快速的服務，因此在學校教學過程當中，學校教育人員與學生家長，卻不知不覺地使用民間業界出版社根據市場化機制觀點提供的各種商品如教科用書、參考書、測驗卷、期刊雜誌、CD、DVD光碟片與資源網站等等及其他補充教材，並要求學生們進行學習，而校園便不知不覺淪為工商消費市場。此種現象並存在教育現場中，而且是學校教師們習焉而不察的部分，工商產業介入學校教育後，學校教育反倒淪為工商業界生產消費的傳播行銷對象，學校教育人員也因為便利性之故，往往不知不覺未加批判，展開雙臂地歡迎工商消費型態和經濟生活形式進入學校課程內。特別是，臺灣民間出版業者出售的教科書，往往搭配免費提供CD、DVD及教學網站等，作為中小學學校教科用書的配套教具與教學資源。在隱而不顯的潛在課程影響滲透之下，學校課程的教學材料，卻也可能被利用來扮演某一種工商產業利益和意識型態影響的代言品（Whitty & Power, 2002）。

　　特別是受工商產業贊助的之「資源支持的課程」等教材資源迅速的成長，各民間出版業者或軟體提供者贊助或免費的教學材料，工商產業意識型態滲透的教學材料，好像是人們熟悉的經濟生產消

費產物，但是校園的市場化與學校教育工商業化，卻不知不覺地讓師生沈溺於消費慣習而不加批判反思，而視為理所當然爾，在此種情況之下，校園的市場化與學校教育工商業化將導致學生接受工商社會組織給予的物質材料知識，也可能影響學校的教育文化工作，造成了工商社會一些潛藏的工商社會意識型態的經濟利益影響。

隨著「去一元化」思維，中央政府教育主管部門採取「多元化」教科書制度，放手讓市場機能進入教育場域的運作。然而，過度仰賴市場化的結果，以學校教科書審定制為例，雖然教科書內容多采多姿，但是市場紊亂、品質參差不齊與書價昂貴的現象正嚴重損及社會大眾、學校教師與學生家長的權益。當社會大眾與學生家長都覺得學費、補習費、教科書、參考書是一項沉重的經濟負擔時，這些教育相關費用便可能是阻礙社會階層流動的影響因素。如此一來課程改革「多元化」的課程理念，就不只是實施運作執行面發生嚴重偏差，更有理念淪喪之虞，社會各界陷入「多圓化」的迷思。原來眾所期待的「多元化」課程改革竟然成為多「圓」化，難怪反對的聲浪越來越高，其中教科書制度開放之後所產生的效應，更是多「圓」化的必然結果。課程改革目標迷失，政策搖擺不定，宣導口徑不一，缺乏效果評估，使學校師生所倚賴的教科書，淪為出版社競爭市場上的商品，學校師生似乎成了課程改革的祭品。是以，教科書一綱多本應進一步深入研究，並應廣邀學者專家與家長及社會賢達等人進行理性討論與專業對話，研擬課程改革相關配套措施。

㈡差異化

目前政府透過課程綱要的公布，鼓勵民間出版界提供支援的教科書與其他學習資源，以協助學生學習基本能力，但是卻產生「一綱多本」導致各校選擇教科書版本不一的問題，卻又不放心，企圖要掌握所有版本的教科書內容，以因應基本學力測驗考試。政府雖然一再強調各校的教科書版本雖然不同，但是都源自同一本課程綱

要，學生只要熟讀一綱，可以通曉多本，不過似乎是言者諄諄、聽者藐藐，社會各界，特別是學生家長，還是對教科書開放的制度存疑。

值得注意的問題是，國民中小學九年一貫課程審定本教科書倉卒上路，民間出版社以短短一年多的時間編出新教科書，結果錯誤百出，品質不良。從課程研究發展理論而言，其實一本優良的教科書應該經過長期研究發展和試教過程不斷修訂與更新。然而，實際上，如果國立編譯館的教科書審查委員都採取超高標準嚴格審查，目前可能一本教科書都無法通過，但是，為了至少要有兩三種以上版本可供學校師生選擇教科用書，因此，即使許多審查委員不滿民間出版社編寫的教科用書，但是「教科書品質低，總比沒有教科書可用好」，最後可能還是採低標準通過審查。教育部亡羊補牢為了避免教科書的錯誤，正積極規劃建立一套教科書的「抓錯機制」，鼓勵全國教師提出教科書使用上的問題，立即向國立編譯館反映，並將公布審定教科書的委員名單，以確保教科書品質。如果證實有誤，則可要求民間出版社每個月限期將勘誤表上網公布外，所有勘誤資料也將在學期末由國立編譯館彙整公布。此外，目前的教科書編輯審查制度，似乎也沒有具體規範編輯委員的資格要件，編輯委員是由送審教科用書的出版業者所聘任，適任與否與教科書品質有密切關係，似乎應該加以適度規範。

事實上，就教科書審定而言，首先，課程綱要等「正式規劃的課程」是教科書審定之依據，教科書審查委員應在審定前，理解「正式規劃的課程」等課程綱要之基本理念與課程目標，熟悉能力指標，確實瞭解課程綱要等「正式規劃的課程」所要求之最低底線。其次，審查委員應謹照課程綱要等「正式規劃的課程」的規範，確定送審教科書涵蓋所有課程大綱指定的教學內容，但不需對教科書等「資源支持的課程」之補充或較難內容設限，也不以自己個人的理念影響審查，讓教科書能呈現多樣性。教科書審定的原則應考量教科書內容的專業性與合理性，而且出版商在教科書送審

前，應先行處理編輯上的問題：錯別字、缺漏、未使用標準名詞、名詞前後不統一、號碼編排錯誤，語句不順等。

　　然而，一綱多本的民編本內容出錯，可能導因於課程綱要不明確，特別是能力指標模糊混亂、課程目標、單元目標、具體目標、教學目標、課程內容、教學歷程、評量內容之間的不連貫；能力指標不夠明確且缺乏系統，究竟能力指標是分學期、或分學年或分二年階段完成，各版本單元走序不同，導致學校教師更換教科書版本時失去課程的連貫性。目前教科書的不同版本，並非教改之最大問題，部分學者認為最大問題在於能力指標的訂定欠缺系統的規劃及單元之銜接，特別是目前各教科書版本出現「各自表述」的現象，才會有部編本將重出江湖的呼聲與復辟傳聞，希望能改正民編本的缺漏。

　　我國教育部公布新的國民中小學課程綱要之後，學校使用不同版本的教科書，家長疑慮「一綱多本」是否造成學生程度落差，經過高雄市教育局研究調查分析結果顯示，在數學科與社會科，不同版本所得到的能力指標確實有落差，值得教育行政單位與學者專家研擬因應之道（國語日報，2003/4/23，15）。數學領域不同版本教科書所造成的能力指標問題最為明顯，產生能力指標上同一學年落點不同，進一步產生同一學年不同能力指標的教材內容編輯迥異的情形，亦即同一學年的教科書所採用的能力指標不盡相同，產生教材內容有差異的現況，甚至竟產生了某些版本雖然羅列了某項能力指標，但是卻沒有相符合的教學目標與相對應的學習目標，也有某些學習單元漏列了相對應的能力指標，值得進一步探究。

　　有趣的是2005年教育部曾經委託世新大學民意調查中心調查臺閩地區25縣市國小及國中家長，有效樣本為1079人；這項調查發現，超過八成家長認為國小與國中課程需要連貫銜接；對於教育部將再投入國中小教科書編輯政策，則達76%的家長同意教育部參與編輯九年一貫課程教科書，可以維護教科書品質。但是，由教育部訂定部編本，似乎又有與民爭利以及樹立權威性的疑慮；而且一綱

多本強調多元精神，然而統一入學考試與採用多元教材的方向似乎相互矛盾，對於教科書一綱多本問題，教科書仍應維持自由開放，教材由過去的統一管制到現在的開放多元，應該是一種進步，但是教材開放多元後，似乎增加學生課業負擔，拉大貧富學生之間的差距，加上民間出版社良莠不齊，益增問題之複雜。

另一方面，國民中小學部編本教科書上市時，部編本內容屬於編撰委員原創的部分，或許可以開放著作財產權給民間編輯教科書與參考書、測驗卷，但是或許民間引用為編輯教科書必須付費，編輯參考書與測驗卷則不需付費。例如，教育部所發行的國中小學九年一貫「自然與生活科技」、「數學」兩領域的部編本教科書，或許教育部可以放棄官方版本的智慧財產權，上網公布教科書內容供民間自由使用。根據我國著作權法第四十七條，民間版教科書如果使用教育部部編本教科書開放著作權的內容時，可能必須付費，只是可以先使用，之後再依程序付費。如果部編本原創內容以及原理公式屬於教科書編撰委員，民間出版業者應依法令規定的「使用報酬率」付費給教育部；若原創內容及原理公式非屬教科書編撰委員，則業者必須逕行與原創者洽談著作權授權與付費標準。至於民間出版業者引用部編本教科書編撰委員原創的內容，應用在重新編輯出版的參考書或測驗卷上，因為不在著作權法第四十七條規定必須收受報酬的範圍，引用部編本似乎可以不收取費用，以利開放民間出版社自由利用，可望促使民間出版業者的參考書百花齊放，以量制價，回歸市場機能，提供學生家長與學校師生自由選擇，並且繼續努力建立教科書的編、審、選之機制，使其更加健全。

三、由「資源支持的課程」到「評量考試的課程」

從課程研究發展的專業而言，一綱多本的教科書制度，合乎課程研究發展的專業趨勢。一方面課程綱要的制訂者與教科書的編者及審查者，可以透過專業互動，鼓勵民間出版業者參與教科書的編

輯與透過教材研發，長期培養課程研發人員，在良性的競爭下提昇教材品質，確保教科書的品質；而且另一方面可以鼓勵學校進行課程發展，引導教師進行「資源支持的課程」之設計，擴大教師參與教材編審與專業選用的機會，有助於教師的課程發展與專業發展知能，可以促成課程研究發展的永續經營。而且，從教育目的功能的觀點而言，「一綱多本」的教科書制度，在消極面不僅反映臺灣民主社會的多元文化價值，可避免過去統編本教科書一元化受到思想灌輸與意識型態之控制；在積極面更可引導學校師生教學和學習的多元方向，擴充學生學習視野，提供學生適性學習經驗，是開啟學生多元智能的一把關鍵鑰匙，合乎學生學習的多元特質，有助於培養學生的多元學習能力。

教科書制度如果過於急進，則是流於烏托邦理想主義的浪漫情懷，罔顧臺灣社會現實傳統；過於多元開放則是複雜煩瑣，流於紊亂，或導因於教科書開放民間編輯以來，送書遲誤、版本紛雜、內容錯誤等問題不斷浮現，或以偏概全歸罪教科書開放之弊。最近有人高唱恢復統編本的復辟呼聲；也有許多人極力反對再走回頭路。教科書政策反覆，將會導致所有相關人士無所適從，其實，只要認清教科書只是眾多學習材料當中的一種「資源支持的課程」而非學習材料的全部，「資源支持的課程」之學習材料，仍然必須靠學校教師專業知能來轉化，使學生達成學習與生活經驗統整的學習，如此，或可降低對教科書的依賴，或許教科書問題就能有新的契機。

事實上，有關目前臺灣對教科書一綱多本的教科書制度之批評，可能還涉及了階級利益與意識型態的潛藏問題。一般在新聞媒體所經常反應的社會及家長意見指出，過去國立編譯館統編教科書制度之下，學生家長往往只需要購買一本統編版的教科書即可，現在一綱多本制度之下，除了課堂上學校教師指用的教科書之外，為了應付考試與未來國民中學基本學力測驗，就往往還要購買其他業者出版的不同版本教科書；在此種情形之下，中上階層家庭的經濟尚可負擔，經濟較差的中低收入家庭無形中可能要增加了額外經濟

負擔，甚至有些學生家長根本買不起多種版本，可能會加劇社經地位背景差距與社會階級利益的惡性循環問題，這的確是個棘手的問題。

然而，一綱多本問題，其實早就存在於我國的高級中學，近年來大學入學考試中心學科能力測驗命題考各版本都有的內容，否則調整送分，使家長愈來愈放心，國民中小學九年一貫課程的國民中學教材基本原則也應該也是一樣。然而，最近這幾年臺灣地區的國民中學學力測驗重視的是「一綱」而不是「多本」；換句話說，基本學力測驗試題不超出課程綱要和大多數教科書都共同的課本範圍，而且似乎鮮少會選自某一本特定教科書或參考書。

因此，似乎國民中小學課程綱要仍應該維持，並且可以進一步訂出「學生必須精熟」的基本能力教材內容，作為統一入學考試的重點，解決現在推行多元教材卻反而加重學生負擔的問題；特別是國民中學升學考試科目或核心科目，教育部可以研究是否透過部編本引導課程與教學及評量之重點，提供學校參考使用；而且重要考試的內容可以限定多本交集共同的部分，以免增加學生沈重負擔。因此，當今之計，教育部或相關機構或許可以考慮公布國民中小學九年一貫學習領域的分年能力指標，以明確作為「資源支持的課程」教材大綱的參考，將分年能力指標具體化，如表4-1所示，並建議修訂相關課程綱要，使能力指標更為具體化的架構、內容與指標如表4-2，協助出版社設計符合分年能力指標的教科書的教材細目如表4-3，並協助教師瞭解各種不同版本教科書的共通性與差異性，以便進一步在課堂上靈活應用教科書等「資源支持的課程」，以協助學生習得能力指標。

表4-1 數學課程【一年級整數能力指標細目】教材大綱

年級		整數（能力指標）	整數（教材大綱）
一年級	數	1-n-01能認識100以內的數數及「個位」與「十位」的位名，並進行位值單位換算。	1.認識10以內的數。
			2.認識20以內的數及「個位」與「十位」的位名。
			3.認識50以內的數。
			4.認識100以內的數。
			5.進行個位和十位的位值單位換算。（數的化聚）
		1-n-02能認識錢幣的幣值有1元、5元、10元、50元等，並作錢幣之間的換算。	1.認識及使用1元、5元、10元、50元的錢幣
			2.能使用並計數50元以內錢幣的組合，並作錢幣之間的換算。
		1-n-03能運用數表達多少、大小、順序。	1.認識1到10的數詞序列
			2.比較10以內兩個量的多少
			3.認識50以內的順序和位置，並比較50以內兩個量的多少及數的大小
			4.認識100以內的順序和位置，並比較100以內兩個量的多少及數的大小
		1-n-07能進行2個一數、5個一數、10個一數等活動。	1.進行2個一數的活動
			2.進行5、10個一數的活動
	計算	1-n-04能從合成、分解的活動中，理解加減法的意義，使用＋、－、＝作橫式紀錄與直式紀錄，並解決生活中的加減法問題。	1.解決10以內數量合成與分解的問題
			2.認識並能使用0
			3.認識符號＋、－、＝及加減算式
			4.以算式記錄10以內的加減問題和結果
			5.解決50以內數量合成與分解的問題，並以算式記錄50以內的加減問題和結果
		1-a-01能在具體情境中，認識等號兩邊數量一樣多的意義。	1.能以等號表示兩邊在具體情境中數量50以內的加減
		1-a-02能在具體情境中，認識加法的交換律、結合律，並運用於簡化心算、筆算、驗算與解題。	1.能在具體情境解題過程中認識加法交換律
		1-a-03能在具體情境中，認識加減互逆，並用來作驗算與解題。	1.能在具體情境解題過程中認識加減互逆
		1-n-05 能熟練基本加減法。	1.熟練基本加法
			2.熟練基本減法
			3.熟練基本加減法的逆運算
		1-n-06 能作一位數之連加、連減與加減混合計算。	1.理解一位數連加的運算與紀錄
			2.理解一位數連減的運算與紀錄
			3.理解一位數加減混合的運算與紀錄

表4-2　七年級數學架構、內容與指標

第13冊			
一、數與數線（共21節）			
1～1正數與負數	1.量的比較大小與單位換算。（相對量的鋪陳） 2.能以「正、負」表徵生活中相對的量如方向、盈虧等。（溫度） 3.正負數與零的名詞介紹（含整數、分數、小數）	7-n-01　（N-3-08） 能以「正、負」表徵生活中相對的量，並認識負數是性質（方向、盈虧）的相反。	3
1～2數線與數的大小	1.瞭解數線的要素：原點、方向和單位長；點與原點的距離。 2.對於數線上的已知點，能說出這個點所表示的數（報讀）。 3.給定一個數，能在數線上找到表示這個數的點。（描點） 4.能舉例說明數量大小關係的性質：三一律與遞移律。 5.由數線上對應點的位置關係瞭解正負數的大小。 6.脫離數線能判別數的大小。 7.介紹相反數並瞭解其意義。	7-n-02（N-3-08） 能認識如5及－5在數線上的相對位置。 7-n-03（N-3-09） 能在數線上判別數的大小。 7-n-04（N-3-09） 能在數線上操作簡單的描點，如、、等，並介紹兩點在數線上的間隔。	3
1～3絕對值	1.能由數線上的點與原點的距離，說出數的絕對值的意義。 2.認識絕對值符號的意義。 3.能用絕對值符號表示數線上兩點間的間隔（距離、相反數）。 4.熟練絕對值的運算。（※應用放在習題） 【例】數線上與特定點等距離的兩個點為何？）	7-n-05（N-3-10） 能認識絕對值符號，並理解絕對值在數線上的圖義。 7-n-06（N-3-10） 能用絕對值的符號表示數線上兩點間的間隔（距離）。 7-n-07（N-3-10） 能運算絕對值並熟練其應用。	3
1～4整數的加減運算	1.瞭解正負整數加、減法的意義、計算法則及在數線上的圖示。 2.瞭解整數加法合於交換律及結合律。	7-n-08（N-3-11） 能判別兩數加、減、乘、除的正負結果並算出其值。 7-n-12（N-3-11） 能理解負數的特性並熟練正負數（含小數、分數）的四則運算。	3
1～5整數的乘除運算	1.瞭解整數乘、除法的意義及計算法則。 2.瞭解整數乘法合於交換律、結合律及乘法對加減法的分配律。 3.能判別兩數加、減、乘、除的正負結果並算出其值。 4.能判別幾個正、負數相乘（除），其積（商）的符號為正或負。 5.熟練正負整數的四則運算。	7-n-08（N-3-11） 能判別兩數加、減、乘、除的正負結果並算出其值。 7-n-12（N-3-11） 能理解負數的特性並熟練正負數（含小數、分數）的四則運算。	4

（續下表）

1～6整數指數的運算律	1.瞭解整數乘方意義及其符號。 2.能理解底數為整數且指數為非負整數的運算。 3.透過生活中的經驗（十進位），使學生能夠瞭解數字系統運作的方式，並進而掌握數字系統。 4.透過生活中的實例，使學生瞭解科學符號的重要，並透過指數記法，使學生能利用科學符號記數。 5.透過指數律的運算規則，使學生能利用正指數或負指數紀錄很大或很小的數，並且能夠進行科學符號的四則運算。（如奈米、微米、公分或釐米、公尺或米、……）	7-n-13（N-3-12） 能理解底數為整數且指數為非負整數的運算，如$3^2 \times 3^4 = 3^6$、$(-5)^2 = 25$、$3^0 = 1$等。 7-n-15（N-3-13） 能用以十為底的指數表達大數或小數（包括日常生活長度、重量、容積等單位，如奈米、微米、公分或釐米、公尺或米、……）。	5

表4-3　七年級數學上冊教材細目

	單元名稱	節數	教材內容（活動）	
	數學與人類文化	1節	欣賞數學與人類文化活動（影片及故事）	
一	認識數線	6節	1.數與負數的由來 2.認識數線 3.數線上整數的比較大小 4.數線上的簡易運算 5.瞭解距離的意義、絕對值、相反數的意義	
二	整數的運算與指數	5節	1.三一律與遞移律 2.交換律、結合律與分配律 3.0與1 4.整數的加減運算 5.整數的乘除運算 6.指數律	
三	質因數分解	6節	1. 因數與倍數 2. 倍數的判別 3. 質數與合數 4. 質因數分解	
四	生活中的公因數與公倍數	6節	1. 最大公因數 2. 最小公倍數 3. 生活中的公因數與公倍數	
五	分數的基本運算	6節	1. 分數的擴分、約分與最簡分數 2. 分數的乘除 3. 分數的加減 4. 數的四則運算	

（續下表）

	單元名稱	節數	教材內容（活動）	
六	量與科學記號	6節	1.生活中量的換算（長度、重量、體積、容積） 2.鉅觀與微觀	
七	代表數與式子的化簡	5節	1.瞭解文字符號代表數的意義 2.利用文字符號列式 3.式子的求值 4.式子的化簡	
八	一元一次方程式	6節	1.方程式的意義 2.等量公理解一元一次方程式 3.移項法則解一元一次方程式	7-a-05 7-a-06 7-a-07
九	生活中的應用問題	7節	生活中的數學 （應用問題：大小數問題、年齡問題、錢幣問題、速率問題、分數問題、平均問題、工程問題、面積問題、角度問題）	C-T-1能把情境中與問題相關的數量形析出。 C-S-3能熟悉解題的各種歷程：蒐集、觀察、臆測、檢驗、推演、驗證、論證等。 C-S-4能運用解題的各種方法：分類、歸納、演繹、推理、推論、類比、分析、變形、一般化、特殊化、模型化、系統化、監控等。 C-S-5瞭解一數學問題可有不同的解法，並能嘗試不同的解法。

　　甚至，就官方「正式規劃的課程」而言，或許教育部可以將課程綱要的能力指標，區隔為必需具備的「必要的能力指標」及最好具備的「補充的能力指標」兩大類。而且任何版本的教科書，「必要的能力指標」內容絕不遺漏，而學習的順序也必須依照「正式規劃的課程」之課程綱要規範，可以依照學年學期先後順序加以選擇組織設計，至於最好具備的「補充的能力指標」內容則由各出版社自行補充發揮。

　　就「評量考試的課程」而言，基本學力測驗只要考「必要的能力指標」，而不考「補充的能力指標」內容，而且負責基本學力測驗的主管當局，應該公布基本學測的試題特色、取材範圍與試題範

例，並加以宣導說明，如此「一綱多本」的問題應可從課程內容的區隔，而找出問題的根源，進而正本清源，對症下藥，或許「一綱多本」的問題便能迎刃而解，不會產生令教育人士擔心評量偏離課程綱要的現象，與學生家長擔憂考試超出課本的亂象，而基本學力測驗的品質亦可加以控制。特別是如果根據課程綱要分年段的學習領域能力指標，設計教科書與其他「資源支持的課程」，以便依照年級階段進行精緻方案課程設計，將可縮短年段課程之間的差距，容易形成無縫的課程方案，比較能順利進行課程銜接，比較容易達成課程的繼續性與連貫性。

第二節　能力取向之「資源支持的課程」

誠如上節所述，世界上許多國家例如英、美、德、法、日、韓、澳等國，其教科書都採一綱多本的制度，但是這些國家的學生家長，似乎不同於臺灣的家長並不會同時幫學生去購買許多不同版本的教科書以應學生學習之需，這可能是臺灣教育的傳統考試文化相當獨特的現象。這個情形就像深謀遠慮的臺灣學生家長，往往在教科用書之外，還要再幫學生購買參考書一樣，買了一種版本還不夠，甚至還要多買幾個版本才安心。至於多讀幾個版本的教科書或參考書，是否就對應付考試特別有用，事實上，並沒有任何明顯客觀或科學的具體評估可以證明，不能遽下斷言，似乎見仁見智。因此，買不起多種版本教科用書的學生，或許可以用心精讀任課教師課堂所指定使用的教科書與參考講義及其考試測驗評量用卷，徹底理解教師教學範圍內的相關問題，並多思考應用分析綜合批判之探究。如果需要更多參考資料，則可以去圖書館借閱相關參考書與課外書或上網蒐尋相關「資源支持的課程」，擴大閱讀範圍，拓展自己的知識視野，培養更寬廣的學習習慣，累積更多的相關背景知識，才不會受限於知覺的課程之教科用書的有限空間範圍，可能在廣泛的閱讀各種「資源支持的課程」，以開展自己未來的興趣潛能

與性向發展。因此，如何一貫連結「正式規劃的課程」與「資源支持的課程」，並設計能力取向的「資源支持的課程」，應該是重要的課題。

一、一貫連結「正式規劃的課程」與「資源支持的課程」

課程綱要與學校課程計畫等「正式規劃的課程」是一種未完成的課程（unfinished curriculum）（黃光雄與蔡清田，1999；蔡清田，2001），有待學校教師進一步選擇組織適當的「資源支持的課程」，例如選用出版社設計的教科用書或教師自行設計的補充教材等作為教學媒介，才能有效實踐「正式規劃的課程」與「理念建議的課程」。是以學校課程發展委員會與各學習領域課程設計小組應該扮演主動的角色，結合並鼓勵教師團隊一起努力，以便連貫「正式規劃的課程」與「資源支持的課程」。因為這兩類課程應該是密切相關的，因此，可以加強其連貫關係。

如果只強調「正式規劃的課程」等內容標準與課程目標的規範，而忽略了「資源支持的課程」之學習機會，將會導致不利於學生的學習。例如教科書等「資源支持的課程」的選用，應配合「正式規劃的課程」課程綱要之基本理念、課程目標與能力指標，選擇組織連貫性的教材，以協助教師教學與學生學習。因此，各學校的學習領域課程方案設計小組，必須謹慎地思考該領域的課程，特別是：要反省檢討學生的興趣、知識與需求，也要反省檢討「正式規劃的課程」課程綱要之有關課程目標，及其分段能力指標與相關的學習目標。甚至在選用「資源支持的課程」之前的適當時機，可以將分段能力指標進一步解析為具體的學習目標（learning objectives），作為實際進行教學以引導學生學習之參考。當然教科書等「資源支持的課程」的編寫，應顧及教師就地取材的便利，避免使用太特殊的教具或輔助工具。而且教科書等「資源支持的課

程」的選擇組織，也應注意文字的使用，配合學生的閱讀年齡，不宜在低年級時使用過於困難的字詞，也不應在國民中學階段，還使用過於幼稚的文字。

就「資源支持的課程」的設計而言，透過學校課程發展委員會的運作，綜理並協調學校課程方案，重視學校內部各年級與各學習領域課程方案之間的連貫。在進行此兩種課程層次的連貫過程中，要重視學校課程發展委員會的學校課程計畫與各課程方案設計小組的課程方案的連貫，特別是同一學年或同一學習領域的教師小組團隊之協同合作，設計以能力指標為依據的學年或學習領域的課程方案，甚至是以能力指標理念為依據的課程資源單元（Tyler,1949），這是指一種包括了活動、材料、教學過程與評量的學習單元設計，而且直接和每一個或指定的基本能力或能力指標產生關連，以便直接引導學生去達成指定的能力指標。

為了落實以能力指標為依據的學校課程計畫，應該留意以學習領域為依據的課程，似乎應該只占學校整體課程方案的一部分（蔡清田，2002）。例如我國教育部公布的國民中小學九年一貫課程綱要，便明文建議數學、語文、社會、自然與生活科技、健康與體育、藝術與人文、綜合活動等七個學習領域課程節數約占80%的學校課程總時間數，另外大約剩餘二至七節或大約9%-19%的課程時間作為彈性學習節數，以安排學校行事活動或配合節慶的全校性活動或班級活動，而且學校也應該善用其他非學習領域與非彈性學習節數之外的可能學習時間，補充不足之處的充實學習。此種建議相當合理而具有彈性，如同英美等先進國家學者往往建議，運用大約50%-75%時間用來教導「必要的課程」，其餘的時間分配給「補充的課程」，甚至建議運用大約50%-75%時間用來教導「必要的課程目標」，其餘的時間分配給「補充的課程目標」（Glatthorn, Bragaw, Dawking, Parker, 1998）。

二、將課程目標與能力指標加以具體化分類

「正式規劃的課程」之課程綱要，是教科書編寫設計的最低參考標準，教科書等「資源支持的課程」內容應涵蓋分年指標與細目的內容。但是，課程設計者不應自我設限，在內容上可作恰當的延伸，可註明其難度，以利學生學習。學校課程發展委員會與學習領域設計小組的教師團隊，可以進一步決定每一個「必要的課程目標」與進一步細分「必要的能力指標」與「補充的能力指標」。課程綱要能力指標的訂定，以該階段或分年結束時，學生應具備的能力為考量。教師應依據能力指標及其詮釋，設計「資源支持的課程」等教案或依照教科書進行教學。「資源支持的課程」等教材選取，應配合地方生活環境和學生實際生活，選擇適當而有趣的題材，並布置適當的學習環境，以利於教學。

能力指標的使用者是教師、教科書編者與審定者，教師課程設計或教科書編撰，應遵循分年細目的內容，但不需要完全遵照細目的順序。細目所規範的內容是至少要包括在教學與教科書中的題材。有些細目，其目的是在協助學生，更平順地銜接到下一學習階段的課程，所以被標記為「次要細目」，教師與教科書編者可依時間是否充裕，做彈性處理。能力指標與分年細目是離散的條目，但是教學與學習是連續的過程。階段或分年的規定，強調的是在該階段或分年級當中，應以條目內容為重點，發展並完成。但是基於學習的需求，教師仍然可以依自己的經驗，先作部分的跨階段或跨年的前置處理設計。

每個學習領域科目或活動方案的「必要的課程目標」，是指學生必須精熟的課程目標，而且極可能是學生基本學力測驗等學習評量的重點，因此，每個「必要的課程目標」應該在每個年級水準中，有一些適當而不會過多數量的分段能力指標（benchmark）。例如Marzano與Kendall（1996）建議每一個課程目標，可以2-4個

（平均3個）分段能力指標。如果是需要好幾年「持續發展的課程目標」或不一定只限於放入特定方案，他們應該儘可能融入每項適當的分段能力指標的學習項目當中。

就課程聚焦而言，每個學習領域或學年方案的課程設計工作小組，應該仔細分析課程綱要與學校課程計畫內容，以使課程連貫歷程的焦點集中於能力指標，特別是可以找出各學習領域當中「必要的能力指標」，將其視為必須精熟的目標（mastery objectives），此處必須精熟的目標或必須具備的能力指標，是指符合下列一個或多個規範的目標：

　　‧未來將可能被用來考試測驗或評量的能力指標；
　　‧需要進行直接教學的能力指標；
　　‧在仔細的設計下，學生可以學得最好的能力指標；
　　‧對所有學生而言，既基本且重要，而且必須加以精熟的能力指標。

這些必須精熟的目標或必要的能力指標，是不同於所謂「充實的能力指標」或「補充的能力指標」或「繼續發展的事項」（continuing development objects），此一用語是指那些經由每一個合適的機會而加強的事項，而非要在某一特定年級層次所要教導的內容。此處提供一個實例可以顯示其間的差異：

　　‧必要的能力指標或必須精熟的目標：本國語文第二學習階段「2-1-1-1」能應用注音符號，瞭解並分辨字詞的音義，提升閱讀理解的效能。
　　‧補充的能力指標或繼續發展的事項：本國語文第二學習階段「A-2-3」能應用注音符號，擴充自學能力，提升語文學習效能。

必要的能力指標或必須精熟的目標，應該與「資源支持的課程」之教科用書內容一併連貫，而補充的能力指標或繼續發展的事項，則不一定必要如此。而這些必須精熟的目標必須以檔案儲存，儲存時可以年級和領域作為檢索的依據。因此，教師可將所有全部

可用時間分為三大類，可透過實作評量來評估的「必要的能力指標」，可由傳統測驗來評估的「必要的能力指標」，可由教師決定評估的「補充的能力指標」，並將其轉換成教學單元可用的教學週數，並且粗略估計三類中每一類所需的單元數量，而且進行實作表現任務的每一單元所需的時間較長，而「補充單元」（enrichment units）可以較短。經由檢視課程綱要、分析課程目標與能力指標、反省有關學生的知識，由教師決定一年內可以有效達成的課程目標與能力指標的數量與項目。教師進而根據現有的時間與資源，決定所需實作評量的數量與傳統評量的數量。「強調重點」則提供三大類皆有其不同的重點，然而這些決定都是暫時，可以進一步修正的。

各學習領域的課程小組，可以檢討該領域所有課程目標與能力指標的清單，並且考量他們對學生的知識、他們對課程的知識、國家與地方的考試、教科用書及其他可能的「資源支持的課程」，最後並將課程目標進一步細分為實作評量的「必要的能力指標」，傳統的「必要的能力指標」、可選擇評量的「補充的能力指標」，如表4-4。

表4-4　課程方案設計的矩陣舉隅
（修改自Glatthorn, Bragaw,Dawking, Parker, 1998, 46）

項目	必要的能力指標之實作評量	必要的能力指標之傳統評量	補充的能力指標	全部
時間百分比	40	40	20	100
週數	8	8	4	20
單元數	4	4	2	10
目標數	4	4	2	10
能力指標數	8	8	4	20
實作評量數	4	0	1	5
傳統評量數	0	4	4	8
強調重點	問題解決	教學內容	探索	

三、選用、調整或創新一個學年或學期的年級學習領域的課程方案之設計

　　課程綱要與學校課程計畫，可以提供學校教師進行課程發展的基礎，課程方案等「資源支持的課程」往往可以和學校行事曆結合，以顯示一個學年或學期的課程方案所要教導的單元名稱，進而指出所要精熟的課程目標或能力指標，與可能影響教與學的重要活動（Glatthorn, Carr & Harris, 2001, 24）。

　　課程方案等「資源支持的課程」之設計，可以是現有教科書的選擇、調整，也可以是新教材的創造。就課程方案等「資源支持的課程」之教材而言，根據現有的教材加以選擇，是「初級」的方案設計；「中級」的方案設計，是根據現有教材加以進階調整改編其內容順序，以增強其學習效果；「高級」的方案設計，則是從無變有的創造，可以彌補現有教材不足之處，以達成其方案目標（蔡清田，2002）。選擇、調整與創造三者，各有其優點。選擇，最為簡易，是課程方案設計的初階做法；調整，可以根據現有教材為基礎，可以花費較少的時間與較少的資源進行教材重組；創造，則在概念上比較新穎的，可以彌補現有教材不足之處（Marsh, Day, Hannay & McCutcheon, 1990）。

　　過去的教師往往沿用教科書的內容進度，因此，學校對教科書的選用，應該讓教師參與決定，使教師瞭解每個版本教科書之優缺點。但是，課程綱要鼓勵學校教師彈性使用教科書：「學校得因應地區特性、學生特質與需求，選擇或自行編輯合適的教科書或教材，以及編選彈性教學節數所需的課程教材。」（教育部，2000）。因此，除了選擇教科書之外，教師仍可靈活運用調整增刪與創造等方法，補充其他合適的教材，善用可能的學習資源，甚至調整教學進度，彈性設計教學時間，因應學生需求，以利有效學習的進行。

(一)課程方案的重要性

一個學年或學期的學習領域的課程方案，是學校課程計畫的一個非長常重要部分，因為：

1. 它強調用一個年級的教師團隊或同一學習領域的教師團隊，共同合作以選用「資源支持的課程」。

2. 它可以將「正式規劃的課程」之課程綱要能力指標加以轉化成為一系列的課程單元，以作為更進一步將課程單元加以具體化的參考架構之基礎。

3. 它可以促進各個學習領域課程方案之間的協調，甚至進行課程統整的設計。

4. 它可以促進學習領域課程方案與活動方案之間的水平關係，甚至進行課程統整的設計。

5. 它可以提供一個簡單的方法，以檢查兩個或多個學習領域課程方案之間的教學先後順序。

6. 它可以有助於學校在課程統整方面的決定付諸具體行動。

7. 它可以清楚地顯示每個單元所分配的教學節數，提供教師教學之參考，並可作為課程實施或課程視導之參照。

然而，學校行政人員必須採取必要步驟，以確保學校教師所設計的課程方案，不致有不必要的重疊脫線或矛盾衝突之處。每一個學習領域小組或學年班群小組，都應該將其學年或學期的年級學習領域課程方案，提交教務處轉為課程發展委員會審查其所提出的課程方案等「資源支持的課程」，以免有不當的重複之處或避免太簡單或太困難的課程。同時課程發展委員會，也可就學校整體課程計畫，進行全盤規劃設計各年級垂直銜接與各學習領域水平統整的課程（蔡清田等，2004b）。

雖然學年或學期的年級學習領域課程方案具有許多優點，但並非所有教師都熱心參與學校課程計畫的規劃設計與利用。有些人將此視為一種額外增加的行政要求之報表填報工作，有人則抱怨學校

生活是凡繁忙複雜多變而且不可預測的，而且光憑計畫是無法精確描述教室內的教與學。因此，校長必須透過課程發展委員會奠下基礎，做好研擬學校整體課程計畫的事前準備工作，提出一套可供教師參考的格式，這是規劃學校課程計畫與學年學期的年級學習領域課程方案的一項重要步驟，因為這種格式將會指引學校課程計畫與課程方案設計等資源支持課程將會如何開展。

　　下一個準備步驟是規劃一個長期計畫的資源支持課程方案，將先前的決定加以具體化，就一年級的課程方案而言，就應包括一學年的內容，如果是一學期的課程方案，就涵蓋一學期的內容。例如，表4-5五年級的社會學習領域課程方案表，這是有些學校已經成功地使用之格式。

表4-5　山海國小六年級社會科課程方案

週別	學校主要行事活動	單元名稱	能力指標	課程類型（評量基準）
0901-0907	家長會議	價值	民主的價值	必要的（知道民主的價值）
0908-0914				補充的

　　表4-5課程方案包括了基本的課程設計要項，首先指示了該學年度內週次及其可能影響教學的重要行事活動，諸如國定假日、家長會議、學生課外活動、分發學生成績單等，接著指出學習領域課程方案的課程單元名稱、特定的分段能力指標、課程類型如必要的課程或補充的課程或相關的評量基準，甚至有些學校會再加上該校所使用的教科書頁數一欄，有的學校則指出該單元是一個必須精熟之「必要的課程單元」或「充實的課程單元」。

　　為學校教職員辦一場三十小時的研習進修，將會是以介紹該課程方案格式並檢討所需要的技能，後續的研習則以學習領域或教師團隊為主，而且也要為這些教師安排共同設計課程的時段，準備進行並完成課程方案，重要的是要訂出提出課程方案的繳交期限，有些學校發現在寒暑假期間先完成下學期課程方案設計初稿，是比較有效能的（Glatthorn, Carr & Harris, 2001, 25），並利用開學第一

個月的前四週去評估學生的準備度、決定學生的需求、建立班級常規與介紹該學習領域課程，然後，運用此種與學生及課程的相關知識，進而調整修正與繼續發展該學期的其餘課程方案。

此種學年或學期的年級學習領域課程方案（program of study），比起日常課堂教案設計具有更多優點，它可以協助教師將課程方案當成一個整體單元而加以概念化，而不是當成支離破碎孤零的部分（蔡清田主譯，2002）。它包括指出分配給每一個單元的時間數，協助教師其思考其優先性。它指出長時間內，單元之間的先後順序與其間的關連，並連結課程目標與單元，以確保所有的課程目標，都包括在學年或學期的年級學習領域課程方案之內。然而，學習領域的課程設計小組要考慮兩件重要議題。首先，學習領域的課程設計小組，要確保課程單元能有助於學生掌握教材的大圖像，協助學生整合各單元間的關係。同時課程單元的設計順序也應提供師生「一種發展的架構」（a developmental frame），將課程單元順序加以細心結構化，系統地擴展學生有關學習領域的學科知識、重要概念與技能。

（二）課程方案設計的歷程

學校人員可以利用下列的歷程，來設計學年或學期的年級學習領域課程方案：

1.填寫基本資料，年級學習領域課程方案的課程設計小組，應該留意該小組的名稱、列出該學年（期）的週次與學校的重要行事活動。

2.指出所要教導的課程方案單元名稱

課程方案單元名稱應該要能夠指出該單元的主要焦點，此項任務實際上可以分為幾個小步驟，首先該年級學習領域課程方案的設計小組，應該仔細地分析課程綱要，列出必須精熟的目標與必須精熟的能力指標，該設計小組可就那些可能列為國家考試的課程目標或能力指標加以註記星號，其次該小組應該決定其組織原則，以安

排主要精熟的目標與能力指標之先後順序。課程綱要中所列出的課程目標與能力指標之排列，可能根據某種分類的邏輯。課程設計小組可以利用以目標為依歸的分類系統或下述的變通方式；如複雜的技能（如撰寫個人的敘述）、朝代時期（如工業革命時期）、主題（如家庭）、問題（如環境保育）文學或藝術的產生（如悲劇的本質）（Glatthorn, Carr & Harris, 2001）。

　　在下一個步驟是去檢查所要使用的教科書等「資源支持的課程」，有些教師可能發現教科書的課程單元組織，是指出課程單元名稱的最簡單方式，學年或學期的年級學習領域課程方案之設計小組，應該先列出一張課程單元名稱的暫時清單，並透過討論加以修正精鍊，然後將確定的課程單元名稱填入表格中。

　　就課程方案單元設計的重要性而言，設計以能力指標為依據的課程單元，是進行以能力指標為依據的教學之必要步驟。一個以能力指標為依據的課程單元，是一個仔細規劃的單元，以協助學生從事能力指標的學習任務表現，並獲得真正的學習。課程單元強調統一的與連貫的課程要素，而非零散破碎的殘塊（Posner & Rudnitsky, 2001）。課程單元要範圍廣泛，是以有系統的涵蓋必要技能，以便進行以能力指標為依據的學習評量。課程單元可以向學生展現課程內各部分間的關係，而且課程單元是組織問題解決活動的最佳結構，課程單元也是進行以能力指標為依據的學習之堅實基礎。由於這些原因，以能力指標為依據的學習便應運而生，而且以能力指標為依據的課程單元組織就有其重要性。

3. 決定課程方案的單元順序

　　下一個步驟是建立課程單元區塊（block-in），透過形成區塊的歷程已建立單元的一段參數，例如，在「熱」的課程單元之可能實例：

　　　・單元名稱：在冬天過活並維持熱能
　　　・單元類型：以能力指標為依據的單元
　　　・單元目標：學生能獲得有關熱能的基本知識，並運用該知識

以出版一份消費者手冊。

實際上，各學習領域課程小組的教師，可以經由檢查其學習領域課程方案的長期計畫、檢討分析結果與反省所教導學生的能力興趣，以進行相關決定。一旦發展出暫時的課程單元名稱清單，學習領域課程設計小組就必須進而決定課程單元的先後順序。其參考原則如下：

(1)學習領域課程設計小組，可以根據學生的興趣來組織課程單元的先後順序，以學生最有興趣的主題為優先，並配合時節的變化來安排其他課程主題（Glatthorn, 2000）。

(2)第二，可以按照內容的難易度來安排課程主題的順序，將最容易的安置在最前面，後面在漸進式地安排較具有挑戰性的課程主題。

(3)第三，課程主題可以依照時間先後來分，這種方式通常用於歷史課程或英文課程當中。

(4)第四，課程主題亦可以擴展水平的進路（expanding horizon approach），從個人開始、家庭、然後社區、地方、整個國家。

(5)最後，課程主題可以依和照學習領域科目結構的關聯性來安排，這種方式通常在數學的主題上。很顯然地，學習領域課程設計小組，也可以考慮結合兩個以上的原理原則。

4.草擬課程方案各節課題（Lessons）與分配每一個課程單元的時間

當決定上述單元先後順序之後，課程方案設計小組的教師團隊，應該接著進一步設計出各節課題草稿。各節課題的草稿，是指每一節課題可能包括課程內涵的一般描述，其目標不在提出詳細各節內容，而是去草擬各節課題大概內容，以確保該課程單元內容，可以在可用的時間內有效地呈現，各節課題草案可以不同格式來進行。有許多教師發現下表4-6的格式相當有用，表格的左欄是以能力指標為依據的課程單元目標，表格上方列出該課程單元的

上課日。在表4-6為了節省空間，所以只呈現一開始前面兩天的內容。實際上該表格可呈現十五天到三週，甚至時間更長的課程單元（Glatthorn, Bragaw, Dawking, Parker, 1998）。

表4-6　課程方案單元設計格式
（Glatthorn, Bragaw,Dawking, Parker, 1998）

課程目標成分	第一天	第二天
獲得知識	活用先備知識，觀賞熱的錄影帶	
發展技能		進行訪談
運用知識技能以解決問題		
展現學習	呈現學習表現實作任務	
其他	創造需求	成立合作小組

此種格式可以提醒課程方案設計小組的教師團隊，應該要包括的主要內容成分，可以經由水平觀點來檢討，課程方案設計小組可以看到個別的課題建立在彼此之上，以及技能與知識是如何發展的。從垂直觀點來檢討，課程方案設計小組可以檢查某一特定日期的課題計畫。

課題草案的另一種格式，是課題的大綱。底下是「熱」單元的第一節的書面草案：(1)活用學生的先備知識，要求學生在札記下，簡要地寫下「我所知道的熱」，並討論其結果。(2)引導班級學生討論他們與家人如何準備過冬，以激發對該課程單元的興趣。(3)呈現學習表現實作任務。(4)觀賞有關熱的錄影帶。(5)檢查學生對錄影帶內容的瞭解（Posner & Rudnitsky, 2001）。

任何一種格式，只要能有系統地形成課題，都可加以運用。課程方案設計小組要注視的是，要讓課程單元設計足夠明確具體，以便能檢查其可行性與有效性。如果涉及教科書課文內容的編寫，內容應條理明晰、重點分明。依完整主題分配單元，盡量避免將主題作無謂的分割。在每單元中，能提供恰當的學習範例，足夠多的基本練習。並應包含具啟發性的問題，以及日常應用問題的解題。

另外，應該將練習編寫在課文的單元中，並經常利用綜合練習的形式，讓學生統整練習。

另一方面，教科書等「資源支持的課程」之設計，應注意整體結構的有機結合，在題材的呈現上，反映出各概念的內在連結。並且也應注意在取材上，能與其他主題、日常生活或其他領域的應用，作自然的連結。部分概念如驗算，估算及各種基本運算的性質等，在某條細目引入後，就應該貫穿往後的課程，特別是螺旋課程的概念重視課程的繼續性與順序性。希望學生在較小數字的自然情境，就能開始學習驗算，養成換一種方式或觀點算算看的習慣之變通性。基本運算的性質，應該從具體情境的範例及練習中，讓學生自然地認識這些性質，並在往後的學習中，不斷地加強及熟悉，提供學生豐富學習經驗，鋪陳往後的學習。

接下來，課程方案設計小組，必須為每個課程主題單元分配時間。時間指的是每個課程單元主題所涵蓋的教學時數。以下是課程方案設計小組可以進行的參考：

(1)算出全部可用的教學節數總數。

(2)根據學校整體課程目標的優先順序，決定每個課程主題單元的相對重要性。

(3)考慮學生出席的上課學習時間，以及可以真正進行學習的時間。

(4)初步評估主題的複雜性，隨時注意內容的重要性與深淺程度。

(5)暫時為每個課程主題分配彈性的時間。

(6)把課堂學習的時間，轉換成各堂課及各週的教學時數。

5.將資料填入年度行事曆

值得注意的是，上述的資料，應該全部記錄在年度課程計畫大綱的行事曆。

6.特別是把課程綱要規定的課程目標與能力指標和課程單元主題加以結合

　　一旦學校所有 的個別學習領域與行事曆一項一項經過檢查之後，學校課程發展委員會應該考察學校行事曆與每一個別年級的課程方案，是否在相關的學習領域科目之間，如語文學習領域與社會學習領域等，是否有適當的關聯。同時，課程發展委員會必須針對某一個學習領域科目課程方案，評估檢查其在學校行事曆上，是否具有年級的循序漸進性，是否有無不適當的重複。

　　最後，年級學習領域的課程方案設計小組，或學校課程發展委員會可以運用下述的規準，個別地進行每一個年級或學習領域的學年度或學期行事曆計畫的檢查（Glatthorn, 2000）。特別是該學年或學期的年級學習領域課程方案是否合乎下列規準：

　　(1)反映並符合學校行事曆嗎？

　　(2)記錄下所有可能影響教與學的重要行事嗎？

　　(3)將目標組織成課程主題單元時，是否詳細說明課程主題單元目標名稱？

　　(4)課程主題單元排列順序適不適當？

　　(5)在分配學習時間上適不適當？

　　(6)是否所有必須精熟的「必要的能力指標」都包括在內？

　　(7)是否反映了課程深度的重要性？

　　年度行事曆計畫，可以幫助教師將課程綱要，轉化成為教師設計教學活動時，可茲參考的學年或學期的年級學習領域課程方案與「資源支援的課程」。對於設計教學活動，單靠課程綱要本身是不夠的，必須用心尋找「資源支援的課程」，甚至詳加設計補充方案。一旦教師團隊設計出學年或學期的年級學習領域課程方案與設計出「資源支援的課程」，教師們便可以進行對談與討論。特別注意是否所有的「必要的能力指標」都被適當地強調？時間的分配是否反映課程的優先順序？有順序的課程排列是否真會引導學生精熟學習？當然最重要的最後檢查，所要精熟的技能及知識等能力指標是否包含在課程之內。也許最簡便的方式，是注意是否包括了課程綱要規定當中每個目標所強調的能力指標。

　　如果光是完成課程連貫的圖表，其價值不高，應該運用此一結果以完成兩項任務。首先，如同底下的簡要描述的內容，教師應該運用必須精熟目標的清單，編擬年度計畫與課程方案單元設計，以確保所有必須精熟的目標皆能接受適當處理。必須評量而且必須精熟的目標，應該列為最高優先學習的對象；可能會評量而且可以繼續發展的目標，則是第二優先的項目。其次，此一課程方案設計小組應該設計相關「資源支援的課程」，以彌補教科書不足之處，他們可以訂購補充教材，或重新設計他們自己的教材。

7.選用現有出版的課程單元與教科用書學習教材等「資源支援的課程」

　　當傳統的觀點認為教師經常依賴教科書而進行教學，研究也指出教科書只是在進行教學規劃時可以參考的許多「資源支持的課程」之一而已（Brown, 1988）。而且教科用書是否完全與「正式規劃的課程」密切地配合，值得進一步探究，因為教科用書是依據全國性大眾市場而加以發展的，是否考量到個別學校師生的能力現況與實際需求，必須就個別情境加以衡量。教師應根據所負責的能力指標，並可以參考課程綱要以及學校願景目標與課程計畫並詢問：

　　　(1)有哪些出版的方案與教科書教材，是可用來教導與達成這些能力指標？

　　　(2)有哪些以前設計過的現有單元，可以再度用來教導並達成一部分的這些能力指標？

　　　(3)有哪些能力指標，是需要去設計新的學習單元？

　　　(4)在以能力指標為依據的方式中，教師需要去重新設計哪些學習經驗？

　　設計一個以能力指標為依據的教室情境，涉及了實施學習經驗的機會，並努力去連結指定的能力指標、學習者的優點與需求、教學活動與評量。以能力指標為依據的學習機會，涉及了決定經由哪些能力指標與學習經驗，以與生活結合（Posner & Rudnitsky,

2001）。

　　當現有的課程單元或出版的教科書學習教材等等「資源支援的課程」，可以用來做為教室中以能力指標為依據的課程時，可以省去許多重新進行課程發展的時間。高品質出版的學習教材，經過的課程發展與測試過程，遠超過任何一位教師或一所學校所能做的。教師設計的課程單元所提供的活動與評鑑，可加以適度修正，以做為繼續提供有關學生達成指定能力指標的評鑑回饋參考。在一個以能力指標為依據的教育環境當中，除了確保教材或現有課程單元的高品質外，很重要的是，去檢查所有的教學活動、評鑑的結果、所關注的能力指標與學生的興趣、需求及先前知識等等是否彼此關連。特別是在教室內如何實施課程單元或學習材料，是決定是否是以能力指標為依據的重要關鍵因素。

　　就分析教科書課文（Analyze the texts）而言，這一個步驟，是去決定必須精熟的目標是否能在課程中獲得解釋說明（Posner, 1995）。課程方案設計小組，應該檢視所使用的教科書內容目次表，注意所處理的主題之頁碼。該小組應該將課文主題處理深度適宜之處的頁碼，加以登錄註記，因為教科書可能只是膚淺地處理主題，因此對教師與學生是否能完全落實能力指標的參考價值不高。

表4-7　「正式規劃的課程」、「資源支持的課程」與「評量考試的課程」
　　　　之連貫格式（修改自Glatthorn, 2000, 82）

科目：英語科	國中二年級	
必須精熟的能力指標	是否考試測驗	課文：英語第九課
能看懂常用的英文標示	X	第23至26頁
能朗讀短文	X	第16至17頁
進行英語訪談		第54頁

　　另一方面，教師也要決定必須精熟的目標，是否能在相關「資源支援的課程」的教材中獲得解釋說明。因此，教師也應該如表4-7檢視所使用的教科書內容目次表，注意所處理的主題之頁數

碼，並將課文主題處理深度適宜之處的頁碼，加以登錄註記。教師進而可將要透過評量考試測驗之必須精熟的目標，列為最優先課程實施的項目；可能會被考將會是第二優先的項目。若能核對必須精熟目標位於課本的那一章節、那一頁中說明介紹，則教師在從事教學時，自能掌握重心，達到課程實施的效果。

協助學生達成能力指標是需要協同合作的，包括共同規劃、蒐集學生學習的資料、分享教材與資源，個人不需單打獨鬥，更不必每一個人一切從零重新開始，特別是，如果能為每一年級或每一門課，創造出每一位教師皆能輕易接觸教材資料庫等「資源支援的課程」，而且包括學習單元的實例，則將會有特別幫助。是以教育部似乎可以成立「教科書物流交換中心」「二手教科書物流中心」與相關教育資源網站，甚至在學校的圖書室，集中回收使用過的教科書，提供給有需要的學校師生。成為課程資源中心，以便進一步成為支持學習的課程資源。一方面由於教師上課不再完全依賴教科書，因此有不少使用過的教科書，外觀或是內頁仍是相當新穎，如果這些使用過的教科書當成廢紙處理，甚至淪為打包燒餅油條的包裝紙，相當可惜；如何有效回收載使用，將更能發揮教育和環保價值甚至，這些不同版本的教科用書，如能分送不同學校，進一步成為教師進行課程設計的資源與學生學習的補充資源，將可進一步發揮課程資源再生之效。

另一方面，有些學校將以能力指標為依據的課程方案設計表格建置於學校教務處的網站，以便學校同仁可以上網查詢參考與取用，進行資源的共享，以協助教師的教學與學生學習。下表可作為以能力指標為依據的課程方案之品質選擇參考。

表4-8　以能力指標為依據的課程方案之選擇檢核參考表
（改自Glatthorn, Carr & Harris, 2001,44）

	下表旨用於釐清以能力指標為依據的課程要素。當課程發展與設計人員，在設計或發展以能力指標為依據的課程方案時，則可以利用此一參考表以進行自我評鑑，同時這也可以用來進行同仁的相互批判，以共同設計高品質的課程方案。
能力指標	・是否同時強調知識概念、內容與技能歷程？ ・是否讓學生明白能力指標的重要性，並明白地告知其相關的評量規準？ ・就範圍長度、分配的時間而言，其數量是否適當？
題目	・是否適合於學生的年齡、能力與興趣？ ・是否是可以經營管理的不太難、不太大、或要求太多時間與資源？
焦點的問題	・是否能引發學生去考量並分析重要的觀念、趨勢與組型？ ・是否能觸發學生的反應，以便於測量學生對該課程方案主要概念的理解程度？
教學活動與資源	・是否與一個或多個能力指標產生關連？ ・是否有策略地引導學生根據目前的起點，進行所欲的預期學習？ ・是否導致了學習結果與實作表現或累進活動，以便用來評量學生在特定能力指標方面的學習進展情況？ ・是否引導學生從事主動的學習，建構在先前的知識與經驗基礎之上，以發展出概念的與程序的理由以及學生的獨立性？ ・是否利用專案研究與指定作業，以要求學生在有意義的情境脈絡中去統整並應用其學習，並反思其所學的內容？ ・是否透過所知的學習理論，如多元智能、學習風格、語言發展等去選擇適當的教學策略？ ・除了教科書之外，是否提供了適當的與立即的接觸管道，以獲得適合於學習目標的詳細教材與現有資源？
評量	・是否利用多元評量的策略，以獲得有關學生學習的資訊，並提供回饋？ ・期望水準與實作表現的規準，是否反映了特定的能力指標，而且公開地與明確地加以陳述說明？ ・是否利用評量，以提供教學的回饋，並引導學生的學習？ ・學生是否利用明確的規準與實例，以評鑑他們自己的工作？ ・評量工具是否蘊藏於教學活動當中，而且是以學生的學習工作作為實際的標的與基準？ ・評量資料是否提供適當訊息，說明學生在能力指標方面的實作表現情形，以及他們如何能夠加以改進與他們已經完成了什麼？

8.設計新的課程單元

　　有時候教師有必要運用課程綱要等「正式規劃的課程」，去設計新的課程單元，因為可能找不到高品質出版的學習材料、或從未教過一個可達成該特定能力指標的課程單元，或班上學生對某個問

題或議題感到特別興趣,而導致更進一步的探究。上述這些問題接可以用來發展新的課程單元。

　　課程的單元與出版的學習材料,不是可用來課程實施教導並評鑑能力指標的唯一憑藉。許多學習經驗與教法,例如閱讀策略、支持寫作歷程、科學探究等等可能貫串,而不必受制於現有的課程單元及出版的學習材料,當這些學習經驗作法被引出時,他們也可以是依據能力指標而進行課程實施教導與評鑑。所用的教學活動、所提供的評鑑、學習者的興趣、需求與準備程度等等,與能力指標的關係必須是明確的與直接的。同樣地,前面所提到的問題,也可以引導學習經驗的規劃。如果能力指標,可以回答學生應該學習什麼的問題,教學指引與教室課程,則回答了學生如何進行學習的問題,而完整的課程評鑑計畫與學生評鑑檔案,就可以回答如何知道學生進行學習的問題。

　　9.準備進行「資源支持的課程」之評鑑

　　接續上述步驟,現在應該已經對如何將課程單元發展成為課題已有相當瞭解,課程設計小組的教師,應該準備進行「資源支持的課程」之評鑑。特別是下列的問題,可能有助於採用出版的學習材料或現有的課程單元(Glatthorn, 2000):

　　　(1)在能力指標方面,該課程單元或出版的學習材料當中,包括了與能力指標直接相關的學習材料與評鑑?哪些其他的能力指標,可能成為此題目或主題的焦點?

　　　(2)在學習活動與學習材料方面,活動是否根據指定的能力指標,並進行邏輯進展的建構?這些活動是否足夠於支持達成能力指標所需要的內容、概念、歷程與技能?是否需要其他可增加的活動,以彌補現有活動不足之處?是否有任何活動是應該刪除的?參與的學生,會對這些活動與教材感到興趣嗎?該活動是否足以協助學生建立對重要內容與概念的理解,或學生並不瞭解?該活動,是可用來評鑑學生在能力指標上的學習與實作表現?這些活動與學習材

料，是否適用於所參與的學生年齡？所用的活動與學習材料，是否與課程綱要及學校的教學指引的原則一致？所用的書面學習材料，是否適合所參與學生的閱讀水準？這可以參考下表4-9。

表4-9　「資源支持的課程」之評鑑規準（Glatthorn, 2000, 141）

格示、外觀、持久性
·是否具有高品質教材的物質屬性：明確清晰的格示、外觀吸引人、使用耐久性的材質？
體裁
·教材是否讓使用者易於閱讀，而不會過度簡化？
·教材是否排除基於性別、種族、以及年齡所形成的偏見？
內容
·內容是否適當地反映國家文化的多元性？
·版權日期是否指出內容是近期更新過的？
·內容是否和課程維持一致性？
·內容是否和該主題相關同時具有深度？
作者
·作者是否包括該領域的學者專家，以及擁有豐富經驗的班級教師？
評鑑
·教材是否已經在實際的教學現場進行測試？

(3)在評量方面，這些評量，是否提供有關指定能力指標的相關回饋？這些評量，是否足以獲得該課程單元或學習材料焦點的能力指標之相關資訊與記錄？這些評量，是否是高品質的評量？

(4)在學習者方面，是否有機會去發現學習者在達成指定能力指標方面的進展？活動、教材或評鑑是否適當地修正，以合乎學習者的特殊需求？是否有安排機會，協助學生去瞭解能力指標是活動、教材與評鑑的焦點？學生是否有機會，去知道在指定的能力指標上他們將如何被評鑑？

　　在此階段，宜特別注意將要使用此課程方案單元的教師之需求，而且應該讓使用的教師有彈性地教導該課程單元，同時也要提供充分的教學與學習之引導。

底下是一個以能力指標為依據的課程方案單元之一般內容（Glatthorn, Bragaw, Dawking, Parker, 1998）：

- ‧提供辨別的資料：例如縣市鄉鎮學區與地址、設計者的姓名、出版日期。
- ‧課程方案單元名稱。
- ‧所要使用的學習領域科目與年級階段。
- ‧建議的教學節數。
- ‧該課程方案單元的課程目標與相對應的能力指標。
- ‧學習表現實作任務與規準，以及規準的評等分類項目內容說明基準。
- ‧課題的草案圖表或書面文字。
- ‧所需的資源：印刷品、媒體、軟體。
- ‧有關充實與修正的建議。
- ‧評鑑課程單元的形式。

總之，課程決定權的下放，正是彰顯教師專業自主權的一大步，然而問題是：學校教師是否有足夠的知能和時間從事課程設計的工作，這是令人擔憂的；此外，教師自行設計「資源支持的課程」是否符合學生心理發展和教材邏輯架構，亦非教師所能掌握，這是另一層的憂慮。學校課程發展委員會，應該檢視所有校內課程方案設計小組彼此之間的連貫，注意任何需要修正的問題，並且將這些檢視的結果作成一套完整的資料。

此外，也要留意教育部訂定各學習領域教科書評鑑指標草案及實施要點，目前教育部已完成國中小學教科圖書的審定工作，各校將展開選用作業，因此，教育部特別訂定基本原則，建議各校在選用教科書時，要求教師填寫選用原因，或明定選用教科書評分表項目，不得將贈送教具及贈品多寡列為評分項目，審慎決定選用的版本。目前國民中小學九年一貫課程教科書並未完全經過試用，才有不少錯誤或疏漏發生。因此，教育部要求出版公司主動檢視修正錯誤，開設對外網頁，蒐集使用意見，不定期將勘誤訊息提供給使用

者，並在學期末將勘誤資料彙整後進行版本的修訂，送交國立編譯館審查。

　　此外，中華民國課程與教學學會曾經發表國小四年級教科書評鑑報告，評鑑學者認為，國語科的內容多能以生活實用取向為教材理論基礎，與學生生活相結合；其中，有的版本時代性較強，有的版本則較有傳統文學的形式。報告指出，國語科各版本的教材選編都呈多樣風貌，大致上均以三課或四課組成一個單元，單元主題多元，同一單元的體裁也包含各種文體；不過，學者認為，國語科教材在「聽、說、讀、寫」四個教學目標中，說話部分有關聽的能力訓練較少，各版本日後在習作中，應可安排聽力理解的相關練習。評鑑報告中也認為，各版本數學教科書雖強調教材內容與學生身心發展的配合，但仍有許多內容的安排過於密集，未能顧及學生概念發展的時間需求。另外，自然科各版本仍無突破性具創意的編法，普遍存在以學科本位方式編輯課程，在課程統整上著力甚少，缺乏科學國際觀與科學史。教科書方面，各版本存在單元內容太多的共同缺點，各項教學活動或資料設計上，仍停留在以學校教師為中心，這些也是進行「資源支持的課程」的評鑑應該引以為戒的，這些問題也會或多或少影響「教導運作的課程」、「學習獲得的課程」與「評量考試的課程」，本書在接下來的各章將會陸續針對此問題進一步探究。

第五章　實施教導的課程

　　「實施教導的課程」（taught or implemented curriculum）又稱為「實施的課程」（implemented curriculum），或「教導的課程」，或簡稱「施教的課程」（taught curriculum）（Glatthorn, 1987），係指教師在學校與教室所實際教導運作的課程，亦即「教師實施教導的課程」（teacher implemented taught curriculum），也是指教師在教學時實際執行運作而發生的課程（operated curriculum），因此，又稱為「運作的課程」（operational curriculum）（Goodlad, 1979, 62）。

　　國民中小學九年一貫課程改革實施之後，將「課程標準」鬆綁，改為「課程綱要」，同時賦予學校課程發展的空間，並強調教師專業發展的重要性（陳伯璋，2001）。然而，由於國內課程改革的教育行政配套措施不夠完備，加上過去的師資培訓過程並未特別強調課程發展與設計的專業能力，特別是由於過去臺灣地區的教育首長與行政人員，往往訴諸由上而下的個人教育理念與政府教育政策與行政計畫，強調官方一致的課程行政命令規定，經常要求學校教師和學生必須依上級預定計畫的「正式規劃的課程」進行課程實施工作，因此容易形成「由上而下」的課程改革之教育行政監督管理與控制手段（Tanner & Tanner, 1995）。甚至，教育行政人員經常誤認為教師的教學歷程必須忠實地進行課程實施（curriculum implementation），忽略課程實施的師生與課程互動之複雜歷程與教學結果，漠視教師在教室課堂隨機應變出現的變通計畫或另類思考（Portelli, 1987），未能適切理解並深入探究學校教室內「實施運作的課程」之實際複雜情境。

　　然而，課程改革需要時間進行事前規劃，課程實施更需要時間去推動（Parsons, 1987），以便進行進一步發展與調整及創新，因此，有必要培養教師因應課程改革的態度，並體認學校文化的重要

性，瞭解學校情境的複雜性與教學互動歷程的重要性；透過課程領導（curriculum leadership）與課程協調（curriculum coordination）的教育工作者引導有效的課程實施之進展；創造有利於課程實施的積極條件，鼓勵教師願意積極投入課程實施，體認教師角色在課程改革中的重要性（Clandinin & Connelly, 1992），個別教師對課程實施的認同感與個人的課程教學魅力，並將課程視為有待考驗的研究假設（黃光雄與蔡清田，1999），以探究「實施教導的課程」之實際現況，並協助教師彼此合作，以建立教師專業文化，是邁向成功課程實施的主要特質（Fullan, 1989）。因此，本章「實施教導的課程」包括第一節實施教導的課程之運作與重要性，第二節實施教導的課程與教師專業發展。

第一節　實施教導的課程之運作與重要性

一般人往往只重視「理念建議的課程」、或「正式規劃的課程」、或「資源支持的課程」，往往忽略了學校教師「實施教導的課程」之實際現況。「實施教導的課程」是課程發展過程當中非常重要的一環（Clandinin & Connelly, 1992），特別是如果忽視了教師的「實施教導的課程」之運作（Aoki, 2003），可能便無法落實「理念建議的課程」、「正式規劃的課程」與「資源支持的課程」的教育理想與願景。因此，本節特別強調「實施教導的課程」之運作與重要性，分述如次：

一、「實施教導的課程」之運作

「實施教導的課程」，是將「理念建議的課程」及「正式規劃的課程」之「築夢」願景與「資源支持的課程」之「逐夢」方案，轉化成為「踏實」的教學實踐過程。「實施教導的課程」之運作，是指學校教師透過課程實施之運作，將「事前經過規劃設計的

課程」，付諸實際教學行動的實踐歷程（Marsh & Willis, 1995）。換言之，「實施教導的課程」之運作，能連貫課程改革理念願景、課程方案與課程實務，是實踐課程改革理念願景的一種具體課程行動，透過教育人員的慎思熟慮構想與實踐行動，縮短理念與實際之間的差距（黃光雄與蔡清田，1999）。

　　課程改革要成功，考驗著每位教師的專業自主能力，也有賴每位教師的投入與參與，因此，必須重視第一線教師的「實施教導的課程」之運作（Aoki, 2003），整個課程改革的「理念建議的課程」及「正式規劃的課程」之教育願景，才能獲得落實。教師「實施教導的課程」之運作，是教育的重要核心，直接影響著學生的價值判斷與學習興趣，如同以往我國教育行政人員經常勉勵教師要「鐵肩擔教育，笑臉迎學生」，如果教師「實施教導的課程」之運作無法隨著課程改革而改變，則「資源支持的課程」不能發揮支援教學的應有功效作用，則政府「正式規劃的課程」不能獲得實施，則課程改革的理念淪為口號無法落實「理念建議的課程」，對教育品質的提升並沒有實質的幫助。

　　就「實施教導的課程」之問題而言，由於過去臺灣地區由政府推動的課程改革，大多循「由上而下」的行政模式進行，特別是由中央政府的教育部召集教育行政人員、學者專家與學校校長主任及教師代表等等，進行課程標準與課程綱要的修訂；而教科書的編輯與設計則往往以課程標準與課程綱要為依據，學校教師則通常奉教科書為課程實施的主要圭臬。換言之，由於中央政府規劃並公布的「課程標準」或「課程綱要」等課程命令或行政規定具有相當的行政權威，特別是「課程標準」、「教學指引」與「教科用書」，已經在臺灣的學校教育系統、學校正式組織及班級社會體系當中，建立制度化的課程約束角色，成為學校教育中一股強大的影響勢力與權威。一位接受師資養成教育的準教師，必須對中央政府規劃的官方正式課程有著基本的認識；一位實習教師也必須學會如何精熟地掌握中央政府規劃的官方正式課程之規範，才能通過檢定成為一位

合格教師；一位合格的正式教師也必須熟悉「課程標準」或「課程綱要」及「教科用書」之內容與「教師手冊」或「教學指引」，以便達成傳道授業解惑之教師的傳統角色。因此，一般教師常將官方規定的課程視為教學圭臬，實際上卻很少加以分析批判。此種由上而下的推動方式，雖能顯示政府推動課程改革的用心，但是似乎未能充分彰顯學校課程發展的動態歷程，而且未能充分鼓勵學校教師在教室課堂教學情境當中可能隨時出現的教學創新，並未重視「實施教導的課程」之實際運作的複雜性，容易忽略教師教學專業地位與教師專業發展的重要性。

　　特別是臺灣過去由中央政府統一公布的「課程標準」或「課程綱要」與「教科用書」、「教學指引」、「教師手冊」、「科目教學綱要」等傳統的課程規範說明或課程行政命令規定。的大部分中小學教師皆會遵守教育部所公布的「課程標準」或「課程綱要」，並採用經過教育部直屬機構的國立編譯館編輯或審查通過的「教學指引」、「教科用書」與「學生習作」，而進行政府所預期規劃的課程實施。是以在臺灣有關「實施教導的課程」之課程實施，比較重視「忠實觀」（fidelity）的「實施教導的課程」之運作，比較不重視「調適觀」（mutual adaptation）的「實施教導的課程」之運作；甚至忽略「締造觀」（enactment）的「實施教導的課程」之運作（黃光雄與蔡清田，1999），漠視由學生和教師所共同創造出來的教育經驗（Snyder, Boling & Zumwalt, 1992）。因此，課程改革往往未能成功，而且學校從事課程發展仍有許多實際困難，因為「實施教導的課程」之運作，涉及了師生在教室情境中將「理念建議的課程」與「正式規劃的課程」等教育理念及教育價值規範轉化為教育歷程當中的教學實務，而且「忠實觀」、「調適觀」、「締造觀」的「實施教導的課程」之運作，皆有其不可忽略的重要性，特別是教師是「理念建議的課程」及「正式規劃的課程」的實施者之外，教師也比較熟悉學生的學習情境，也是與學生朝夕相處的人，能從近處觀察學生、傾聽學生、瞭解學生，因此教師應有能力

表達「實施教導的課程」觀點並發展課程（Schwab, 1983）。可見「實施教導的課程」不一定是由上而下的行政規定命令，也可以是由下而上的課程締造，「實施教導的課程」涉及了技術、政治與文化觀點，仍有諸多問題，需要進一步加以探究（蔡清田，2002）。

　　有關「實施教導的課程」之監控，通常是具有高度爭議的爭論之一。在一方面，許多的政策決定者及行政執行者，抱持「忠實觀」的課程實施，似乎不相信教師的課程實施能力，所以他們花了很多時間在發展、實施執行詳細說明教師績效的系統。另一方面，也有一些教育專家，贊成調適觀的課程實施，似乎認為教師的課程實施不需要任何監控，相信教師們能發展出他們自己的課程（黃光雄與蔡清田，1999）。是以當課程方案由校外或中央的機構所提出時，課程實施的差異情形普遍存在，而且當學校教師採取課程的轉化或決定，不應該成為被批判的焦點，相反的或許能夠因此更為合乎學生與學校的需求。因此，新課程的推動初期可以建議教育人員進行「忠實觀」的課程實施，中程則可鼓勵其採取「相互調適觀」的課程實施（黃政傑，1998），遠程則鼓勵其採取「締造觀」的行動研究（歐用生，1996；黃光雄與蔡清田，1999）。

　　因此，如果只為達成預定「正式規劃的課程」之目標，而一味強調「忠實觀」而忽略「相互調適觀」，則扭曲了課程發展的原意，這種「忠實觀」課程實施觀點是過於狹隘的，是以「忠實觀」的「課程實施」不只是小心翼翼確實地將教材內容告知學生，教師更應該關心學生學習某種課程之後的效應，必須顧及對學生的整體影響。另一方面「相互調適觀」也不是避免「忠實觀」的課程實施，而是基於對學生教育的關心，因此以慎重的、嚴謹的態度，詮釋課程內容，關注如何使課程發揮最佳效用，提供學生更寬廣的實際生活世界（Nodding, 1986）。因此，重要的是政府權責單位、課程研究發展人員、教育行政人員與教師等課程革新的相關人員，應該重視課程實施的配套措施，採取具體的課程實施落實行動，邁向「締造觀」的課程實施，落實教育改革與課程革新的理念（黃光

雄與蔡清田，1999）。

　　總之，學校教師是課程改革成敗的關鍵因素，教師要對每位學生負有教學績效的責任，新課程改革「理念建議的課程」與「正式規劃的課程」若不能獲得教師認同，便不容易成功。雖然一般教師並未直接參與課程標準或課程綱要等「正式規劃的課程」之發展過程，而且也並不一定十分瞭解學者就學理觀點所關心倡導「理念建議的課程」與課程發展過程，但是，教師所實際「實施教導的課程」之運作，將影響到學生學習的經驗課程。從「理念建議的課程」、「正式規劃的課程」、「資源支持的課程」到「實施教導的課程」等等之間所可能產生的落差，需要不斷的教學實踐才有可能縮短，如果學校教師「實施教導的課程」之運作不被重視，則學校教育現場將繼續在課程改革的理念與課程實施的實際運作之間持續產生落差與斷層，這是有待深入探究。

二、「實施教導的課程」之重要性

　　「理念建議的課程」及「正式規劃的課程」等經過研發規劃設計後，若沒有經過「實施教導的課程」之實踐行動，則無法落實教育理念願景，更無法達到「資源支持的課程」的方案設計的預期效果。換言之，一個新的課程方案往往開始於學者專家的教育理念或官方政策正式的書面計畫，但是，只有當教師在教室情境中實際運作實施之後，這個願景或書面計畫才能轉化為教師的「實施教導的課程」與學生的「學習獲得的課程」。審慎的課程計畫，是良好課程的必要條件，而非充足條件，因為如果教師沒有「知覺」到實施新課程的必要性，並且進一步在自己的教室將「實施教導的課程」加以運作實踐的話，那麼一切都只是紙上談兵（Marsh & Willis, 1995）。因此，「課程」如果要對學生產生影響，必須透過「實施教導的課程」之運作付諸行動，是邁向成功的課程改革的必要條件之一。更進一步地，「實施教導的課程」之運作，不只是將「事前

經過規劃設計的課程」加以傳遞,而且「實施教導的課程」之運作,也是教育願景的轉化實踐歷程與協商交涉結果(黃光雄與蔡清田,1999)。

由於過去臺灣教育威權體制反映在課程標準的控制上,由中央政府對學校課程進行十分嚴密的控制管理,使得學校教師能彈性運用課程實施相當有限,以致學校教育人員不被期望去設計學校課程,因而喪失課程設計能力(黃政傑,1997)。但是,今日政治、經濟因素發生巨大轉變,學校在課程改革運動中獲得較大的課程自主空間,因此,期待學校人員恢復課程發展的能力。學校課程發展的理念,近年來已經成為課程研究發展當中的新課題(陳伯璋,1999a)。由於每個學校皆有其獨特性,如果學校教育人員未能主動從事課程發展,將難以滿足其特殊情境需求。是以,學校教育人員必須根據學校所面臨的實際問題,採取具體行動,進行學校課程發展(林清江與蔡清田,1999)。因此,學校如何連貫課程規劃設計與實施的歷程,乃是課程改革成敗的關鍵之一。

值得注意的是教師「實施教導的課程」之運作,不只是實施(implementation)而已,而且「課程實施」的觀點會影響到「實施教導的課程」之運作過程與結果。「忠實觀」的「實施教導的課程」之運作,所關切的是由上而下的改革,一如要求教師和學生實施事先所規定的改變;相對地,「締造觀」的「實施教導的課程」之運作,所傳達的感受則是負責任的分享權力(responsible power sharing);教育是一種極富創造力的知識經濟動力來源,必須有前瞻的「理念建議的課程」與「正式規劃的課程」,高明巧妙的「實施教導的課程」之運作,和教師的熱忱積極態度,外來的課程材料等等「資源支持的課程」,是學生和教師在教室內建構落實的經驗時,所可以運用的工具媒介,而最受重視的課程實施,被視為是由學生和教師所共同創造出來的教育經驗(Snyder, Boling, & Zumwalt, 1992)。由此觀之,課程的意義,不只是代表一套教材輯(material package)或預定的教學內容大綱(syllabus),而是

在教室情境中將一種教育理念與教育價值轉化為教育歷程當中的教學實務，而且課程也是有關教學歷程的一種「研究假設」的具體規範說明。因此，「實施教導的課程」之運作，有其不可忽略的重要性。

就以能力為導向的課程實施而言，強調培養學生帶著走的能力，然而當前大多數學校教師大都仍以單向的講述法為主，讓學生參與的機會極少，學生在缺乏互動或實作經驗的單向聽講過程中，真的能培養學生的基本能力嗎？如果課程實施是以培養學生帶的走的基本能力為焦點，則必須致力於以培養能力為導向的課程實施教學策略之探究，培養學生閱讀理解、繪製學習地圖等能力的課程實施教學策略，增進學生思考技能的課程實施教學策略，培養學生解決問題的課程實施教學策略，指導學生蒐集、分析整理與運用資料做報告的課程實施教學策略，增進學生表達、溝通、分享、聆聽等能力的課程實施教學策略，增進學生與團隊合作互動技能的課程實施教學策略，培養學生具有國際觀的課程實施教學策略，以期落實培養學生的基本能力。

特別是課程改革涉及了技術、政治與文化觀點 （黃光雄與蔡清田，1999）。因為外來的課程改革人員往往未能瞭解，也未能考慮到學校情境的個別差異。而且另一方面，學校教師往往忙於教學，較少花時間去學習新課程的新技巧方法，因此要求教師立即達到成功的課程實施，是不切實際的想法。成功的課程實施，經常是緩慢地伴隨著教師專業發展與「實施教導的課程」之運作，而逐漸達成課程改革的願景 （蔡清田，2001；Fullan, 1989）。

例如，2005年11月中旬國民小學期中定期評量剛結束之後，臺北市忠義國小四年級家長收到全體級任教師「寫給家長的一封信」，該年級教師分析國民中小學九年一貫課程改革亂象，特別指出數學能力指標課程架構混亂，造成小朋友學習不良、教師教學混亂，加上教學時間不足，成為學生期中評量數學成績大幅滑落的主因。此一事件凸顯這一波國民中小學九年一貫課程改革，仍未深獲

第一教育現場學校教師的認同與肯定。國民中小學九年一貫課程實施，期間經過教育行政機關溝通宣導，理應獲得學校教師支持，然而，學校教育現場的事實並非如此，一旦發現學生成績滑落，質疑之聲緊接而來。學校教師是執行課程改革的第一線，倘若學校教師不認同課程改革內容、架構和實施方式，整個課程改革就難以落實，功效也將大打折扣。其實學生數學成績變差，可能涉及課程綱要等「正式規劃的課程」之規劃、「資源支持的課程」之教材編輯內容設計及教師「實施教導的課程」之運作教學方法實施，或是學生的學習態度等多樣性的問題，似乎不可以用一句「都是教改惹禍」來模糊焦點（國語日報，2005/11/12，1）。然而，面對新課程，雖然有些教師無所適從，但是也有許多基層教師非常富有創意，透過協同合作教學，發展出創新的教學活動，這些都是值得針對「實施教導的課程」進一步深入研究與探討。

當時臺北市忠義國小校長張翊湉表示，學校教師是在「實施教導的課程」之運作過程當中，發現了一些數學問題，在求好心切下，才寫這封信，提醒家長可能的原因。其實教師可以利用彈性學習節數和週一導師時間等時段補上數學，教師也可在「實施教導的課程」之運作過程中，進行「形成性評量」即時補救，並利用聯絡簿、電子信箱、電話等等方式與家長進行聯繫，共同協助學生學習數學。全國教師會教學研究部主任詹政道也表示，根據國民中小學九年一貫課程綱要等「正式規劃的課程」當中，國小四年級數學課程並沒有比較難，而且符合該年齡層學習範圍，但忠義國小教師在「實施教導的課程」之運作過程當中，反應不斷趕課與複習時間不足之現象，確實是值得探討，在學校教師工作量沒有減輕、學生班級人數沒有下降、教師教學時數仍高達二十幾節，學校整體教育環境並沒有改善的情況下，不容易解決教師教不完「正式規劃的課程」與「資源支持的課程」之窘況。臺北市教育局國教科長施博惠也表示，北市教育局構想縮減國小原有的上課時數，擠出來的時間用來上國語、英語或數學，就是想要解決小學想補強重要課程，卻

沒有時數可用的窘境。

除了從制度面來解決授課時數不足的難題，學校教師也要反省，並精進自己運作「實施教導的課程」之專業能力，依學校教師的教育專業觀點，課程應該是一套教學內容與教學方法的建議說明，以說明在何種邏輯前提之下具有教育價值，在何種條件之下，此套課程是可以在教室實際進行教學。換言之，為了驗證此套課程是否具有教育價值，為了驗證此套課程是否在教室實際情境中具有教學的可行性，可以將課程視為有待教師在教室情境脈絡的教學過程中加以考驗的一套「研究假設」（Stenhouse, 1975），以促成教師專業發展，並培養學生建立積極學習的態度。如果教師「實施教導的課程」之運作，能夠時時注意到學生的學習情形，一旦發現學生有學習落差的情形，隨時進行補救教學，便可能改善學生學習效果。

行政院教育改革審議委員會的「理念建議的課程」曾經建議，在建立補救教學系統方面，補救教學的規劃，除應研發基本學力指標與鑑定工具之外，並應由師資培育、課程設計、教材教法、成績考查辦法、專科教室與教具設備、發揮圖書館功能等方面努力（行政院教育改革審議委員會，1996，摘10）。特別是透過教育行政系統建立補救教學系統，建立義工制度，利用社會資源，補充師資之不足；發展各類補救教學之教材、教法等等「資源支持的課程」與學習評量工具。特別是補救教學具有多元、適應個別差異的特質，應充分給予學校在課程、教學和成績考核之彈性，以加強教師「實施教導的課程」之運作。

然而，前行政教改會所提出的「理念建議的課程」，教育行政主管部門卻沒有提出有效配套措施等等相對應之「正式規劃的課程」；部分權責下放到地方縣市政府，又沒考慮地方教育行政官員從來都只負責「執行」並轉而要求學校配合辦理實施，不負責「規劃設計」，遂造成教育改革難以落實的大問題。現在如果只是透過「理念建議的課程」之教育改革推動，卻沒有回應教師「實施教導

的課程」之運作教學現場的實際需要，傾聽學生家長與學校教師的看法，則課程改革的理念，將難以落實而成為無根浮萍。特別是教改會提出理念建議的諮議報告書，並未列出具體「正式規劃的課程」之改革步驟及階段性應達成的任務，實施執行過程急就章；雖然認同學校教師自主，才能負更多責任，但是，卻沒想到是否提供充足的「資源支持的課程」等等教育資源，讓學校教師自主進行「實施教導的課程」之運作，讓學校教師在缺乏有效支援協助之下，每天面對實際的問題與困難，對學校教師很不公平（聯合報，2004/3/5）。

在以往的課程改革歷程中，教師一直被誤解成「傳統、保守、不願改革」的形象，教師除了對教學工作備感壓力，往往對於課程改革的變動，感到無所適從。然而，教改執行的第一現場的學校教師，對於課程改革可能體會最深，他們反映現狀也最真實。任何課程改革，若未能獲得學校教師的支持和運作實施，成效必大打折扣，但如果缺乏配套措施，其所提出的美麗遠景只怕都是空中樓閣（2004/3/6，民生報）。

由此可見，一方面新課程方案的引進，可能會導致接納的問題，相關人員或需應付不確定的情況，面對混亂、抗拒或漠不關心等困難。在一個機構環境中，新舊之間可能有的衝突、抵制和混淆等等。這些衝突、抵制與混淆，要通過經驗的反省和研究的分析，而加以預估和確認。這一階段也指對於所需的資源以及組織機構的改變，都要透過行政協調支援準備，善加因應計畫（黃光雄，1988）。

從另一方面而言，一般面對課程改革的態度可分為五類：反對者、拖延者、沈默者、支持者與熱忱者（黃政傑，1991；Pratt, 1994），被動的沈默者與拖延者，以及具破壞力的反對者，是課程實施強大阻力。對於反對者、拖延者與沈默者的抗拒而言，不要把抗拒當作是一種負面的事情，相反的，要把它當作是教育工作者還沒有充分理解他們被要求要執行的工作，這正是實施在職進修的絕

佳情境（Fullan & Miles, 1992）。因此，對這些反對者、拖延者與沈默者而言，進修的意義在於革「心」而非填充資訊，才能轉化阻力成為助力。進行教師專業發展的進修活動必須從改變教師的心態著手，使其樂於接受新課程，且自願進修，以增進其專業能力。對於支持者與熱忱者而言，進修更強調對於課程革新理念的接受與其相關課程專業能力的問題（Doll, 1996）。因此，透過在職進修的專業發展，提昇其對新課程的「關注的階段」與「使用的層次」，本章下一節將就此加深入探究。

此處值得探討的是，2003年7月24日「快樂學習教改連線」公布問卷調查顯示，超過五成以上的國民中小學教師認為，教育改革是失敗的，其中國民小學教師約有五成一，國民中學教師有六成二。值得注意的是，在受訪的教師中，竟然有七成三的國民小學教師表示，如果要達到國民中小學九年一貫課程改革的目標，首要條件就是必須減少行政負擔，才能有效落實「實施教導的課程」之運作，其次約有六成的教師認為要降低教師的授課時數及提供足夠合用的教材教法等「資源支持的課程」；國民中學教師部分，則以落實小班教學所占比率最高，其次與國民小學教師一樣，是要提供足夠的教材教法等「資源支持的課程」及降低授課時數。不過，整體來說，仍有高達六成八的國小教師及五成五的國中教師表示，支持中小學九年一貫課程改革。

國民中小學九年一貫課程實施上出問題，部分學者認為「課程沒問題，出問題的是教師」，課程教學相關專業並沒有展現出來，是以學校教師成為眾矢之的，然而，國民中小學課程從過去分科教學，改為學習領域合科統整的過程，及能力指標的認定等等皆源自於「理念建議的課程」與「正式規劃的課程」問題。然而，政府相關行政配套並未落實提供足夠的「資源支持的課程」，也的確讓教學現場的教師無所適從，以致造成教師運作「實施教導的課程」之教學困難。國民中小學九年一貫課程較以往課程變動大很多，對學校、教師都是一大挑戰，教育人員在不熟悉的情況下，恐怕已經產

生恐慌及排斥，因此，應該研擬定若干課程實施配套措施，補助各縣市辦理中小學校長與在職教師研習以培訓種子教師，協助教師透過專業發展與落實「實施教導的課程」之運作，以解決協同教學及學習領域教學的問題，落實教育改革。

　　國民中小學九年一貫課程，由於倉促實施，有些學校教師無所適從。中小學九年一貫課程改革雖然受到社會部分人士的質疑，部分教師的排斥，但是在這一波以學校課程為核心的教育改革工程當中，已經在學校裡發生實質的改變，特別是這幾年臺灣校園產生寧靜且巨大改變，教師有了自主權，專業更獲尊重。現在的教師有能力進行課程設計與自編教材，而且可在網路上與其他教師分享教學心得，展現了充沛教育活力與實施教導課程的專業能力。特別是有許多基層教師非常努力而且富有創意，特別是許多實際參與的教師，利用寒暑假期間在學校發展課程，在學習領域小組和課程發展委員會當中進行課程發展的慎思熟慮構想，設計出許多學校本位課程，透過協同合作教學發展出一些新的教學活動，而且教師進行課程發展的教育專業，也正式逐漸生根發芽與深耕。

三、連貫「正式規劃的課程」與「實施教導的課程」

　　「正式規劃的課程」、「資源支持的課程」對「實施教導的課程」有著影響。特別是所謂「課程連貫」（curriculum alignment）一詞，又稱課程聯結（黃政傑，1988，99），或稱「課程的緊密聯結」。此一概念與「忠實觀」課程實施的嚴謹監督控制有密切的關連，允許極小空間甚或不允許「相互調適觀」的課程實施。連貫（alignment）就如同進行汽車的前後輪調整與校正定位，確保輪胎位置與行車方向目標一致，以確保行車安全。將連貫應用在課程實施當中，意指課程的緊密聯結，將「正式規劃的課程」、「資源支持的課程」與「實施教導的課程」，緊密結合的實施過程（Glatthorn, 1987）。課程連貫強調透過具體的課程實施配套措

施，落實課程的理念與貫徹課程的計畫，企圖使課程實施與原訂的課程計畫相互一貫，落實課程改革的計畫理想與目標。基本上，「課程連貫」，不只是課程內容的垂直貫徹、水平聯結、學習階段的銜接、學習領域統整與課程實施層次的緊密結合與前後一貫而已；更企圖經由多方面評估教學的結果，以規範課程內容，並確保事前經過細心規劃的課程與事後付諸實施行動的課程之間，達到最大的符合度與一貫性。這種規範課程內容的改革，以所有學生為對象，構成一種十分嚴格的課程方案，甚至透過統一測驗考試以加強教育管理規範之效果。

例如，認真的教師往往會在學期開始前的備課期間，去瞭解政府所制定的課程綱要等「正式規劃的課程」，以便提醒自己的課程教學計畫包含那些項目內容。換言之，課程如果要對學生產生影響，必須透過教師付諸教育行動運作「實施教導的課程」，而且教師可以參考一些具有正面效果的「實施教導的課程」之運作，例如釐清目標；協助在學習目標的過程中，發現意義與目的；鼓勵學生去問問題；利用要求高度參與學生活動的學習策略；經常利用平時評量來監控學生的學習與維持其高度警覺；觀察學生的語言與非語言的行為；利用監控資料，以調整教學等（Glatthorn, 2000）。

「實施教導的課程」之運作，這是課程連貫當中重要的一部分。儘管是最謹慎的學校教師，也需要協助以確定他們是否能夠充分運用「資源支持的課程」，以便有效地傳承了「正式規劃的課程」所蘊含的教育理念與基本能力及課程目標。學校課程發展委員會應該協助教師參考政府官方公布的「正式規劃的課程」，以便進一步擬訂學校課程的年度計畫與單元計畫，在擬訂此種計畫的過程當中，教師應該有系統地檢查年度計畫與單元計畫當中所包含的必須精熟的目標，是否合乎政府官方公布的「正式規劃的課程」之規範。另一方面，學校教師往往也會依據他們所覺知的學生需求、學生對「實施教導的課程」之反應等為依據，而進行有關選用「資源支持的課程」等等相關課程決定。

教師可以透過「實施教導的課程」，一貫連結「正式規劃的課程」、「資源支持的課程」、「學習獲得的課程」與「評量考試的課程」。教師可以根據政府公布的課程綱要等「正式規劃的課程」所列出必須精熟的能力指標清單，指出那些必須精熟的目標項目，應該要出現在教科書等「資源支持的課程」當中，而且可以用來設計成為「評量考試的課程」之評量考試重點。

教師在進行課程實施過程當中，應該特別注意掌握「正式規劃的課程」當中必須精熟的能力指標，作為進行評量考試過程當中的重點；由尤其是教師可以參考國中基本學力測驗與教師自行編制的評量考試，在分析這些評量考試的測驗內容中，教師可以充分運用那些有關評量考試內容的詳細說明，以及先前的考古題庫做為參考，以便成為「實施教導的課程」之重要而不可或缺的教學運作內涵，引導學生「學習獲得的課程」。

表5-1　連貫「正式規劃的課程」、「資源支持的課程」
與「評量考試的課程」

科目：英語科	國民中學二年級	
精熟的能力指標	是否考試測驗	教科書內容：英語第九課
能看懂常用的英文標示	X	第23至26頁
能朗讀短文	X	第16至17頁
進行英語訪談		第54頁

另一方面，教師也要慎思熟慮構想主要精熟的目標，是否能在「資源支持的課程」之教材中獲得解釋說明。儘管是最謹慎的教師，也需要被協助去確定他們是否有效地教導傳遞「正式規劃的課程」與「學習獲得的課程」。學校行政人員應該協助教師有系統地檢查年度計畫與單元計畫當中所包含的主要精熟能力指標。因此，教師也應該如表5-1檢視所使用的「資源支持的課程」之教科書內容目次表，注意所處理的主題之頁數碼，並將教科書課文主題處理深度適宜之處的頁碼，加以登錄註記。教師進而可將要評量考試測

驗的主要精熟目標，列為最優先課程實施的項目；可能會被考將會是第二優先的項目。若能核對精熟目標位於教科書的課本那一章節、那一頁中說明介紹。學校教師在從事「實施教導的課程」之教學時，自能掌握重心，達到教學運作實施教導的效果（蔡清田，2002）。

四、課程實施差距的本質

「實施教導的課程」是由教師日復一日實際傳遞的課程，不一定和教師所知覺的「資源支持的課程」一致，當然也不一定和相同於政府官方「正式規劃的課程」或學者專家學說「理念建議的課程」的內容，因為教師在教室中是有某種程度的專業自主性，學校教師往往透過自己的教育信念，來詮釋課程並與學生進行教學互動，進而調整實際運作「實施教導的課程」，因而可能與原先所知覺到的「資源支持的課程」或政府「正式規劃的課程」或學者「理念建議的課程」之間存有差距（Brophy, 1982），但是，由於教師較少自行觀察檢視自己「實施教導的課程」之運作，因此，如能透過課程探究和行動反省，往往可以獲得教師專業發展（Snaurwaert, 1993, 5），可為教學工作帶來新的而且更深刻的教育意義，同時也是非常有價值的學習意義，可以協助教師在課程實施經驗的過程中獲得有意義的專業能力（Eisner, 1994），進而努力同時促成學生學習。因此，似乎有必要透過學校教師專業反思，或透過受過訓練的觀察者去觀察和紀錄課程實施的歷程，以進一步瞭解「實施教導的課程」之運作的相關影響因素，茲就影響教學成效當中比較重要的學生因素與教師因素分述如次：

㈠學生的因素

學生未學到教師所教的全部內容，可以稱之為「實施教導的課程」與「學習獲得的課程」之間的差距。假如學生的學習效果不

佳，必須立刻加以修正。當學校教師分析與詮釋資料時，他們必須經常一再的詢問自己有關下列問題：心中所描繪的學生參與或學習活動的類型，是否與所設計的課程方案一樣？這些學生參與活動型態，是否與學習原理相互一致？這些資料，是否描述了主動參與、學生探究、創造意義的能力、彼此關懷的人際關係、與互相尊重？當大部分的學生不能瞭解教師所「實施教導的課程」內容時，教師應該重新修訂教學程序方法，並進行重新教學。假如大部分的學生沒有達到精熟，也必須重教。並且可以讓學會的學生扮演其他未精熟者的小老師。假如只有少數一兩位學生沒有達到目標，可以提供這些學生個別的修訂方案，並且對全班繼續進行下一個單元。假如部分學生未達精熟，則提供團體修正方案，延緩進行新單元，提供其餘未精熟的同學更豐富的課程內容（蔡清田，2002）。

那些學生因素導致「實施教導的課程」與「學習獲得的課程」之間的差距？一般而言，首先，學生注意力集中的幅度有限，學生可能有其他關注的議題。因此，當教師可能盡其最大的能力來教導阿米巴變形蟲的構造，但是學生心中卻關注週末的同學會活動。而且當學生平時看太多電視與打太多電動遊戲玩具的結果，已經導致學生學習受到制約，而不耐枯燥與煩悶，而往往只去期待一分鐘的短暫訊息刺激。而且學生所處的日常生活物理環境也可能導致分心，如果教室房間或環境太過於悶熱或吵鬧，則學生將很難專心於複雜功課的學習。

學生也可能缺乏足夠的先備知識基礎，或認知發展的準備度不夠成熟，而不易進行專心學習。學生可能已經盡其最大能力，但是對學生而言，他們所聽到的，卻是沒有意義的，專有名詞可能太難了，新的知識可能是難度太高，學生無法招架而難以接受的。或許學生可能有特殊的需要，卻沒有獲得足夠的重視，儘管學生並沒有明顯的殘障或認知無能，但學生卻可能有著許多會干擾他們學習的問題。例如，學生同儕的壓力，也可能介入了學習的過程，此種因素有一種消極的負面影響，特別是對社會經濟文化不利的少數族群

學生而言，更是如此。學生可能想要學習，但是，卻有許多強而有影響力的同儕，可能形成貶抑學習的風氣。這些都是會影響學生學習的因素，本書下一章「學習獲得的課程」也將就此進行相關探討

(二)教師的因素

另一方面，教師的因素也會影響「實施教導的課程」。因此，應該讓教師有機會聚在一起進行專業討論，在種探究的氣氛當中分享教師彼此的經驗。接下來，學校教師同仁應該要認真分析哪些教學方法會發生積極的效用。這樣的討論，應該在一種積極的氣氛之下進行，才不會讓教師覺得受到羞辱與挫折。這些具有正面效果的教學，有如下述（Glatthorn, 2000, 83）：

1.釐清課程目標；
2.協助學生從學習目標中，理解學習的意義與目的；
3.鼓勵學生提問問題；
4.運用要求高度參與學生活動的學習策略；
5.經常利用平時考試來監控學生的學習並維持其高度警覺；
6.觀察學生的語言與非語言的分心行為；
7.利用監控資料，以調整教學。

課程實施的工作坊，應該以進行有關可以做什麼，以決定所存在的差距有多大，以及可以做什麼，以便縮短此一差距等等的討論作為結論。下列的歷程，應該是可做為教師的參考（單文經、高新建、蔡清田、高博銓，2001，113）：

1.例如可由教師進行配對分組，或以團隊小組方式，進行工作任務。
2.甲教師經由乙教師的協助，共同設計一個課程；他們也根據此一課程，共同設計一項綜合的平時測驗考試。
3.甲教師實施該項課程，而由乙教師同時觀察學生與教師雙方的行為
4.甲教師在該課程結束時，執行該項平時測驗考試。

5.他們一起開會討論該項結果。

6.然後教師彼此互相交換角色。

「實施教導的課程」之教學運作，意指學校教師將「事前規劃設計的課程」付諸實際教學行動的實踐歷程，換言之，「實施教導的課程」之教學運作，就是將「理念建議的課程」、「正式規劃的課程」、「資源支持的課程」，轉化為教室情境中的教學行動的教育實踐，這個歷程不只是課程的傳遞，更是教育信念轉化的歷程與協商交涉的結果。因此，學校應該塑造革新情境，排除教師的心理障礙，讓教師願意從事教學創新。如果低估課程改革的複雜性，將會是一個嚴重的錯誤。如把課程改革當作是一直線性的強制過程，是不容易成功的。除非進行教育人員在職進修，協助其認識新課程，透過研習提昇其課程實施關注焦點，透過工作坊增進課程實施使用層次，否則將無法落實成功的課程實施（蔡清田，2002）。

特別是在「實施教導的課程」之教學運作過程當中，教師關懷顯得特別重要，因為學生學習能力的養成是一個很複雜的過程，而且經常因人而異，因此任何單一的教材以及單一的教學方法，都無法放諸四海皆準地適用並兼顧每一位學生的學習，甚至適用於每一位學生各個不同時期的發展。除教育專業素養之外，教師對學生的愛與關懷，是在學習過程中，幫助學生渡過難關最重要的助力之一。當學習新的概念、新的能力，甚至舊題材的新展示方式時，學生都須藉由舊有的經驗來統合成新的直覺或邏輯經驗，而精確語言的抽象本質，常會加深學生學習的困難。這時，唯有依靠教師敏銳的觀察與分析，貼心地協助學生，結合其舊有的經驗往前到新的經驗，這正是「實施教導的課程」之教學運作因材施教的要點。教師的關懷，能讓學生對新的問題抱持著好奇心及擁有努力尋求問題的解答之意志力。近年來許多教師努力採取和學生雙向溝通的教學方式，這是「實施教導的課程」之教學運作非常積極且正面的發展。這些也都是會影響教師實施教導課程的相關因素，本書下一章「學習獲得的課程」也將就此進行相關探討。

從邁向成功的課程實施觀點而言，學校課程發展需要主動的教師與學校行政人員相互溝通（Skilbeck, 1984）。儘管教師身為課程設計者與實施者的雙重角色，可以設計出適合地區特性、學生潛能與學校條件的課程方案，可能縮短書面的「正式規劃的課程」付諸實施後的差距，但是教師仍需要各項行政支援措施，特別是行政人員是否規劃課程實施之前的溝通宣導說明、排課、選課、師資、設備、考試與其他行政支援措施 （黃政傑，1999）。就行政的規劃與支援方面而言，若缺乏行政人員支持與經費來源，則學校課程實施易陷入巧婦無米之炊的窘境。特別是行政支持與資金的挹注，皆是保證課程活動順利實施的重要因素，才有可能將其納入學校正規活動的一環（蔡清田，2001）。因此，學校課程發展人員必須規劃適當的行政支援，並在課程實施階段再次確認，透過行政支援，才能確保成功的課程實施。

另一方面，進行課程實施的評鑑，可以有助於課程研究發展人員，發現「課程」在經過規劃與設計之後，「實施」歷程當中產生何種改變，可以協助課程研發人員瞭解課程規劃與設計的可能失敗原因，可以提醒教育決策人員避免忽略課程實施的重要性，有助於課程研發人員瞭解學生學習結果與各種影響因素之間的複雜關係（黃政傑，1991），作為改進課程規劃設計實施過程與學習品質的依據。本節下一段將對此進一步加以探究。

五、實施教導的課程之評鑑

課程研究上有許多不同方法，例如：訪談、教室的正式觀察、檢核表、問卷調查以及自我陳述報告，以瞭解教師如何進行課程實施。因此，課程實施相關人員，可以利用上述現成工具或自行設計適當工具。課程研究發展人員可以使用檢核表或評分量表，將教師在教室中課程實施的活動加以區分類別化，以進一步瞭解教師實際教導的課程（黃光雄與蔡清田，1999）。

就教師運作「實施教導的課程」的評鑑而言，教師是否進行有效「實施教導的課程」之評鑑規準，第一包括教學技術的指標，例如教學是否均衡、清晰、效率與效能；第二包括教學的指標，諸如發展的適切性、內容的解釋能力、涉及複雜與創造思考的範圍程度、是否有助於教學的進行與涉及學生的活動、以及協同合作的學習機會；第三包括批判的指標，諸如是否所有學生皆有接觸機會、沒有歧視不公、具有詮釋的變通形式、內容與活動的解釋能力。教師是否有效進行「實施教導的課程」，應特別留意下列項目（Henderson & Hawthorne, 2000）：

- 教師「實施教導的課程」內容：事實的、概念的、程序的、分析的、理論的等等？
- 「實施教導的課程」的組織核心：實驗室的或臨床的問題、社區問題、教科書主題、資訊融入教學的方案、浮現的問題等等？
- 教師用什麼方法來涵蓋有特殊學習需要的學生？
- 教師用什麼方法協助學生考慮一套資料、紀錄、藝術作品？
- 男女生被問問題、被稱讚、參與活動中的程度範圍如何？
- 教師考慮另類變通方案或不同資料來源的程度範圍如何？
- 學生感到有價值、被尊重、受到尊嚴的對待與被期待去學習的程度範圍如何？
- 以沒有歧視的方式來分配管教懲戒的範圍程度如何？

必須讓參與的教師確信，所蒐集的資料是用來做為形成性評鑑之用，而不是用來進行總結性評鑑。特別是當教師利用該項教學時，表達了某種問題或感到準備不週或迷失方向時，其同仁可利用所蒐集的資料與分析策略，去協助其進行方案設計歷程，進一步促成其專業發展（蔡清田，2002）。

一般而言，實施教導課程的評鑑通常採取三種取向：第一，學校課程領導者應該和學校教師通力合作，共同評鑑其所參與的年度課程計畫等校內「正式規劃的課程」。第二，學校課程領導者應該

與學校教師相互合作，一起檢視其所編擬的課程單元等等「資源支持的課程」。最後，必須進行定期性的觀察，以確認這些由學校教師根據年度計畫和單元計畫所編擬出來的各課教材，實際教學與實施運作的情況，同時也要評量其教學的成效。而這些觀察不外乎三種類型：第一，非正式的觀察應該定期舉行，這是視導課程的重要方式。第二，學校領導者對教學所進行的任何正式評鑑，都應涵蓋課程的實施，而以評鑑為目的的觀察，也應包含這個項目的評量。此種作法當中，可能有這樣一項評鑑標準：以忠實和有效能的觀點來實施課程。本書將在下一章有關評量學習獲得的課程當中進行探討。

此處值得留意的是，所有的「實施教導的課程」之觀察都應把焦點放在必須精熟的課程之評量上，但有關教師補充的課程，則似乎可以不一定要列入評鑑當中。而且，同仁之間可以相互觀摩教學，並就教師運作「實施教導的課程」給予客觀的回饋。而此種同儕的相互觀察方式，可以將其納入同儕輔導方案的一部分（Glatthorn, 1990），這樣能夠使教師的課程實施與教學受到系統地觀察，以瞭解教師是否精熟任教學科領域知識、清楚呈現教材內容、運用有效教學技巧、善於發問啟發思考、應用良好溝通技巧、善於運用學習評量、達成預期學習目標、建立有助於學習的班級常規、營造積極的班級學習氣氛。為了課程實施所進行的同儕觀察，應給予教師該問題的回饋，這包括三個特定的問題：

- 單元中各課的設計是否遵循政府或學校的「正式規劃的課程」等等規定？
- 教師是否清楚地陳述各課和整個課程單元的關係；提供適當的復習；和先前的課程相互連貫；以及和未來將進行的課程連貫起來？
- 教師是否協助學生和所學的課程進行連貫，並且指出內容和學生本身生活經驗的關係？

有關實施教導課程的評鑑方式，可以藉由教師專業評鑑制度的

實施，透過「自我評鑑」、「同儕評鑑」、「專家評鑑」的機制，評鑑方案教學活動進行。

㈠自我評鑑

教師可以定期評鑑的來評定教學效能。一方面教師自行整理教學檔案，可於學期中及學期結束後實施評鑑。另一方面，亦可透過教師專業評鑑表進行評鑑。

㈡同儕評鑑

同儕可以彼此評鑑回饋，同儕互相觀察法可以是一個較廣泛的同儕互評。觀察，是用來進行教學評鑑的資料蒐集分析的主要形式，大多數的觀察系統皆有一個理論取向，並將其焦點集中在教室生活當中的一些面向。進行同儕觀察方式，可以指出教學是否為合乎課程綱要的能力指標？教師是否把課程之間的相關性說明清楚，把目前的課程和先前上過的課程連貫在一起，並且呈現出和將來要進行的課程之相互關係？教師是否協助學生與課程結合，並且將其相關呈現在學生日常生活當中？最重要的規準之一，是教學是否與原方案設計之間的一致性，換言之，學生所參與的活動及脈絡情境是否與預期的一樣？特別是有關（Henderson & Hawthorne, 2000）：

- ・連貫性：教室班級氣氛、物質擺設安排、設備、活動流程、內容、以及思考的複雜度，組成一個統整而連貫的整體。
- ・思考與問題解決：學生花時間進行問題解決與從事分析的思考。
- ・多元的接觸點：材料包括了進行不同學習型態的不同媒介。
- ・涵蓋面：有特殊學習需要的學生，能適當的參與教室生活。
- ・尊嚴與尊重：所有學生與教師都能以尊敬和尊嚴相互對待。
- ・真實性：所參與的內容與所經驗的活動，都是心智上真實誠摯的，而且與真實生活中相互連貫。所參與的內容與歷程，

能應用到許多情境當中,而且有助於理解課程內容材料、擴展自我以及參與社區與社會的事務。

(三)專家評鑑

本評鑑係指敦請延聘具備教育專業素養,且從事相關性質的工作之專長教師、學者專家或專業團體,蒞校實施專業評鑑。可以包括:1.教學計畫發表,可於學期結束前辦理校內各學習領域教學研究會,發表教學計畫,或張貼在學校網站,公開徵求回應,也可以採取對校外開放研討觀摩會,邀請教育部與教育局輔導委員或校際策略聯盟的合作學校共同辦理的方式,提供教師相互觀摩學習的機會,並透過教學計畫發表會,再次檢核學校總體課程計畫。2.教學成果發表,藉由定期或不定期舉辦之教學成果發表會,分享教學經驗、班級經營心得、行動研究結果、課程實施結果、統整課程實施成果等,並彙整累積教學資源,採資源共享的方式進而激發、催化、活化教師更多創意,使學校課程發展更臻完善(蔡清田,2002)。這些有關實施教導課程的評鑑,也將在本書以下各章相關單元進行更寬廣而深入的探討。

第二節 實施教導的課程與教師專業發展

前行政院教育改革審議委員會雖有理想的課程改革理念之建議,但未公布正式規劃的課程計畫,也未出版合適資源支持的課程之教材資源,也沒有提設計可行的「實施教導的課程」之課程實施與教師專業發展等行政配套措施。而全國教師會為教師授課節數不減反增請命,顯露出國民中小學九年一貫課程「減少學生上課時數,減輕學習負擔」這個理想,與教師運作「實施教導的課程」之現實間有很大的缺口與落差;其主要癥結之一在於教師員額編制不足,因此為顧及學校教育品質,教師授課節數過多的問題,影響了教師運作「實施教導的課程」,此種當務之急的課程實施現實問

題，是中央及地方教育主管單位，均應該正視並謀求解決的課程實施因應策略之一。

特別是黃政傑（1991）提出五項課程實施策略的因素：在職進修、資源支持、參與決定與給予回饋，值得進一步推動課程改革的參考。尤其是在學校課程發展的基本假定之下，學校人員共同參與課程發展，學校教師同時兼有設計者與實施者的身分，得以蒐集回饋資料，因此參與決定與給予回饋兩因素已經融入課程發展歷程中而非影響實施的問題，相較之下，學校教育人員專業能力的進修與行政支援則需要特別注意。學校課程實施的成敗，主要的關鍵之一是在學校教育工作者，特別是，就課程實施的行動綱領而言，應該主要包括進行相關學校教育人員研習，溝通並裝備新課程的知能，首先強調理念溝通，辦理教育人員進修研習，增進實施新課程的知能，提昇其關注焦點，促成教育專業發展。

一、透過教育人員在職研習新課程，提昇「實施教導的課程」之「關注的階段」

教育人員是否接受「實施教導的課程」的相關進修研習，與其後的課程實施程度有密切相關，換言之，接受充分進修研習者，其實施程度越高（Fullan & Pomfret, 1977）。然而，光憑「校內的」教育人員本身，是不足以協助學校獲得成功的課程實施，有必要透過「校外的」課程改革推動者之協助，以促成課程革新方案的達成。因此，學校行政人員除了利用每日朝會、校務會議、茶敘、餐敘、聯誼等時間，做正式與非正式的新課程說明之外，有必要聘請校外學者專家指導，提昇教師對「實施教導的課程」之關注焦點。

豪爾（G. E. Hall）、瓦樂司（R. C. Wallace）以及唐賽特（W. F. Dossett）等人提出了課程實施的程序，一部分是有關於「關注的階段」（stages of concern），另一部分是「使用的層次」（levels of use）（Hall, Wallace & Dossett, 1973）。「關注的

階段」可以用來追蹤教師在實施新課程時，教師關注的焦點所在之處。教師逐漸執行課程實施的過程中，其關注的焦點也不斷地在七個階段中轉變移動（Hall, Wallace & Dossett, 1973）。此七個階段如表5-2：

表5-2　課程實施之「關注的階段」（Hall, Wallace & Dossett, 1973）

關注的階段	主　要　的　特　徵
階段0（低度關注）	顯示很少關心或投入參與學校課程革新方案。
階段1（資訊）	對課程革新資訊表示關注，並有興趣瞭解課程革新的實質特點與含意，如一般特徵、影響、使用的要求等，但參與者尚未關注自己與課程革新的關係。
階段2（個人）	個人尚未肯定課程革新對自己的要求，他們個人不能肯定自己是否能應付這些課程改革要求，也不確定自己在課程革新過程中所要扮演的角色。但是，已經開始焦慮必須付出的個人成本，與分析其在整個學校組織中的角色，並考慮實施新方案後，需要作出的決定和與現存結構之間可能的衝突等。
階段3（管理）	實施課程革新方案的過程、任務與所需的新行為，成為主要的關注焦點，以瞭解如何使用資訊和資源的最佳方法，效率、組織、管理、時間表及後勤需求成為主要關注議題。
階段4（後果）	課程革新方案對學生的衝擊影響成為關注焦點，該課程方案對學生的適切性、學生能力及表現等成果的評鑑，以及改進學生成果所需的改變等成為關注主題。
階段5（合作）	實施課程革新方案時，教師涉及與他人合作協調，成為關注焦點，並考慮學生利益，改進實施策略。
階段6（再關注）	探討課程革新方案帶來的普遍優點，並關注主要改變的可能性，考慮由更有利的另類變通方案取代的可能性。個人並且對另類變通課程革新方案有明確的想法與建議主張。

就「關注的階段」而言，實施新課程的過程中，教師關注階段的剖析，將有助於學校、教育當局或課程改革的推動者，設計適當的教師在職進修研習活動（Leithwood, 1981），以提昇課程實施的教師關注焦點。

二、透過教育人員的工作坊，提昇新課程「實施教導的課程」之「使用的層次」

　　工作坊（workshop）是不同於會議，而是一種較為長期的專業發展在職進修管道媒介，工作坊可以包容許多不同的活動，例如傾聽專家顧問的專題講座、討論共同議題、閱讀專業文獻、蒐集並設計教材、觀賞影片、進行角色扮演、填寫評鑑表格、和其他參與者進行聯誼與討論。工作坊的最大特色是參與者所發展培養出來的社會相似性與良好的同儕情誼，另一個最大特色則在於培養參與者解決問題的能力與熱忱。課程實施研究，應該蒐集有關課程材料如何使用的相關資訊。

　　課程實施之「使用的層次」，可以用來追蹤實施新課程的過程中，教師的實際教學表現。當教師逐漸熟悉某一項課程革新，則其課程「使用層次」也不斷提昇（Marsh & Willis, 1995）。課程使用的層次，是經由洛克（S. F. Loucks）、鈕絡夫（D. W. Newlove）以及豪爾（G. E. Hall）等人利用「焦點晤談」（focused interview）所發展出來的一套系統方法，蒐集課程教材特徵，以及在教室中教材實際使用情形的資料說明表，提供校長、教師、家長或課程實施的相關人員，進一步瞭解課程實施情形（Loucks, Newlove & Hall, 1975），豪爾以及洛克兩人並將課程「使用層次」列表整理如表5-3：

表5-3　課程實施之「使用的層次」（Hall & Loucks, 1977 , 226）

使用的層次	使 用 的 範 圍
1.未使用	使用的教師，對於課程改革缺乏瞭解，或瞭解甚少，未參與課程改革工作，也未準備參與。 （決斷點：採取行動，以獲取課程改革的資料。）

（續下表）

使用的層次	使 用 的 範 圍
2.定　向	使用的教師，已經或正在獲取課程改革資料，而且已經或正在探討課程改革的價值取向，及使用教師的需求。 （決斷點：決定採用新課程，建立實施時間表。）
3.準　備	使用的教師，正為第一次使用新課程而準備。 （決斷點：依使用者的需求使用課程，必要時加以改變。）
4.機械地使用	使用的教師，致力於革新，卻只重短期使用或日常使用，缺乏反省的時間。其改變旨在符合使用教師的需求，而非學生需求。基本上，使用者試圖熟練的工作，雖然合乎使用者的要求，但是結果是非常膚淺且不連貫使用。 （決斷點：建立例行式的使用形式。）
5.例行化	在使用過程中，已經成為習慣，如有改變，也是少數。很少考慮到改變課程革新方案修訂和革新效果。（決斷點：依據正式或非正式評鑑，改進課程，以增進效果。）
6.精緻化	使用者依據短期或長期的實施結果，考慮學生利益，修訂課程革新的方案，以增進課程革新的即時效果。 （決斷點：與同事協調合作，開始合作進行改變。）
7.統　整	使用者結合自己和同事在課程革新上的努力，在共同影響的範圍內，給予學生集體的影響。 （決斷點：開始探討革新的變通方案，或主要修正方向。）
8.創　新	使用者評鑑革新方案的品質，尋找目前課程革新的另類變通方案或修正方案，以增進其對學生的影響，檢視領域內的新發展，探索自己及整個學校系統的新目標。

　　瞭解教師的課程「使用的層次」，將有助於新課程方案的實施。課程「使用的層次」之資料，有助於教師在職進修研習活動的專業發展設計。最好透過全盤規劃，將零星的研習轉化為制度化的在職進修，進行分級分類制的進修規劃，因應不同需求，規劃不同類型的宣導溝通、工作坊與種子教師培訓，甚至進一步針對課程研發種子學校與實驗推廣學校辦理教育行動研究培訓，提昇其新課程的使用層次。甚至提供制度化的進修研習，例如研究所碩士在職專班、四十學分班或學校本位在職進修的配套措施（蔡清田，2002）。

　　學校或教育行政單位，可以鼓勵教師突破現狀，以嶄新的「實施教導的課程」之運作的教學方法進行教學創新與活化教學，並從原有的教材發掘新的教學方式。國民中小學九年一貫國教新課程最

重要的變革之一，就是「實施教導的課程」之教材教法的革新，因此，教師是否能在「實施教導的課程」當中進行創新教學，是九年一貫課程改革成敗的關鍵，所以，教師必須吸收新資訊，尤其教科書等「資源支持的課程」開放後，教師必須要瞭解市面上各種版本的教科書等教學資源，知道如何選教科書，再把完整的課程改革理念教給學生，而不是只傳授零碎的知識。同時，現在很多教師在教學生時，都面臨到新資訊的衝擊，例如電腦資訊網路科技的進步，導致教師過去所學的知識內容和現在要教導的課程內容有很大不同。因此，教師如何透過在職進修及終身學習，以深入瞭解「理念建議的課程」、「正式規劃的課程」、「資源支持的課程」，進而順利進行「實施教導的課程」，實有其不可忽略的重要性。此外，在協同教學部分，教師之間應該要有很好的溝通，才能進行科目之間的合作，這也是「實施教導的課程」之教師專業發展的重點。

是以最重要的課程改革是積極發展教師的專業知能，以「實施教導的課程」等等教材教法改進與教師專業要求為改革的核心，建立教師的專業地位，提昇教學品質。如果資源能投資在提昇教師的專業知能與專業要求上，對教師專業形象與教學品質的提昇必產生深遠的影響。如果未能改變教師「實施教導的課程」之教學方法與觀念，則學校教育的問題非但無法解決，卻可能產生如教學品質低落，學習動機怠惰等其他教育問題。

學校課程實施的成敗，主要的關鍵之一是在教育工作者「實施教導的課程」之運作。特別是，學校校長與教師都應該體認時代變遷的現實，一方面願意參加進修研習，並從中發現樂趣，努力進行終身學習。就課程實施的行動綱領而言，應該主要包括進行相關教育人員研習，溝通並裝備新課程的知能，首先強調理念溝通，辦理教育人員進修研習，增進實施新課程的知能，促成教育專業發展。另一方面，學校最好成立教師專業發展團體，並利用種子教師專業發展團隊，採學年班群或領域班群方式成立讀書會，增進教師團隊的向心力，根據學校願景，配合九年一貫課程實施計畫，推展教師

進修活動，促進教師專業發展。茲就有關「實施教導的課程」之教師專業發展的原則與相關規準等，分述如次：

三、「實施教導的課程」之教師專業發展的原則

由於「實施教導的課程」會受到「理念建議的課程」、「正式規劃的課程」、「資源支持的課程」的影響，而且「實施教導的課程」也是落實「理念建議的課程」、「正式規劃的課程」、「資源支持的課程」的重要關鍵。因此，國家再窮也不能窮教育，應該寬籌經費，辦理教師在職進修教育。特別是學校教師專業發展應與「實施運作的課程」、「資源支持的課程」、「正式規劃的課程」、「理念建議的課程」等等相互呼應，換言之，一方面應該努力使學校成為課程發展的基地、校長成為學校的課程領導者、教師成為課程的發展者與執行者、家長成為課程發展的合作者，使課程權力部分回歸教師專業自主領域，展現與實踐教師的專業自主，另一方面並促成與政府課程綱要與學校課程計畫等「正式規劃的課程」、教科書等「資源支持的課程」、「實施教導的課程」等等產生連貫。

就教師「實施教導的課程」之運作的教育專業發展而言，學校應提供教師專業發展的機會與計畫，以協助教師與行政人員組成學習型組織，並提供協助教師與同仁進行諮詢與協助，實施以能力指標為根基的高品質教育，以落實「理念建議的課程」與「正式規劃的課程」；同時評鑑與學校行動計畫方案應該加以連貫，以提供專業發展的完整支援系統，其關注的焦點，乃在於學校課程計畫是否與能力指標等「正式規劃的課程」互相結合，「實施教導的課程」的教學實務是否以能力指標為依歸，多元評量是否以能力指標為依據並提供學生在能力指標方面的回饋，同時，教師在實施以能力指標為依據的教導課程時，也能獲得教師同仁與行政人員的協助支援與回饋，並作為持續改進的參考依據（Glatthorn, Carr & Harris,

2001）。

下列問題則與需求評估有關：例如教師與行政人員需要做什麼？方能以更好的方式來實施教導課程綱要等「正式規劃的課程」所指定的能力指標？可利用何種優勢與優點？教師專業發展的優先順序是什麼？什麼活動可以滿足最大的需求？就學校資源而言，學校也要提供科學技術的資源，以協助教師實施以能力指標為依據的學校教育，而且學校行政人員也要協助同一學習領域的教師團隊設計安排特定的共同無課之空堂時間，以便教師團隊可以獲得進行專業合作規劃設計的時段（Glatthorn, Carr & Harris, 2001）。

以能力指標為根基的「實施教導的課程」之教育專業發展的最大挑戰之一，乃在提供教師在職進修，協助教師獲得新的能力、工具與支持資源，以協助學生達成高水準的能力指標。教師往往會根據國家公布的課程綱要等「正式規劃的課程」之能力指標來決定課程設計，教師根據能力指標，來進行課程設計將會是一件可行之事。如果教師能夠掌握課程綱要「正式規劃的課程」之主要精神，教師將可以靈活運用教科書等「資源支持的課程」之策略，透過教科書等「資源支持的課程」內容的選擇、調整與設計補充適當學習資源，協助學生進行學習。

就以能力指標為依據的「實施教導的課程」之教師專業發展指導原則而言，以能力指標為依據的「實施教導的課程」之教育專業發展之指導原則包括，「實施教導的課程」之有效教師專業發展經驗，是由良好定義的教與學所驅動的，其目的在於透過教師的專業發展，以協助學生努力達成能力指標等「正式規劃的課程」之目標；有效的教師專業發展經驗，可以提供機會讓教師透過「實施教導的課程」去建立知識與技能等等原則（Glatthorn, Carr & Harris, 2001），分述如次：

(一)原則一

「實施教導的課程」之有效的教師專業發展經驗，是由良好定

義的教與學所驅動的，其目的在於透過教師的專業發展，以協助學生努力達成能力指標等「正式規劃的課程」之目標。因此，「實施教導的課程」之教師專業發展，應該特別留意下述各項：

- ・誰要對哪個能力指標負責？
- ・如何界定達成課程綱要與學校課程計畫等「正式規劃的課程」的基本能力與能力指標？
- ・如何評鑑能力指標？要運用什麼評鑑規準，以界定課程目標的達成？
- ・資料情報告訴我們目前達成的能力指標情形如何？對教與學有何啟示？

同時「實施教導的課程」之有效的教師專業發展經驗，可以建構一個學習社區，特別是課程以所有學習者的學習為焦點；所有的學習者皆能建構新學習；所有的學習者皆能彼此學習從研究與反省實務中進行學習；評鑑與知識的結果，驅動學習的決定；

(二)原則二

有效的教師專業發展經驗，可以提供機會讓教師透過「實施教導的課程」去建立知識與技能。有效的教師專業發展經驗所運用的策略，是教師可用來促進學生學習的策略。特別是教師一致地利用資料，以個別地或集體地改進教學。

過去許多教師往往利用分數等第或文字敘述來評斷學生的學習，現在如果評量與能力指標直接結合，教師便能利用適當的資料來檢核學生在特定能力指標方面的學習進展，並分析其「實施教導的課程」的教學之優缺點，進而規劃設計一套教師可共同參考的能力指標基準，以同時引導教學與評量。

教師可以學生作業的學習焦點，瞭解其與能力指標的直接關係，首先列出與學生作業有關的能力指標，提出其間的符應連貫情形，進而加以計分評等，並進而規劃相關行動，提高學生作業與能力指標的連貫。另外，教師也可以學生其他面向的學習為焦點，以

瞭解學生達成特定能力指標的程度，重點在於學生實際上完成了什麼，其次，教師經由檢核學生的學習成就並與其他教師同仁共同檢討，則教師將可以反省自己的「實施教導的課程」之教學實務，例如他們給予學生何種作業？學生完成作業的品質如何？在教師中他們如何細心地考量能力指標？如果教師對自己的「實施教導的課程」之教學實務顯得有信心，教師便可以開始指定學生的作業，進而分析及討論學生的學習成就與「正式規劃的課程」之能力指標的關係。

「實施教導的課程」之有效的教師專業發展經驗，也可以支持教師扮演領導角色之服務。有效的教師專業發展經驗，可以設計與教育系統其他部門的聯絡，提供教師「實施教導的課程」之諮詢服務。有效的教師專業發展經驗，透過長期規劃設計，提升師生達成高品質的能力指標，是可以繼續不斷地評估與改進。

四、以能力指標為依據的「實施教導的課程」教師專業發展之規準

由於教師「實施教導的課程」之運作可以「正式規劃的課程」之能力指標為依據，教師的專業發展也必須加強此方面的個人發展及組織發展。一個優良的能力指標，是可以教導的與可評量的，可將能力指標設定在特定的學習行動與實際產生結果，以及直接連結到指定的能力指標。如何運用被指定的能力指標做成評鑑的焦點？學生學習的能力指標與教師教學專業實務的能力指標，兩者的結合，可用來擬定教與學之目標，而成為評鑑的焦點。並不是所有的能力指標都可以作為評鑑任何一個階段的指標。因此，有必要去擬定目標，以協助參與者去引導其有助於專業發展的互動。可以利用教師實務的能力指標，作為「實施教導的課程」之教學專業實務的評鑑參照，例如可以從課程規劃準備、教室情境、課程教學實施與專業責任等四個「實施教導的課程」相關面向，進一步發展出此四

個面向的細目與表現水準,以作為評鑑「實施教導的課程」之教師專業發展的指標與規準,並利用公開與共同接受的能力指標,做評鑑的基礎,以促成學校教師專業對話與明確期望。

在以能力指標為依據的教育系統當中,強調的重點轉移到改進學生的實際表現,因此「實施教導的課程」之教師專業發展的焦點,是以學生的學習需求為主,而不只是為了滿足成人的虛榮心。「實施教導的課程」之教師專業發展的決定,是來自仔細分析學生實際表現的資料之上(Glatthorn, Carr & Harris, 2001),包括:「實施教導的課程」之教師專業發展的機會,旨在協助教師實施課程綱要與學校課程計畫等「正式規劃的課程」之能力指標,並讓學校教師與行政人員,成為一個學習型的社群組織;一項長程的「實施教導的課程」之教師專業發展計畫要合乎高品質的規準,所提供的情報資料,大致可以分成脈絡的、歷程的與內容的等三類情報資料;以實務工作相結合的教師專業發展機會,包括了「實施教導的課程」之同儕諮詢(consultation with colleagues),是對所有教師而言都是具有可行性的等等三大規準,分述如次:

(一)「實施教導的課程」之教師專業發展的機會,旨在協助教師實施課程綱要的能力指標,並讓學校教師與行政人員,成為一個學習型的社群組織

「實施教導的課程」之教師專業發展,如果明顯地以實施課程綱要與學校課程計畫的能力指標為焦點,則學校可以發展出一系列主要的關鍵問題,以便教師組成學習型組織進行探究尋求解答,與協同合作做成決定(Glatthorn, Carr & Harris, 2001)。這些問題可能包括:

・誰應該負責課程綱要與學校課程計畫等「正式規劃的課程」的那些基本能力與能力指標?

・如何定義教學指引,以達成課程綱要等「正式規劃的課程」的基本能力與能力指標?

・教室中的教師與學生要做什麼？

・如何評量基本能力與能力指標？要運用哪些「實施教導的課程」規準以界定達成基本能力與獲得能力指標？

・什麼情報資料可以告訴教師有關基本能力與能力指標的達成程度？這些對於教與學有什麼啟示？

　　但是，教師實施教導課程之時，除了掌握「資源支持的課程」之外，也要能從同事與行政人員之處，獲得明確的「實施教導的課程」之支持與回饋，以便能順利運作實施課程。同事與行政人員扮演重要的角色，可以協助教師評估其優點與需求、發展其「實施教導的課程」專業發展的目標、分配資源及資訊，以引導此種專業發展、以提供有關目標的持續回饋。下述有關「實施教導的課程」之教師自我評量、擬定目標、同儕諮詢、總結性評鑑等問題，可以有助於發展積極而富有生產力的同事與行政人員的關係（Glatthorn, Carr & Harris, 2001）：

1.「實施教導的課程」專業發展的教師自我評量

(1)我的焦點，集中於那些課程綱要與學校課程計畫等「正式規劃的課程」之能力指標？

(2)我的優點，是什麼？

(3)我需要在那些領域追求改進？

(4)我需要什麼支援以促進必要的變革？

2.「實施教導的課程」專業發展的教師目標設定

(1)目標需要去設定那些課程綱要等「正式規劃的課程」的能力指標？

(2)那些能力指標代表著最大的挑戰？

(3)要運用什麼工具以測量目標的達成？

3.「實施教導的課程」專業發展的教師同儕諮詢

(1)就課程綱要等「正式規劃的課程」的能力指標而言，我們如何以最佳方式彼此支援？

(2)在互動過程中，我們帶來了那些優點與需求？

(3)我們可能利用什麼資源？

(4)在協同合作上，我們有什麼經驗？

4.「實施教導的課程」專業發展的總結性評鑑

(1)課程綱要等「正式規劃的課程」的能力指標，如何型塑評鑑的目的？

(2)在此歷程中，教師的期望角色和責任是什麼？

(3)此種歷程中的時間起點線與終點線（time line）是什麼？

(4)目標是什麼？如何知道目標是否已經達成了呢？

當學校教師組成學習型社群組織，開始去解答這些課程實施的教師專業發展問題，通常會出現進一步教師專業發展的需求，例如，這個基本能力與能力指標的意義是什麼？如果要負責這些能力指標，則還要去追求哪些內容知識？在這方面要如何評量學生？如何以最佳方式來向家長與社會大眾進行溝通說明？學校內部當中的專家在哪裡？如何以最佳的方式來分享彼此的知識？將焦點繼續集中於課程綱要等等「正式規劃的課程」的能力指標的實施之上，則學習型社群組織將能創造一個環境氣氛，以運用課程綱要的基本能力與能力指標，作為高品質的課程實施之教師專業發展規準。

㈡一項長程的「實施教導的課程」之教師專業發展計畫要合乎高品質的規準，所提供的情報資料，大致可以分成脈絡的、歷程的與內容的等三類情報資料

首先，脈絡情境的情報資料，是指「實施教導的課程」之教師專業發展所在的教育系統與文化規範，脈絡情境的五大主要面向，包括持續改進、領導、緊密聯結的連貫、時間與以透過「實施教導的課程」之教師專業發展進行革新（Glatthorn, Carr & Harris, 2001）。

在一個以課程綱要的能力指標為依據的「實施教導的課程」之教育系統，持續改進，是根據課程綱要與學校課程計畫等「正式規劃的課程」之能力指標的實施與評鑑而加以測量。領導，是運用課

程綱要與學校課程計畫等「正式規劃的課程」之能力指標，來溝通說明「實施教導的課程」之教師專業發展的重要性，並且引導學校成員與校外社區民眾的參考及支持。緊密聯結的連貫，是經由有系統而全面地支持課程綱要與學校課程計畫等「正式規劃的課程」之能力指標，去發展如何加以實施的知識基礎，去加以組織結構，以支持以課程綱要與學校課程計畫的能力指標為主要焦點，並設計使用的工具。在以課程綱要與學校課程計畫等「正式規劃的課程」之能力指標為依據的「實施教導的課程」之教師專業發展上所投注的時間，是一個重要的挑戰，但是如果能以課程綱要與學校課程計畫的能力指標為焦點，並且連貫「實施教導的課程」之教師專業發展與視導評鑑系統，則情境脈絡會是樂觀而有希望的。

其次，所謂主要關鍵歷程的情報資料，特別是在以課程綱要與學校課程計畫等「正式規劃的課程」之能力指標為依據的教師專業發展系統中的主要關鍵歷程，包括了與課程綱要的能力指標相關的學生資料之分析，以及持續地評鑑「實施教導的課程」之教師專業發展對學生學習的影響。以課程綱要與學校課程計畫等「正式規劃的課程」之能力指標為依據之教學的與評量的策略與實務，以及結合其後的教師同儕諮詢與同儕輔導，也是另一個基本而主要的歷程。「實施教導的課程」之教師專業發展的多種策略，將可裝備教師必要的知能，以協助其實施以課程綱要與學校課程計畫等「正式規劃的課程」之能力指標為依據的學習。

再次，所謂內容的情報資料，是指學校教育工作者去實施以課程綱要與學校課程計畫等「正式規劃的課程」之基本能力與能力指標為依據的學習時，所必須具備的知識與能力。這些包括諸如徹底地熟悉課程綱要與學校課程計畫的能力指標以及其所代表的意義，有研究支持的教學的與評量的策略與技術，以及蒐集、分解、分析並運用學生實際表現的資料。「實施教導的課程」之教師專業發展的內容，也同樣地涉及了諸如學習的發展、個別需求、多元歧異與均等、家庭參與及溝通策略等等議題。

㈢以實務工作相結合的專業發展機會，包括了「實施教導的課程」之同儕諮詢，是對所有教師而言都是具有可行性的

「實施教導的課程」之同儕諮詢，藉著提供協助教師的專業發展而形成了一座橋樑，以聯結教師專業發展以及視導與評鑑歷程，在一個自我評量、擬定目標、教室的支援、反省與對話的情境脈絡當中，「實施教導的課程」之同儕諮詢可以促進一種專業學習的情境，對新進教師與資深教師而言都是一樣有幫助的。

在以課程綱要與學校課程計畫的能力指標為依據的教育系統中，「實施教導的課程」之同儕諮詢，包括了所有同儕協同合作的情境，只要是有助於改進學生在課程綱要的能力指標的實際表現。「實施教導的課程」之同儕諮詢，這個寬鬆而範圍寬廣的傘狀用語，包括了良師輔導（mentoring）、同儕教導（peer coaching）、同儕評鑑（peer evaluation）、讀書會或學習團隊（study group）與協同合作的行動研究（collaborative action research）（Glatthorn, Carr & Harris, 2001）。

「實施教導的課程」之同儕諮詢所關係到的內容，會因所涉及人員的需求不同而異，新進同儕的諮詢需求，通常分成情報資訊的與教學的兩類。「實施教導的課程」之情報資訊的諮詢，包括了邏輯的問題與程序的問題，教學節數的安排、班級常規、學校要求、行事曆等通常是新進教師最優先去瞭解的相關議題。然而，在一個以課程綱要與學校課程計畫的能力指標為依據的「正式規劃的課程」教育系統當中，新進教師的同儕諮詢所需要重要的諮詢，也要包括以課程綱要與學校課程計畫的能力指標為依據的學習與成績報告、期待根據諮詢來做成決定、參與行動的規劃等等。

另一個有關新進教師需要同儕諮詢的，是有關於教學方面的同儕諮詢。這是一個重要的機會點，可以協助新進教師和同仁進行規劃、實施與批判以課程綱要與學校課程計畫的能力指標為依據的「實施教導的課程」等等之同儕諮詢。在此階段的開始之初，在此

情況下和新進教師進行諮詢的重要焦點，可能集中於班級的組織結構和學生的管理，隨著教師同儕關係的進展，教師同儕諮詢的內容也要逐漸轉變，以涵蓋到以課程綱要的能力指標為依據的課程、教學與評量。

就新進教師與資深教師雙方而言，其他最重要的議題，包括個人關注的問題，諸如如何均衡處理家庭與學校工作需求，以及有關時間管理、組織與擬定優先順序的策略等等議題。儘管諮詢的與教學的議題，可能繼續出現，有經驗的教師之間的諮詢討論，傾向於由個人關注的問題，轉移到以學生為焦點的問題。在以課程綱要的能力指標為依據的教育系統當中「實施教導的課程」，根據能力指標來分析學生學習結果，將會是此方面的「實施教導的課程」之同儕諮詢之重要基礎。當教師同儕一起反省檢討他們學生的學習結果，教師們可能就會組成學習型組織或讀書會，以針對特定能力指標或針對諸如評量或如何與家長溝通說明等議題，進行同儕諮詢與檢討。以課程綱要與學校課程計畫的能力指標為依據的教育系統，鼓勵教師互相協助支持的同儕諮詢與進修研習及修習學分與學位，以獲得繼續專業發展。此種重視教育系統中所有人員的同儕相互學習與持續進步，可以改進學校師生的實際表現，增進工作滿意度、並同時提昇新進教師與資深教師的尊嚴。

特別是教育部實施九年一貫國民教育的課程改革，進行國民教育課程與教材教法的革新，但因教師除教學外，尚需兼任行政工作，負擔較重，課程彈性時間不足，同時也較缺乏協同設計的經驗，因此，大部分的教師教學仍然採取「單兵」作戰的方式，缺乏協同合作及分享教學心得的積極態度。同時，家長對教師教學角色轉換及創新教學認知不足，且學校文化又往往有「平庸化」的取向，對教學創新優良者的激勵措施不足，導致影響教師創新教學的意願。所以，除了建立獎勵制度鼓勵教師教學創新，考慮實施教師換證或晉階制度，並配合教師生涯發展及促進「實施教導的課程」之教師專業發展，鼓勵教師成為行動研究者，從事課程實施的探究

以獲得教育理解，換言之，教師必須探究其所處之個別教室情境與可能的課程教學效應，而且，課程有待教師在實際教室情境當中，加以實地考驗或修正（Stenhouse, 1975），此種「實施教導的課程」之課程實施觀點，可以進而促成學校教師的教育專業發展。

第六章　學習獲得的課程

　　「學習獲得的課程」（learned or achieved curriculum）或簡稱為「習得的課程」（learned curriculum）（Glatthorn, 1987），是指學生實際學習或經驗的課程，重視學生從教師「實施教導的課程」之後所實際獲得的學習經驗，因此又稱為「經驗的課程」（experienced curriculum or experiential curriculum）（Goodlad, 1979, 63），特別是教學者、學習者、學習內容與教學環境之間的交互作用（Schwab, 1983），以及交互作用之後所產生的經驗歷程與實際結果（黃光雄與蔡清田，1999）。本章「學習獲得的課程」，特別探究如何從「實施教導的課程」落實到「學習獲得的課程」、如何提供學生學習機會通道、與如何引導學生進行「真實的學習」（authentic learning），包括第一節從「實施教導的課程」到「學習獲得的課程」，第二節提供「學習獲得的課程」之學習機會與通道，第三節引導學生透過學習機會與通道進行「真實的學習」。

第一節　從「實施教導的課程」到「學習獲得的課程」

　　一般人往往特別重視市場上出版業者提供的教科書等「資源支持的課程」、學校教師運作「實施教導的課程」、學者呼籲主張「理念建議的課程」、或政府公布「正式規劃的課程」，卻可能忽略了學生實際真實經驗的「學習獲得的課程」。依前行政院教育改革審議委員會在《教育改革總諮議報告書》所言，教育改革的目標在於提供國民更好的教育機會，其核心的教育改革理念思想之一，是希望能從過去由上而下的威權教育方式，轉變為「以學生為中心」的民主教育之學習方式（行政院教育改革審議委員會，1996）。

一、從「實施教導的課程」到「學習獲得的課程」

前行政院教育改革審議委員會雖有課程改革理想的「理念建議的課程」，但是前行政院教育改革審議委員會實際上並未正式透過官方公布課程綱要等「正式規劃的課程」，實際上前行政院教育改革審議委員會也並沒有出版教科書等教材的「資源支持的課程」，也尚未直接透過教師實際進行運作的「實施教導的課程」與直接推動教師專業發展，也還沒有落實學生「學習獲得的課程」之真實學習，這一切還有待教育部公布課程綱要的「正式規劃的課程」、學校研擬課程計畫、出版社編輯設計教科書等「資源支持的課程」、教師運作「實施教導的課程」，以引導學生落實「學習獲得的課程」之「真實的學習」，方能落實課程改革理想的「理念建議的課程」。

教育的功能，可以累積前人知識與經驗、提供智慧的基礎、培養邏輯推理思考、培養價值觀念、判斷事物與辨別是非的能力素養，教導學生學習如何做人。然而，學習雖然是教育的產物，學習也必須透過學習者主動地學習，不能光靠單向的被動教導灌輸填鴨。特別是就說文解字而言，「學習」這兩個中文文字，第一個「學」這個字有兩個部分，「學」這個字的上半部代表「累積知識與經驗」，「學」這個字的下半部代表門下有個年輕學子；第二個字「習」是不斷的練習，「習」這個字也有兩個部分，「習」上半部的「羽」象徵飛翔，「習」的下半部則代表年輕學子。所以「學習」是持久不斷的進行，持續不斷的「學」與「習」，代表「不斷地精進超越」之意。特別是，學生往往會經由種種學習活動中主動或被動地建構或獲得自己的學習經驗，因此，學生「學習獲得的課程」不一定等於教師「實施教導的課程」。

所謂「學習獲得的課程」，又稱「學生學習獲得的課程」，這是類似於Goodlad（1979）所稱的「習得的課程」（learned curriculum），也是相似於Glatthorn（2000）所指底線的課程（bottom-line curriculum），係指學生根據自己的特質、興趣、需要、問題、機會等所選擇的實際學習或經驗的課程，亦即學生真正學會的課程，有趣的是，在中小學教育現場上，常常聽到學生說「老師！隔壁班的數學已經教到第三單元，我們還在第二單元的進度是不是太慢了？」，由此一學校教師「實施教導的課程」之教導運作現象可知，有時候學生所「學習」到的「學習獲得的課程」（learned or achieved curriculum），似乎比學校老師「實施教導的課程」的運作課程內容還要更多。因此，學生「學習獲得的課程」，也是課程探究不可或缺的一環。這種類型的課程，是可以透過評量、問卷調查、晤談或觀察以理解學生學習所獲得的課程。

一般而言，當教師單純地假定認為學生已經學習獲得到了教師所運作「實施教導的課程」全部內容，但是證據卻往往顯示事實並非如此。如同Doyle（1986）的研究指出學生在教室中的大部分時間，若不是心不在焉，便是假裝認真工作，學生只是模模糊糊的知覺到教師正在企圖教學的運作內容。教師「實施教導的課程」與學生「學習獲得的課程」之議題是如此的重要，因此，教師們應該在學校課程發展委員會或學習領域課程設計小組會議或學年會議或在特定的工作坊當中進行討論分析與探究，以便回答「實施教導的課程」與「學習獲得的課程」之間的差距是什麼？何種學習因素導致如此？教師能做什麼以減少此種差距？儘管是最謹慎細心的教師，也需要被協助去確定他們是否有效地教導運作「正式規劃的課程」與運用「資源支持的課程」？也需要被協助去確定學生最後真正「學習獲得的課程」？特別是學校教育行政人員應該協助教師有系統地檢查年度課程計畫與學習單元計畫當中所包含的必須精熟能力指標。

另一方面，值得關注的是，當學生未學到教師所教導運作的全部課程內容，這便是「實施教導的課程」與「學習獲得的課程」之間必須特別留意的差距之一，這種差距可能來自學生的因素與教師

的因素。就學生的因素而言，首先，學生學習注意力集中的幅度有限，學生可能有其他關注的議題。教師可能盡其最大的能力來教導DNA的構造，但是學生心中卻關注週末的棒球比賽活動，而且教室的物理環境也可能導致學生分心，如果教室太過於悶熱不通風，則學生將很難專心致力於複雜的學習任務。學生也可能缺乏先備知識與適當的認知發展水準，學生所接觸到的課程內容對他們而言，可能太過於艱深難懂，新的知識可能是他們無法消化而吸收的。學生可能有特殊的需要，卻沒有獲得足夠的重視，儘管學生並沒有明顯的肢體生理殘障，他們卻可能受到相關影響因素干擾他們學習的問題。另外，學生之間的同儕壓力，也可能介入了學習的過程，此種因素有一種消極的負面影響，特別是對弱勢族群學生而言，更是如此，他們可能想要去進行學習，但是，卻有許多強而有影響力的同儕，可能形成貶抑學習的風氣（Glatthorn, 2000）。

就教師的因素而言，教師可以透過釐清學習目標；協助學生在學習目標的過程當中，發現學習的意義與目的；鼓勵學生去提出問題；利用要求高度參與學生活動的學習策略；經常利用平時考試，來監控學生的學習與維持其高度警覺；觀察學生的語言與非語言的行為；利用監控資料，以調整實施教導的課程之教學運作。甚至教師可以透過工作坊，以瞭解「實施教導的課程」與「學習獲得的課程」之間的差距有多大，以及可以做什麼，以便努力縮短此一差距（Glatthorn, 2000）。

總之，教師必須瞭解課程改革最重要項目之一，是一貫連結「正式規劃的課程」、「實施教導的課程」與「學習獲得的課程」。為了貫徹將每一位學生帶上來的目標，教師在教學時，應盡量以全體學生為引導目標，因材施教，透過對學生的學習評量，針對未能達成階段性目標（例如，小學四年級的整數直式計算與四則運算或小學六年級的分數四則運算），擬定具體補救措施，發展各類補救教學之教材、教法與學習評量工具，針對有待加強的學生，進行補救教學的規劃，建立補救教學系統，成立補救加強班，

給予在課程教學和成績考核之彈性（行政院教育改革審議委員會，1996，摘10），以努力連貫「實施教導的課程」與「學習獲得的課程」。

二、從快樂學習的課程到培養能力的課程

　　教育改革最迫切與直接的關懷就在於「正式規劃的課程」與「實施教導的課程」之連貫，要把學校教育引導回正常軌道，不僅要讓「正式規劃的課程」避免受到升學主義的宰制與特定政治意識型態的污染，而且應該透過適當「資源支持的課程」與合乎教育專業之「實施教導的課程」，以培養學生帶得走的「基本能力」等「學習獲得的課程」，以發展全人教育。然而，部分學者批評國內課程改革的實施結果，似乎是升學壓力未能減輕反而加深加重，因此也有部分家長批評過去升學考試一試定終生，似乎學生已淪為課程改革的白老鼠。事實上，學生是教育的主體，學生的學習經驗與親身感受非常重要，否則由成人所主導的課程改革，僅是滿足成人對過去教育不滿的補償心理，似乎沒有真正考慮到學生的真正學習經驗與「學習獲得的課程」。

　　但是，臺灣地區升學主義掛帥的極端例子，是農曆過年初二趁著別家小孩還在玩樂休息，就逼自己孩子進補習班加強升學考試準備，以為這樣就可以贏了別家小孩。這樣的繃緊發條的過度緊張心態，可以看出升學惡性競爭所造成的價值混淆，固然似乎把握「業精於勤，荒於嬉」的精神，但是卻扭曲了學習目的，更可能扼殺了學生學習的熱忱與興趣。在教育的過程中，為升學而努力並非壞事，可是升學一旦變成惡性競爭，變成唯一的終極目標，就會讓學校教育從培養學生如何做人做事之「真實的學習」，慢慢淪為訓練學生如何熟練應付考試的應試過程，德智體群美等五育也因此難以均衡發展，教育的功能與目的也受到嚴重扭曲。另一個常見的學校實際運作情形是，課程與教學活動有主、副科之分，主科備受禮

遇，副科備胎聊備一格，藝能科與團體活動則似有若無可能隨時被借課，可有可無。這個光怪陸離課程實施運作現象的形成，主要受制於入學考試與甄選制度，入學考試與甄選制度重視的考選科目，學校教學自然而然也會順水推舟因勢利導，甚至特別重視與強調，因此有如考試領導教學的緊箍咒（2004/3/4，聯合新聞網）。

前行政院教育改革審議委員會的委員也不是那麼天真無知，以為教改諮議報告書一旦出爐，教育改革一旦上路，臺灣的補習就會一夕之間絕跡，升學主義也因而終結，臺灣的教育從此步上坦途之道。因為補習在臺灣的社會是個盤根錯節、牽涉層面既深且廣的產業，不僅有其社會心理的基礎，也有其社會功能，涉及龐大的商業利益，以及諸多人員的生計，不易完全禁絕。其實有升學的競爭壓力，就可能有補習存在的可能性，補習似乎變成了臺灣社會深層文化的一部分，就好像有些人服用中藥一樣，有病治病，無病強身。這不僅是個社會需要的問題，也似乎是個心理的問題、觀念的問題（2004/3/4，聯合新聞網）。

隨著社會日漸開放，社會價值漸趨多元，有關學生實際學習經驗與學習方法之「學習獲得的課程」，越來越受到重視。特別是隨著時代的進步，有關學生學習的重要因素而被強調的可能包括六個項目：一、立志而後學；二、時然後學，「時習」；三、循序漸進而學，「學不躐等」；四、困而後知；五、相互觀摩切磋而學；六、因材施教而學（2004/3/4，聯合新聞網）。這些在《論語》及《禮記‧學記》所討論的學習之道，也似乎具有現代意義。然而，過去臺灣的學校教育，往往以準備應付考試為主，學校教師並沒有非常重視教導學生要立志作大事與學習如何學習，也沒有完全把握「因材施教」的原則，比較不重視引導學生循序漸進「時然後學」，讓學生體驗「困而後知」的學習原理，這些相關能力的學習方法和態度之「學習獲得的課程」，都是還有進步的空間。

值得注意的是，2004年教育部委託世新大學民意調查中心，以電話訪問方式，調查臺閩地區25縣市國小及國中家長，有效樣本

為1079人。這份「培育未來人才：九年一貫不能缺席」問卷調查發現，雖然國民中小學九年一貫課程改革以學生學習為主要重點，鼓勵學校教師發展出各學校的教學特色，但是近四成家長表示，教師的教學方法，不因新課程更活潑；而且有超過半數高達五成三的學生家長，不同意國民中小學九年一貫課程改革可提升學生解決問題的能力；國民中小學九年一貫課程改革能提升學生解決問題能力、生活適應能力，家長的同意度都低於五成。至於在提升學生能力方面，超過五成受訪者認為實施國民中小學九年一貫國民教育新課程後，對提升學生的「多元知能」、「生活適應能力」頗有助益；七成五以上的家長則認為學生運用電腦及資訊的能力有顯著增加（2004/3/5，聯合晚報）。

　　另一方面，2007年在經濟合作發展組織（OECD）主辦、針對十五歲學生進行評比的PISA「學生基礎素養國際研究計畫」的排名當中，我國學生「數學素養」位居世界第一，「科學素養」位居世界第四，「閱讀素養」位居世界第十六。但是，由我國國家科學委員會主辦、全球五十多國參加的「全世界TIMSS二○○三測驗」問卷調查結果指出，在四年前約七成臺灣國中二年級學生「很喜歡」及「有點喜歡」科學，但最近卻只剩下五成，「不喜歡」科學的學生卻從兩成九，大幅增加為四成九。調查中還指出，四年前「很喜歡」及「有點喜歡」數學的學生有五成八，去年則跌至四成二，「不喜歡」數學的學生由四成二增加為五成八。反觀四年來各國家的八年級學生對數理科興趣普遍呈現平穩趨勢，喜歡科學的學生比率由七成七略為下跌至七成六，但「很喜歡」的比率則增加了13%，喜歡數學者從六成九略為下降為六成五，「很喜歡」的比率增加3%；不喜歡科學、數學者，分別增加2%及4%（2004/3/5，聯合報）。

　　是以教育應從學習者、受教者的角度來考慮其需求，而且教育政策與「正式規劃的課程」之規劃，應該不能只是為瞭解決短期或過去的問題，更要具有未來的前瞻性，讓受教的學習者在十年、

二十年後還能受用。我國過去由中央政府教育主管部門統一制定教育規格的統編本教科書等，視學生為被動接受傳遞的材料，雖然有其傳統社會價值意義與時代背景，現在則必須考慮到「帶好每一位學生」與「把每一位學生都帶上來」的教育理念，不能再像過去只重團體大我，而忽略個別學生小我，理應由照顧到一群學生，進而到照顧到每一位個別學生身心發展與學習潛能的開展。甚至，學校教師所運作「實施教導的課程」與運作實施的教學，不應該只是傳統守舊的傳遞知識，其實除了應該累積學生的學科知識的「學習獲得的課程」之外，並且應該培養學生能力，引導學生學習求學的方法和態度的「學習獲得的課程」，而且培養學生發揮創新的學習方法的「學習獲得的課程」。

三、從培養能力的課程到適才適所的學習機會通道

本書第二章所論及的「理念建議的課程」之多元知能論與其他能力取向的課程改革理念，皆承認「人之不同亦如其面」，因此主張應該投入在多元知能理念的建立與多元學習機會的創造上，協助社會大眾與學生家長，更清楚認識「每個人的潛能不同，應有不同的發展空間」。更應該協助學生理解，面處多變的21世紀社會，終其一生將面對就業、轉業、再就業的多次變遷與再學習，學生將會面對不斷的改變，因此「學會如何學，比學會什麼重要」，此種「學習獲得的課程」更顯得更要。

特別是學校作為教育的場所，學生是教育的主體，學生學習權利要保障，以暢通其學習管道並累積「獲得學習的課程」之效果。根據Sergiovanni（1995）的看法，將學校界定為是由一小群相互之間有所承諾、並且分享相似價值觀與理念的人們所組成的集合體時，必須放棄學校是磚塊與水泥的傳統觀念。如果希望學校成為其有關懷性、支持性的學習環境，而能夠培育學生成為真實的學習者，必須以充滿想像力的方式，來思考學校在學生學習上所扮演的

角色，重視「學習獲得的課程」。有許多的學生到學校，卻沒有真正受到教育，有許多的學校系統只注意到組織的目標、經濟、與效率，而不是學生有意義的學習，有許多的學校系統往往只集中心力於可以經由測量而得到的教學結果，而不是寶貴的學生學習經驗（Henderson & Hawthorne, 2000）。

因此，前行政院教育改革審議委員會在《教育改革總諮議報告書》的第二章論及教育理念時，特別強調：「開放社會的特徵，是對多元價值的寬容，並能尊重社會上的少數或弱勢群體，而提供適才適性的教育。」為達成此目標，在族群、地區、收入、性別、體質或心理等方面，居於弱勢地位的學習者，其受教育的權利、機會及待遇，會受到更多更好的關注與保障，也就是「尊重差異、肯定多元」的精神，即帶好每一個學生，讓學生都有學習機會適才適性（2004/3/5，聯合報）。

但是值得注意的是，教改主張讓家長參與，結果卻讓有錢、有資源的中上社會階層學生與家長更有機會獲益，協助學生累積「學習獲得的課程」之成果。例如很多學校都有「家長日」，本意是讓家長多參與孩子的教育，但很多偏遠地區或疲於謀生計的父母，根本沒辦法到校參加，享受到教學資源的還是比較有錢、有資源的中上社會階層家長與學生。另一方面是每年寒暑假，學生就會往往分成兩種，一種是準備出國遊學或學才藝，回來後請老師指導寫報告，作為推甄或申請入學的參考依據；另外一種則是去打工賺錢。教師如在假期中安排學習計畫，通常也是有錢、有資源的中上社會階層學生參加，這種結果當然會使教育資源流向中上社會階層的學生，使其獲得更多教育資源。

目前國內課程改革的缺失之一，就是忽略城鄉差距，沒有注意到弱勢學生的權益，因為教科書的版本變多了，中上社會階層的學生可以多買幾本教科書與參考書與更多相關的「資源支持的課程」，但中下社會階層的窮學生則可能買不起多本教科書與參考書與獲得其他相關「資源支持的課程」，而不利於其「學習獲得的課

程」；多元入學也可能讓中下社會階層的窮學生處於不利之處，這些是必須要積極補救的部分。城鄉差距特別值得注意，學生程度相差的距離大，要進入臺北一女中、建國中學、高雄中學、臺南一中和臺中一中的基本學力測驗分數必須達到兩百七十分，甚至2007年建國中學要兩百九十一分、臺北一女中要兩百八十八分，但鄉下國中生的平均基測分數只有一百一十分。當大都市的學生每天下課後都在趕補習班的同時，有些偏遠地區的學生回家後並不會正確地完成學校功課。但是，不能因為有人會去補習，就指責重視學校教學的不對，應該強調的是，即使學生沒有錢去補習，在學校正式和非正式的課程，也可以獲得學校教師「實施教導的課程」，學到合乎「正式規劃的課程」之「學習獲得的課程」，並且學到很好的學習能力。這就好像家長社會經濟地位良好的學生，也許會去補習英文和數學，但教育主管部門及學校教育人員必須努力協助中下階層家境較差的學生，在學校獲得足夠「資源支持的課程」與學習機會管道，以學好英文和數學等「正式規劃的課程」。正如教育主管部門及學校教育人員不可能阻止經濟情況較好的乘客購買商務艙車票，但是教育主管部門及學校教育人員應該要求必須保障經濟情況較差的乘客也有機會，購買舒適合理的普通經濟艙車票，同時也沒有被歧視或接受不公平不合理的待遇服務。

　　教育是要提供更多的機會，讓每位學生發揮其潛力與可能性。因此，在進行菁英教育之外，尤應重視普及教育的提升，在發揮教育功能時，又能維護社會正義。教育應該要能讓每個人，不管有錢沒錢，都有公平接受學校教育「正式規劃的課程」、「資源支持的課程」與「實施教導的課程」之機會管道，也只有獲得公平教育的機會，孩子才能夠在學習的過程中開展潛能，得到「學習獲得的課程」與適才適性的發展。因此，前行政院教育改革審議委員會在《教育改革總諮議報告書》第三章的綜合建議中，呼籲：「多元文化教育的理念，在於肯定人的價值，重視個人潛能的發展，使每個人不但能珍惜自己族群的文化，也能欣賞並重視各族群文化與

世界不同的文化。在合乎社會正義的原則下，對於不同性別、弱勢族群、或身心障礙者的教育需求，應予以特別的考量，協助其發展。」。

所謂玉不琢不成器，不同的玉石，應該要有不同的琢磨方式，學生就如同一塊樸玉，經過不同方式的琢磨，日後可能成為未來的文學家、科學家、藝術工作者，或者運動健將，如果無法獲得公平教育提供學習機會的通道，則學生未來發展的潛能極有可能遭到埋沒（2004/3/4，聯合新聞網）。下一節將就提供學生學習機會通道此一議題，進一步探討。

第二節　提供「學習獲得的課程」之學習機會與通道

課程是達成教育改革目標理念的學習通道，因此，必須協助學生有機會獲得相關的學習通道或學習管道，才能引導學生有機會接觸「資源支持的課程」，並透過「實施教導的課程」，協助學生掌握「學習獲得的課程」之學習機會（Opportunity to Learn），連貫「正式規劃的課程」與「理念建議的課程」。所謂「學習獲得的課程」之學習機會通道，是指協助學生獲得合乎政府官方公布的課程綱要與學校課程計畫等等「正式規劃的課程」，以及獲得「資源支持的課程」等等相關學習資源與學校教師「實施教導的課程」等等運作教學實務協助的機會，以利進行學習並累積「學習獲得的課程」之成果。換言之，「學習獲得的課程」之學習機會通道的相關要項，包括獲得接觸政府正式公布的課程綱要與學校課程計畫內容等等「正式規劃的課程」之學習機會通道、獲得接觸接觸資源材料等「資源支持的課程」之機會通道、獲得接觸教師教學運作「實施教導課程」之機會通道、獲得學習時間的機會通道、獲得一個安全的與健康的環境與有效的教學活動之機會通道，茲說明如次。

一、獲得接觸課程綱要與學校課程計畫內容等「正式規劃的課程」之機會通道

　　學生需要先有機會通道，去獲得教育部等政府部門正式公布的課程綱要與學校課程計畫等等「正式規劃的課程」相關能力指標的課程計畫之認知、技能與情意態度，學生才能獲得能力指標的相關學習素養，而且這必須有相關條件配合，亦即學校課程計畫，必須以政府公布課程綱要的正式課程之能力指標為依據；而學校課程計畫方案，應該依年級組織政府公布課程綱要的能力指標與學校課程計畫方案中所涵蓋的知識概念、技能與情意態度，以提供學生學習機會，逐漸發展學生理解程度與精熟水準；而且學校課程內容是正確的，而且隨時補充新發現而加以更新；提供學生學習的課程單元是可行的，而且在學校內部跨越班級年級與學校外部的學區與社區之間進行學習計畫方案時，可以經由協調獲得認可與協助支持。

二、獲得接觸資源材料等「資源支持的課程」之機會通道

　　學生需要公平合理適當的與相關連的多元學習機會通道，去接觸適合於政府正式公布的課程綱要與學校課程計畫等「正式規劃的課程」相關的能力指標之學習教材與現有教科書內容的學習資源等等「資源支持的課程」。例如，學生需要有機會去接觸教科用書等相關教材之「資源支持的課程」以進行學習，教師要提供機會讓學生在課程當中，學到多元的認知、技能與情意，接觸各種不同培養多元思考能力進行多元學習；而且學生也需要有機會去參與社區學習活動，並將社區相關單位視同如一個學習資源，以便學生可以向政府機關或民營事業單位、畫家、商人、市議會或鄉鎮民代表會等等進行多元而適性的學習；學生也需要有多元的機會通道，去接觸不同資訊溝通科技工具，例如圖書館、電腦、電信通訊；學生也需

要有適當的機會通道去接觸學校內部提供的所有教育服務，例如輔導、資訊科技教育、特殊教育、演說與語言輔助、健康服務等；學生也需要有機會通道去接觸沒有偏見、沒有刻板印象與沒有誤導的學習資源教材；學生也需要有機會通道去接觸有助於學習歷程的必要設施與裝備（Glatthorn, Bragaw, Dawking, Parker, 1998）。

特別是就家庭與社區的協同合作而言，最佳的教育氣氛是學校人員、家庭與社區成員能夠彼此協同合作，以支持所有的學習者進行多元適性而豐富的學習。其協同合作的實例包括：持續與學生家長及社區成員進行雙向溝通，包括分享資訊、解決問題、與發展並討論能力指標及評鑑規準；學生也需要獲得機會通道，去接觸家庭與社區資源以及社會機構，例如在上課日提供諮詢，支持所有學習者獲得高水準的學習成就；使用社區中不同的學習環境，如圖書館、企業、工廠、公園、樹林、商店、社團；運用服務學習經驗，以協助學生發現社區如何運作以及他們自己的角色；不同世代的聯結，如諮詢顧問、照顧祖父母、進行口述歷史訪談；利用彈性學習節數進行的親師會議座談、家庭訪問以配合家庭的需求；認知並支持不同語言文化的學習資源，例如在親師會議或學校開放參觀日進行導覽說明與其他相關服務學習等等。

三、獲得接觸教師教學運作「實施教導課程」之機會通道

學生需要獲得機會通道，去接觸瞭解學習發展的特性且擁有良好教學方法的教師，以便熟悉教師所要運作的「實施教導的課程」內容。尤其是教師應當在規劃設計適當的課程與教學的同時，教師也應當發展學生可接觸的知識，並經由多種觀點與相關的學科方法，來呈現適當的教育知識內容，例如從歷史的、經濟的與文學的觀點來研究臺灣地理、歷史與社會；教師也應當持續地更新學習單元，以包括最新的與修正的學習資料、以及現行的能力指標與適當的教學策略。

　　學生也需要獲得機會通道，去接觸那些願意分享他們的知識與技能、和別人一起規劃並評鑑課程、而且自己繼續終身學習的教師。教師可以參與不同的專業發展經驗，例如讀書會、協同合作進行課程發展、獨立研究，增進其運作「實施教導的課程」內容與教學的知識；而且教師也應該願意和利害相關人員一起工作，例如家長、監護人、其他教師同事、學科專家、社區成員、學生、工商業人士，參與學生學習經驗及協同合作機會，規劃設計並評鑑「實施教導的課程」，以滿足學生學習需求。

四、獲得學習時間之機會通道

　　學生需要有效地且彈性地利用學習時間，以達成學習目標；學生應將最多的時間用在所從事的學習任務、並讓學生參與高水準的建構學習任務，以呈現能有彈性地與有效地使用時間的學習證據。而且學校課程表的規劃設計，例如彈性學習節數，是圍繞著學習與教學的需要；學習的架構時間、策略與方法等，都是基於學生學習上的個別差異、優點與需求的變項，引導學生進行「真實的學習」，並以有創造力的與有教育目的的方式，來使用非教學時間；教師宜在適當時機導入外在事件或宣布加入特殊事件，以進行「實施教導的課程」，並透過機會教育融入適當課程以有效影響學生學習；教師也可安排協同合作的時間，例如，學生與教師、教師與家長、教師與家庭等等之間的合作，以協助「實施教導的課程」之順利進行，協助學生獲得學習時間之機會通道，以進行多元而適性的學習。

五、獲得一個安全的與健康的學習環境之機會通道

　　學生需要在一個物理上與情緒上安全，與教育上支持的學習環境當中，進行學習，因此，學校應該用心規劃，並且協助獲得一個

安全的與健康的學習環境之機會通道（Glatthorn, Bragaw, Dawking, Parker, 1998）。例如，學校教育政策與學習規則，是公平的、眾所周知的、而且是一體通用的，學校環境是無菸害、無藥害的學習環境，裝置設備、工作與學習空間的管理組織良好，是安全環境的指標實例，教師與學長是健康的，而且示範健康的行為舉止，每一個學生獲得機會通道，去接觸一位具有關懷心的教師與學長，因此，學習的工作任務與課程計畫方案可以安全地進行；而且，學習環境是可以調整改變的，以協助所有的學生都可以獲得成功的學習，並累積「學習獲得的課程」之成果。

　　特別是與此安全的與健康的學習環境之機會通道相關，而值得留意的是「潛在課程」（hidden curriculum），這種未預期的課程（unintended curriculum），是指學生從物理環境、學校政策、學校教育過程當中所獲得的學習。「潛在課程」對於學生的學習，有著可能潛移默化卻強而有力的影響。僅管學生通常不知道潛在課程的影響，學生卻每天都經驗到潛在課程的影響（黃光雄與蔡清田，1999）。舉例而言，一幢屋頂有漏洞、牆壁有污漬斑點的老舊建築，似乎可能傳遞著「這裡的人並不關心這所學校」的訊息，而且也容易造成學生有危險而不安全的環境感受，而不易提升學習效果。

　　因此，學校教育人員應該基於所知的學習理論，例如多元知能、學習型態、語言發展等等，努力經營布置安全的與健康之學校教育環境，並且用心選擇組織設計合適的課程實施與教學策略，評估學生的需求，並且運用資訊，以組成團體去修正與調整課程實施與教學，協助學生獲得接觸課程計畫內容等「正式規劃的課程」之機會通道、獲得接觸資源材料等「資源支持的課程」之機會通道、獲得接觸教師教學運作「實施教導課程」的機會通道、獲得學習時間之機會通道、獲得一個安全的與健康的學習環境之機會通道，以引導學生進行多元而豐富的學習。

第三節 引導學生透過學習機會與通道進行「真實的學習」

所謂「真實的學習」（authentic learning），或稱為「貨真價實的學習」，是學生根據自己的特質、興趣、需要、問題、機會等所選擇的實際學習或經驗的課程，亦即學生真正「學習獲得的課程」（Glatthorn, Bragaw, Dawking, Parker, 1998）。Portelli（1987）指出，在教育的文獻當中有120個以上的課程定義。課程可以詮釋為受過教育之成年人的願景、一個邁向優質生活之教育行動歷程規劃、或是學生在實際投入班級求知的安排和認知學習的方式。因而，課程可被視為導引學生邁向優質學習生活的教育通道－這是學校教育人員所不宜忽略的課程意義。特別是教師可以引導學生進行真實的學習，協助學生轉變成能就自我處境思考的人，並引導其進行真實的學習，豐富且充實地、全面地參與生活，這是優質學習生活的教育圖像。

一、「真實的學習」之本質

「真實的學習」（authentic learning），或稱「貨真價實的學習」，不是標準制式化的形式學習，真實學習是主動建構深層知識，以便能在脈絡情境中解決問題的「實作表現能力」（performance）；而標準制式化的形式學習，則可能只是為了達成獲得良好的考試成績之目的，獲得應試的零星破碎記憶之表面淺層知識（Glatthorn, Bragaw, Dawking, Parker, 1998）。

就比較合乎能力取向課程理念的「真實的學習」之「實作表現任務」（performance task）而言，以能力指標為依據「真實的學習」課程單元之規劃過程第一步驟，是去分析能力指標的實作表現任務，並且用心掌握「真實的學習」之本質。就分析「真實的學

習」之能力指標之「實作表現任務」而言，例如以小學六年級自然與生活科技為例，其學習領域的課程目標之一可能是：「瞭解能源及其與熱和溫度之間的關係」。根據上述學習領域的課程目標所衍生出的分段能力指標或具體學習目標可能是：1.知道熱是一種能源的形式。2.界定「熱」與「溫度」，並釐清其差異。3.解釋熱與質量之間的關係。4.解釋熱如何移動：傳導、對流、輻射。5.知道熱的來源。6.知道熱可以被保留，包括利用絕緣體（Kendall & Marzano, 1996）。

根據上述的學習領域課程目標與分段能力指標的具體學習目標，學習領域課程小組的教師團隊，可以精心設計出如下的真實學習之能力指標實作表現任務（Glatthorn, Bragaw, Dawking, Parker, 1998），例如：1.學生團隊的「真實的學習」之實作表現任務：出版一本學習手冊，向消費者解釋說明如何在冬天生存過活，並透過保持暖和而身體健康。除了提供可靠的建議之外，也要經由自己的實驗而提供支持的科學證據。2.個別的「實作表現任務」：記錄並保留一份科學札記，以記錄學生自己如何透過此一學習領域的課程單元而瞭解熱能的改變，也包括學生自己的科學實驗結果（Posner & Rudnitsky, 2001）。

分析「真實的學習」之實作表現任務的方法有兩種，第一種類型是進行真實學習的「實作表現任務分析」（task analysis），第二種類型的分析是一種「知識與技能的分析」（knowledge and skills analysis）。第一種類型進行「真實的學習」之實作表現任務分析，是指出學生成功地獲得「真實的學習」之實作表現任務行動，所必須採取的步驟。在進行工作任務時，學習領域課程設計小組必須回答如下的問題：「在顧及學生的發展階段，學生必須採取什麼順序的步驟，以展現此項真實的學習之實作表現任務？」。以下是「真實的學習」之實作表現任務的可能順序步驟：1.獲得有關保持熱能與冬天過活的可靠新知。2.將新知加以系統化，並加以組織成為有用的類別，如照顧個人、照顧家庭、照顧汽車。3.針對每

一個建議，設計並進行一項科學實驗以蒐集支持的證據。4.分析聽讀者。5.為該手冊選擇有效的格式與組織形式。6.寫出該手冊，並根據回饋加以修正（Posner & Rudnitsky, 2001）。

第二種類型的分析是一種「知識與技能的分析」（knowledge and skills analysis）。在此種分析中，學習領域課程設計小組，首先要決定學生要完成該項實作表現任務時，需要具備什麼「陳述的知識」（declarative knowledge），並進而決定學生必須精熟什麼技能的或「程序的知識（procedural knowledge）」。以下是有關熱能的真實學習的實作表現任務之知識/技能分析之結果：1.熱與質量的關係，2.熱與體積的關係，3.熱與密度，4.熱與溫度，5.熱能的來源，6.熱的運動：傳導、對流、輻射，7.絕緣（Posner & Rudnitsky, 2001）。

上述「真實的學習」之實作表現任務分析，以及知識與技能的分析，此兩種分析方法有一些稍微不同的結果。真實的學習之實作表現任務分析結果，似乎比較有系統，而較強調技能；而「知識與技能的分析」結果似乎較為特定，特別是比較強調所需要的知識。教師應該可以透過教育行動研究（蔡清田，2000），進行課程改革實驗（蔡清田，2001），以決定哪一種方法途徑，對哪一項能力指標的真實學習之實作表現任務比較適合。

如果有以目標為依據的「正式規劃的課程」，特別是以能力指標為依據的課程計畫單元與相關「資源支持的課程」，則所謂的「真實的學習」或「貨真價實的學習」才有可能發生。因此，有必要針對真實學習的本質，提供比較仔細的分析，並指出擴大學習效果的必要注意事項（蔡清田，2002）。在討論真實學習時，所有的教師應該強調師生雙方的共同責任，可以參考表6-1「真實的學習」之學生責任，表6-2「真實的學習」之教師責任。

表6-1　「真實的學習」之學生責任
（Glatthorn, Bragaw, Dawking, Parker, 1998, 76）

※經由學習經驗
‧學生協助促成環境使其能有助於學習，
‧學生掌握了學習焦點，並且受到激勵去進行學習，
‧學生監控自己的學習，反省自己的學習歷程，敏於感知自己的所學，
‧學生和教師與其他學習者共同合作，
‧學生常提醒自己的實作表現任務會被評量，
‧學生重視學習：學生對學習有感情，並發展出積極的意義。
※學生學習時採取如下的步驟
‧學生設定一個有意義的學習目標，
‧學生藉由活化先前的知識，記住所已經知道的，溫故知新，
‧學生獲得有深度的新知，
‧學生會將它加以組織，
‧學生會向自己解釋並產生自己的意義，
‧學生會將它畫成圖像，
‧學生會將它融入已知的知識，並將知識重新再概念化，
‧學生會用精緻的方式來溝通自己的新知、討論概念與分享理念，
‧學生能以詳細的內容與舉例說明的方式進行寫作，
‧學生能以圖像、圖表與基模來呈現知識，
‧學生能利用隱喻與譬喻，
‧學生獲得並運用一種學習策略，
‧學生利用該項知識與策略，和別人一起工作，以解決有意義的問題，
‧學生會評鑑自己的解答問題方式，
‧學生會展現並分享自己的知識。

表6-2　「真實的學習」之教師責任
（Glatthorn, Bragaw,Dawking, Parker, 1998, 77）

※教師透過學習經驗
‧會將反思與深度思考，加以模組化，並監控其學習，
‧協助讓環境有助於學習，
‧提供學生適時所需的鷹架架構，
‧協助學生運用學習經驗中的步驟，
‧發展並利用真實學習的實作表現任務，以評量學生的學習，
‧歡迎並利用學生針對教與學的經驗，提出的回饋，
‧敏於並適切地回應學習的情意面向。

　　注意「真實的學習」之重點是首先強調學習，而不是教導，學生才是最優先考量的學習事項。雖然此處該模式呈現的是，近乎直線過程的格式，然而實際上它可能是重點的與重複的，學習者可能

在這些步驟上跳來跳去並回到過去先前的步驟。

(一)透過學習經驗

「真實的學習」透過學習經驗，學習者促成一個支持性的教室環境氣氛，將焦點集中於學生學習之上，並且激勵學生自己去完成學習任務。學生持續監控自己的學習歷程，以及師生與同儕之間的合作，並且隨時留意「真實的學習」之實作表現任務評量的本質。

(二)真實的學習之歷程步驟

「真實的學習」之學習者是以一個有意義的目標作為開端，進而彈性地進行學習歷程，「真實的學習」之學習者會活化他們的先前知識。更重要地，學習者以積極歷程的態度來獲得新知，學習者會以自己的策略來組織新知，並建構他們自己的意義，並畫成圖像與影像。一個最重要的步驟，是學習者會以主動積極的歷程來處理新知，並且重新概念化他們的先前知識。

在「真實的學習」之學習過程中，一個常被忽略的重要步驟，是以精緻說明的方式來溝通新的知識概念。精緻的說明，提供完整的書面詳細內容、舉例、畫出視覺影像、利用隱喻與譬喻，都是呈現知識的方式。如果學生不能呈現他們的新知，則他們並未完全瞭解。

在解決問題的過程中，學生可能用了一種學習策略，我們將一種學習策略，界定為一種有效解決問題的心理操作程序（Glatthorn, Bragaw, Dawking, Parker, 1998）。有些策略是普遍的，可用在許多科目，舉例而言，「利用矩陣以組織資料」。有些策略則適用於特定科目，諸如數學科的「指出已知問題的要素」。

「真實的學習」之最後歷程，是提出結論，如解決社會情境中的一個問題、評鑑解決問題的方法、溝通並展現所或的知識。如能依據表6-1「真實的學習」之學生責任，與表6-2「真實的學習」之教師責任，所建議的學習模式，去指出教師需要做什麼，以便能讓學習歷程順利產生，便是一項相對簡易之事。但是，此一模式並非

最佳的教學方式，也非最佳的教學評鑑的基礎。相對地，這是一種掌握認知心理學主要發現的學習模式的公式。

二、真實的學習之注意事項

「真實的學習」重視學生學習結果，下面有關「真實的學習」之注意事項的討論，例如，「真實的學習」是一種個人的努力學習、真實的學習必須要有獲得新知並利用新知、「真實的學習」必須要有反思對話、「真實的學習」不只是活動而已，「真實的學習」必須要有回饋、「真實的學習」是情意的，也是認知的。這些注意事項是根據「真實的學習」之原則加以組織，可供學校教師參考，以免誤用「真實的學習」，而未重視學生學習結果。

㈠「真實的學習」是一種個人的努力學習

儘管透過合作進行學習，還是應該關注個別學生的學習成就。

1.教師可將學生小組學習的「實作表現任務」加以結構化，讓組內每一位成員都有要完成的實作表現任務，並透過同儕壓力，以確保每一個組員的實作表現任務都能完成。

2.教師應該密切地監控學生小組學習的實作表現，以觀察是否所有學生小組成員，皆主動積極進行真實學習的實作表現任務。他們可以如同合作學習，計算小組總分及個人平均分數。

3.教師可以發展結構化的系統，以協助合作小組的成員評鑑彼此的貢獻。

㈡「真實的學習」必須要有獲得新知並利用新知

此一原則指出當學生能接觸新知，並利用新知去擴展、取代與深化現有知識時，才可能產生「真實的學習」。

1.指出課程方案當中的必要知識，將焦點集中於有助瞭解重要

學科知識的核心概念與歷程。

2.確保其評量具有堅實的知識根據，特別是在課程單元設計與結構的過程中，要包括了知識的獲得，協助學生獲得通道以接觸新知，避免以教師演說作為唯一有效的方式。

3.最後，在整個課程單元學習過程中，監控學生對新知的瞭解。

(三)「真實的學習」必須要有反思對話

此一原則指出，真實的學習之反思與討論的兩個相關成分。針對經驗進行反省，以加深思考的深度，可以獲得最佳的學習。而且個別的看法，有需要透過團體對話進行經驗與分享。

1.進行教學時，有系統組織地進行反省，藉由放聲思考與強調反省的重要性。

2.在全班討論時，放慢速度並增加「待答時間」。在提問之後，至少等待三秒，再要求學生回答。

3.在考究複雜問題時，要求學生進行個別反省，之後再進行小組或全班討論。如果學生寫下複雜問題的答案，會更有幫助，因為此一寫作歷程會協助學生，將知識提升到意識層次，並且察覺到他們的知識。

4.教導學生如何透過小組進行反省，如輪流反省、主動積極聆聽、分享理念、開放地面對建議性的差異、從施捨中獲得學習。

(四)「真實的學習」不只是活動而已，「真實的學習」必須要有回饋

許多教師熱中於活動，卻可能要求學生從事無關於目標的活動。教師可以不同方式，運用「真實的學習」之原則，例如，在設計課程單元時，強調學習結果而非活動；在規劃個別課題時，確保每一個經過規劃的活動，是和課程目標相關的；在進行課題教學時，彈性運作並隨時關注學習目標，並且清楚而明確地向學生說明

每一個教學活動的學習目標。

「真實的學習」必須要有回饋，回饋的來源包括：學生自己、教師、家長、同儕、電腦、外部專家、考試。教師應善用客觀而有建設性的正面與負面回饋，如果回饋具有下述特徵，則更容易促成真實學習。

1.適時的回饋，最好是在實作表現任務之後，儘快提供回饋。

2.回饋是客觀的，基於明確的規準與特定的證據。

3.回饋是多重的，而且有不同的來源。

4.回饋是建設性的，同時強調優點與有待改進之處。

㈤「真實的學習」是情意的，也是認知的

過去由於升學壓力重視考試分數的績效壓力，使得情意教育往往受到忽略。事實上，情意可能比認知還要重要。因此，教師應花時間去激勵學習動機，強調學習經驗的意義；教師應敏於察覺學生的情感，知道何時去處理與何時要忽略；教師應認知到許多學生對於學校教育、考試與所學的科目具有負面態度的此種事實，認知到這些態度而不是投降或放棄；教師應建立正面而積極的態度，而讓學生有機會獲得努力之後的成功；教師本身展現正面而積極的態度，並顯示合理的熱忱，表現出關心學生並重視自己的教學；教師應瞭解學生所真正學習得到的「學習獲得的課程」，總是多於「考試評量的課程」之測驗所考到的部分，儘管是最佳的實際工作表現任務評量或實作評量，也只能測量到學生所學習到的部分內容，而且通常沒有被評量考視試測量出來的，可能是最重要的目標，例如，培養積極的數學態度，並且樂於解決數學問題，並將其當成是一種增進知識的方法。因此，「考試評量的課程」，或評量「學習獲得的課程」，或「學習獲得的課程」之評量，實有其重要性，可以進一步釐清課程與評量的相關爭議與迷思。因此，特別是真實學習的評量與實作表現任務之評量，有其重要性與不可忽略性，下一章將就這些相關問題進一步加以探究。

第七章　評量考試的課程

　　「評量考試的課程」（assessed or tested curriculum）或簡稱為「評量的課程」（assessed curriculum）或「考試的課程」或「測驗的課程」或「測得的課程」（tested curriculum）（Glatthorn, 1987），或稱為「評量考試測驗的課程」、「考試施測的課程」、「評量考試測得的課程」，例如出現於我國大學入學考試測驗、國民中學基本學力測驗、教師自編評量測驗試題等等評量考試當中所涵蓋或測量得到的課程內容，又如出現於美國標準化的測驗、各州的測驗、地方學區的測驗與教師自編的測驗等等評量測驗當中的課程內容，這些通稱為「評量考試的課程」，這些也是泛指出現於各種評量考試測驗當中所涵蓋的課程內容，這也往往通稱為評量考試測量得到的課程，係指透過考試測驗等評量考試所測量得到的課程內容。

　　一般人往往只重視「理念建議的課程」、「正式規劃的課程」、學校教師「實施教導的課程」或學生的「學習獲得的課程」，往往忽略了「評量考試的課程」。然而，此種評量考試的課程，有助於進一步瞭解上一章所謂「學習獲得的課程」（learned or achieved curriculum）。因此，本章「評量考試的課程」將進一步探討有關如何進行「學習獲得的課程」之評量與評量的成績報告。本章包括第一節從「學習獲得的課程」到「評量考試的課程」，討論有關「學習獲得的課程」之評量；第二節「評量考試的課程」之評量報告，則進一步討論有關「學習獲得的課程」之評量報告與如何進行「評量考試的課程」之評量成績報告。

第一節 從「學習獲得的課程」到「評量考試的課程」

　　為了瞭解學生的「學習獲得的課程」，社會大眾與學校教育人員往往透過「學習獲得的課程」之評量，亦即可以透「評量考試的課程」之實施，以獲得「學習獲得的課程」之評量成果。就「學習獲得的課程」的評量而言，學生是否學到教師所運作「實施教導的課程」？或學生是否習得教科書教材等「資源支持的課程」之內容？此類問題往往是教育人員用來檢視上一章所論及「學習獲得的課程」之評量相關問題，換言之，也就是評量「學習獲得的課程」之相關問題，這當然會受到所謂「評量考試的課程」之影響，因為社會大眾與教育人員往往透過「評量考試的課程」之評量報告，以顯示一部分「學習獲得的課程」之成果。

　　前行政院教育改革審議委員會的《教育改革總諮議報告書》綱舉目張，提出許許多多發人深省的建議，特別是主張應該積極研究學生的基本學力，提供相關資料，以供學校對新生進行學力鑑定，以便及早做為實施補救教學或轉介特殊班或學校之參考依據。在標準化評量工具未能完成之前，學校可自編測驗工具，舉行評量或測驗，及早提供補救教學，以確保國民教育之品質。為使基本學力的要求能具體落實，可研究修改成績考查辦法，評估畢業成績的最低要求，或建立分級授證之學習評量制度。亦可考慮於義務教育階段，選擇適當時機辦理全國基本學力鑑定（行政院教育改革審議委員會，1996，41），基本學力測驗的目的，是為保證教育品質而非為提供分發學校的升學依據。至於是否具有成效的客觀的評量工具以及，評量學生能力是否獲得，除了原本國中畢業生參加的「國民中學基本能力測驗」之外，其他學習階段的「基本能力測驗」則尚未見諸實施。可見，前行政院教育改革審議委員會雖有課程改革理念之「理念建議的課程」，但實際上，還沒有發展出合適的學習評

量以證明提升學生基本能力。然而，目前國中畢業生參加的「國民中學基本能力測驗」，卻被拿來作為學生分發入學的參考依據，未能讓國內的補習現象獲得舒緩，未能有助於提升學生「學習獲得的課程」與落實學生「真實的學習」之理想。

特別是就「評量考試的課程」及其評量成績報告而言，是用來說明評量或考核測驗學生的學習情形與「學習獲得的課程」之評量成果，因此，「評量考試的課程」或「學習獲得的課程」之評量成績報告，備受矚目。因為學生家長、地方政府首長與教育局長，往往會要求學校校長要有好的學生學習成績，校長則轉而要求教師與學生要有好的學習評量考試成績，因此，學校師生受到「評量考試的課程」之影響相當大；特別是當學校教師被明確要求為學生的學習結果負起績效責任，則「評量考試的課程」之影響更為明顯，而且學生也經常在各種場合表現關心課程內容而特別問到：「考試會不會考這個內容」，可見，學生對「評量考試的課程」也是相當敏感。因此，有關「評量考試的課程」與「評量考試的課程」的目的及「真實的學習」之評量，有必要進一步加以探究（Glatthorn, Carr & Harris, 2001）。

一、「評量考試的課程」之目的

就「評量考試的課程」之目的而言，其教育目的乃在可以藉此瞭解學生的學習表現水準與「學習獲得的課程」之評量成果，甚至進而可以藉此改進學生學習成效，並決定學生學習成功的要素，以便向相關教育人員進行溝通說明與報告。換言之，透過「評量考試的課程」的評量報告，一方面可以藉此瞭解學生的「學習獲得的課程」之成果。另一方面，就學校層面而言，透過「評量考試的課程」所獲得的學生學習資料訊息，可以提供作為課程教學方案評鑑與變革的基礎，以充實「學習獲得的課程」並提升學生的學習效果。

　　特別是透過「評量考試的課程」，獲得學生學習表現的資料，可以作為進行有關「理念建議的課程」之改革、「正式規劃的課程」之調整、「資源支持的課程」之修訂、「實施教導的課程」之教學變更、時間安排設計、人員分組分工與資源分配，以作為決定如何改進「學習獲得的課程」之參考。特別是透過「評量考試的課程」，可以決定「學習獲得的課程」之成功要素，這包括個人學習的成功、教學的成功、課程的成功、方案的成功，例如學生個人如何學習成功？個別學生學習得有多好？教學是如何成功的？課程如何成功地合乎學生的需求？方案運作的情形如何？甚至可以進行成功的比較，例如進一步瞭解學習的結果和其他學校、地區、縣市、國家比較之下的相對水準如何（Glatthorn, Carr & Harris, 2001）？

(一)「評量考試的課程」可檢驗學習效果，並可透過各種評量方式回饋，改進「學習獲得的課程」

　　就「評量考試的課程」之功能而言，透過評量提供課程內容訊息，以協助教師進行「實施教導的課程」之教學運作，並引導學生改進「學習獲得的課程」之品質；換言之，教育人員可以利用「評量考試的課程」之結果，以影響「實施教導的課程」之教學運作的決定，並且規劃學生的下一個學習步驟。值得留意的是評量，不只是考試測驗與打分數評等第，評量是描述、蒐集資料、提供回饋。詳細而言，評量是整體課程教學當中的一個重要部分，例如各種紙筆測驗、檢核表、測驗、平常小考等等，皆可作為評量課程的工具，都能在學習單元之前、中、後，適當地加以使用，改進「實施教導的課程」與「學習獲得的課程」，而且不僅可以評量某一個學習領域課程主題的先備知識，又可以根據評量進行教學與學習環境的持續調整，例如改變「實施教導的課程」之教學運作活動、選擇不同「資源支持的課程」之教材內容、重組學習小組與學習方法等等，以改進「學習獲得的課程」；又如參與評量的主要人員，不只可以從學生、家長、其他教師或社區成員等蒐集資料，藉以改進

「學習獲得的課程」，並且可以透過協同合作共同建構一個更完整的學生學習成就圖像。

是以教育人員宜運用「變通的評量」與「多元的評量」，調整評量的觀念與方法，注意變通評量與多元評量，重視努力過程與也強調學習結果，引導學生獲得基本能力之「學習獲得的課程」，開展學生的潛能。特別是評量有多種方式，如紙筆測驗、實作測驗、討論、口頭回答、作業檔案、專題研究或分組報告等等，例如Stiggins（1987）指出，可用來登錄記載分數的方式計有：檢核表、等第量表、事後軼事記錄、檔案、錄影帶等。雖然有些人質疑此種評量複雜表現的作法，是否真的具有實用性，不過，一般而言，這種非傳統紙筆測驗的測驗型式，是一個具有某種程度前瞻性的表現型式。特別是，評量時應能配合評量的目的，恰當反映學生的學習狀態，並讓所有的評量類型，發揮該類型的評量特長，以改進「學習獲得的課程」。例如，除了單一選擇題與填充題以外的其他題型，均宜訂定分段給分標準，依學生作答過程的適切性，給予部分分數，並讓學生理解其錯誤原因，以改進學習獲得的課程。

另一方面，評量可以兼採質化與量化的探究形式去獲得資料，例如有關學生檔案、學生訪談、教師團體焦點訪談、師生的日誌與札記、三角觀察、學生出席紀錄、學校氣氛量表與學生成就測驗，這些不同的資料，可以組合成為課程方案的評量圖像。因為課程方案是受到脈絡情境與個人差異等因素的影響，必須從多重層面加以審視，方能呈現其主要因素與因素之間的關係。因此，必須考量依課程方案性質不同，編選不同評量，評量標準的客觀性也應該要能被家長接受，也須要考慮學校教師人力的資源（蔡清田，2002）。總之，評量方法應採多元化方式實施，兼重形成性和總結性評量，評量考試的課程結果應做有效利用，包括可做為「理念建議的課程」之改革、「正式規劃的課程」之計畫調整、「資源支持的課程」之教材修訂、「實施教導的課程」之教學變更、提升「學習獲得的課程」之成效，以及進行評量後的檢討。

(二)應注意「評量考試的課程」之實施評量的時機選擇,避免對結果作出錯誤或不適當的解讀

應注意「評量考試的課程」的實施評量之時機選擇,特別是可以藉由評量學生的起點行為,做為擬定課程計畫與教學單元設計之依據;可以評量學生學習的進行過程狀況,及時發現學習困難,進行日常補救教學;而且可以評量學生「學習獲得的課程」之學習結果,可做為回饋學生學習及輔導學生學習的參考。可以針對學生個人的評量結果,協助教師理解學生既有的知識與經驗,也可從學生發生的錯誤,回溯其學習上的問題,並加以輔導修正;甚至針對全班評量結果的共同錯誤,可能反映教師本身「實施教導的課程」之教學運作的疏失,並可據以改進;而且全校性的評量或全國性的評量考試檢測之結果,則可能反映「實施教導的課程」、「資源支持的課程」、「正式規劃的課程」、「理念建議的課程」之問題,教師可以透過「評量考試的課程」之回饋,作為未來修訂「實施教導的課程」、「資源支持的課程」、「正式規劃的課程」與「理念建議的課程」之參考。

(三)「評量考試的課程」可以成就測驗原則分析,以瞭解學生是否能達到能力指標要求

就「評量考試的課程」而言,「評量考試的課程」的評量成果報告,應該可以指出高品質學習的指標,並且協助學生經常獲得有關達成能力指標方面進步的回饋資料情報;同時教師也應該利用「評量考試的課程」之資料情報,以提升教與學的品質,並改進「學習獲得的課程」(Glatthorn, Carr & Harris, 2001)。

特別是就學生參與「評量考試的課程」之評量而言,學生可以適當的參與評量自己的學習,例如學生參與同儕會議與自我反省活動,並使用「評量考試的課程」之指定規準,或由學生擬訂的評量規準,如運用學生學習發展,作為表現描述等等明確的規準與

實例，以評量自己的學習；或運用評量規準，以評量合作團體的活動，設定並監控在達成學習目標方面的進步與成長。教師也可以「資源支持的課程」之教材內容、「實施教導的課程」之教學目標與相關學習的能力指標，訂定「評量考試的課程」之評量規準，以瞭解學生是否能達到能力指標要求。但是教師不宜在「評量考試的課程」之評量中，出現過多超出學生學習程度與能力範圍的極度艱難考題，而企圖難倒所有學生，因為「評量考試的課程」之評量並不宜偏向常模參照類的評量考試類型，不應該過度強調全班或全校的鑑別，而忽略學生學習的檢討回饋與精進。

就「評量考試的課程」之內容分析而言，同一學年或同一學習領域的教師團隊，可以列出一份該學習領域的年級層次必須精熟的能力指標之清單，該學習領域課程小組的教師，應該可以進而利用一至兩項的適當表格，以便指出那些必須精熟的能力指標項目，可能被當作「評量考試的課程」之評量考試的測驗項目。在決定哪些必須精熟的能力指標，可能被用來當作「評量考試的課程」之評量考試的測驗項目的過程中，該學習領域課程小組的教師，可以分析政府所辦理的評量考試之測驗內容、學校辦理的評量考試之測驗內容以及標準化測驗的內容，或許可以不必分析教師自行編制的測驗，其假定是教師應該會先評量已經運作的「實施教導的課程」之內容，在分析這些評量考試的內容時，該學習領域課程小組的教師，可以充分運用那些有關測驗考試的評量內容之詳細說明，以及先前已經評量考試測驗過、而且不再是機密的考古題庫等等，做為參考資料。

㈣宜考量「評量考試的課程」之各種不同的評量規準，來評量學生的「學習獲得的課程」

教師在運用「評量考試的課程」之評量規準來評量學生之時，可以使用許多不同評量規準，以提供學生學習的回饋資料。一般而言，教師可以運用的「評量考試的課程」之評量規準，如表7-1

評量規準實例往往可分為作品（product）、過程（process）與進步（progress）的三種「評量考試的課程」之評量規準（Guskey, 2001）：

表7-1 「評量考試的課程」之評量規準舉例

規準＼水準	優	甲	乙	丙	丁
作品的					
過程的					
進步的					
其他的					
總分（成績）					

1. 「作品」的評量規準，是指與學生特定學習成就或學習表現水準有關「學習獲得的課程」之評量規準，可以根據學生作品，說明學生在特定的時間點之上，知道並學會做什麼事。例如，教師往往利用報告、專案、檔案等作品的評量規準，來評定學生「學習獲得的課程」之最後表現成績。

2. 「過程」的評量規準，是指學生如何完成學習的過程。例如，教師可能認為學生的努力情形、在班級上的表現行為、學習的相關工作習慣等等都是過程的評量規準，因此，平常的表現、課堂小考、家庭作業、課堂參與、準時交作業或出席率等等，都是決定學生成績的過程評量規準。

3. 「進步」的評量規準，是指學生實際從學習經驗中得到多少收穫進展的相關規準，其他的用語，包括學習的收穫、成績改進、附加價值的成績及教育成長等等。例如教師往往利用進步的評量規準，去審視學生學習到目前已經進步了多少。有的教師則是以學生的「學習潛能」之特定語詞，來說明判斷學生的收穫與進步，因此，學生在「學習獲得的課程」方面的進步情形之評量規準，往往是根據個別學生而有差異。

二、「評量考試的課程」之單元學習成就的評量

就單元學習成就的評量而言，「評量考試的課程」之一種評量習得課程的方式，就是分析單元的評量結果。有些教師將根據他們所使用「資源支持的課程」之教材，一個單元接著一個單元地，發展出其「評量考試的課程」之評量計畫，聯結其所負責的能力指標。因此，單元評量結果的分析是相當費時的過程，學校可能要利用教師們所運作「實施教導的課程」之單元內容進行評量測驗，而且也要提供教師專業發展時間，來學習和運用這項「評量考試的課程」之評量技能。一般而言，多數的教師是可以運用下列的程序，進行「評量考試的課程」之單元學習成就的評量：

(一)列出「評量考試的課程」之學生對象與主要單元內容項目的對照表。而且表上邊列出「評量考試的課程」之主要單元內容項目，例如以下是一位教師就「三國時代」這個課程單元的評量所進行的分析：如戰爭的原因、參戰的地方範圍、主要的戰役和結果、戰爭中扮演關鍵角色的重要人物、戰爭的結果和影響；表左邊則由上而下則列出班上所有學生的名字。如表7-2「三國時代」課程單元的評量對照表：

7-2 「三國時代」課程單元的評量對照表

內容 \ 學生	戰爭的原因	參戰地方範圍	主要的戰役	戰爭中關鍵角色人物	戰爭的結果和影響
王品如	優	優	優	優	優
郭成育	優	優	優	優	良
黃進德	優	優	優	優	良
鄭齊均	優	優	優	良	中
董秋霞	優	優	優	良	良

(二)在表上記下每位學生在課程單元中每一部分的學習表現，並使用下列符號表示：

優：優異的表現　　良：滿意的表現　　中：不滿意的表現

(三)分析結果，檢視兩個面向包括對象學生、學生所學習的課程單元內容

(四)根據上述「評量考試的課程」之主要單元內容學習結果的分析，可以做以下的選擇：

1.如果只有少數學生未能達到學習精熟的程度，那就僅需提供個別性的補救教學，然後應該就可以進行下個課程單元的進度。

2.如果有較多的學生未能達到學習精熟的程度，那就可能需要提供學生分組的補救教學。而有關新課程單元的介紹也應暫緩，同時讓已達到精熟程度的學生，進行充實性的學習。

3.如果大部分的學生都未能達到學習精熟的程度，那就需要重新進行「實施教導的課程」之教學運作，此時就可以讓已達到學習精熟程度的學生擔任學生同儕的小老師。

在研擬「評量考試的課程」過程中，教師可能需要校長與教務主任等行政人員的幫助。如果校長與教務主任等行政人員能夠協助教師，研擬更多有效的課程單元內容學習結果評量分析，那麼雙方會更有信心來接受「評量考試的課程」的施測結果。事實上，研擬有效和可靠的課程單元內容學習結果評量分析，是一種極為重要和複雜的技能，而這種複雜性則可見諸於Nitko（1983）所制訂的流程表中，該流程表總共包括了十七個步驟，明確地指明教師與「評量考試的課程」之評量編製設計者在編擬一種有效的成就測驗時，可以採取上述所有的步驟。雖然其所描述的過程，在決定若干主要考試科目中，特別是那些對學生的未來教育具有深遠影響力的評量考試測驗，相當實用，但是編製設計班級的課程單元評量測驗，卻往往需費心費力且費時甚久。以下是一個可能獲致較佳的「評量考試的課程」之評量簡化流程。

第一個步驟，是評估某種特定評量的限制與其可用的相關資源。這個步驟旨在檢視某些「評量考試的課程」之實用性考量。例

如，哪些因素會使評量的功能受到限制？那些相關資源可供教師用來規劃「評量考試的課程」？

第二個步驟，是分析課程單元的教學內容。有兩種方式可以用來分析課程單元的教學內容，Berliner（1987）建議教師使用一個雙向細目表來進行課程單元的分析，細目表的左邊列出了課程單元的教學內容。舉例而言，某一課程單元的內容是「三國時代」，則其要項包括：戰爭的原因、戰爭中各地方的結盟、三國時代中的重要戰役、戰爭中的關鍵人物、以及戰爭的結果。而在細目表的上邊，則分類列出期望學生表現的學習行為結果。教師可以使用三種分類的方式：知識/理解、應用、以及分析/綜合/評鑑。然後，教師就可以使用這個矩陣來選擇「評量考試的課程」之評量考試的內容要項，是以，一邊是關鍵性的人物，另一邊是分析／綜合／評鑑項目的期望行為，則兩邊交叉所形成的課程單元評量測驗要項便可能是：評量「諸葛孔明」和「司馬懿」兩位英雄人物在「三國時代」的事蹟。

表7-3所列的課程單元分析表方式，這種方式和一般教師們所使用的不同，這種使用目標分類的方式，也比較符合教師的課程單元概念：術語、事實和資訊、重要觀念、技巧和程序、批判思考、以及問題解決。事實上，內容/行為的細目表也具有相同的功能，只是其分類的方式有所差異而已。

表7-3　單元分析表（Glatthorn, 2000, 125）

1.列出教導過的用語 　自然資源、可再生的資源、污染、環境、保存、自來水處理廠、污水處理廠、磷酸鹽、海藻、太陽能。
2.列出教導過的事實和資訊 　環境保護局是監督國民是否守法的政府單位。 　淋浴需要使用95公升的水；盆浴需要使用133公升的水。 　生產塑膠需要使用強烈的化學物品和高溫。 　1980至1985年間，世界人口增加了五億五千萬人。
3.列出教導過的重要觀念 　水的循環

（續下表）

酸雨
4.列出教導過的技巧和程序
　解釋資料表
　指出空氣污染的一般性原因
5.列出教導過的學習策略和問題解決技巧
　分析工廠降低空氣污染的成功機率……通常較清新的空氣需要消費者付出較高昂的
　代價。
　說明個人在環境保護上，與他人有何不同的作法。

　　課程單元評量的分析表可發給學生，以幫助學生準備「評量考試的課程」之單元評量考試。當然，課程單元的分析表也可以供教師使用，以引導教師進行課程複習的工作。

　　接下來第三個步驟是要決定那些單元課程目標要納入「評量考試的課程」之評量當中，多數的教師並不一定必須就全部課程內容分析後所出現的所有全部課程單元內容項目，以進行評量考試施測，而應該可以從「實施教導的課程」之課堂實際教導運作的單元課程分析表件當中，來加以選擇評量施測項目。當然，課程單元分析表件中所列的要項，都應該是教師所認為可能重要的「評量考試的課程」之評量施測項目，而其所選擇的評量課程內容則必須考量教與學的相關因素，例如，對未來學習工作與生活的重要性、教學所需花費的時間、可加以運用的相關資源、以及評量施測所需的時間。

　　第四個步驟是決定所要評量施測的單元目標之重要程度，其目的可以協助教師準備「評量考試的課程」之課程單元評量，幫助學生在課程單元評量時有效分配時間，並且協助教師發揮課程單元評量的功效。而就表示課程單元目標的重要程度，一般而言，最容易的方式，就是使用百分比來表示課程單元目標的重要程度。

　　其次接下來第五個步驟是寫下課程單元的評量測驗題目，此時就要用到所蒐集的資訊。教師首先選擇符合各個單元目標的評量問題類型，並兼顧其效度（validity）以及實用性（utility），以瞭解那一種評量類型的試題最能有效地評量單元學習概況？並瞭解那

一評量類型的試題學習者最容易獲取分數？一般而言，評量課程單元的選擇方式可能包括：問答、填充、解釋、是非、配合題、多重選擇、實作或演練。每一種評量方式都有它的優點和限制，問答可以測量學生的推理思考能力，但學生卻不易得分。對教師和學生而言，填充和解釋則是抽樣檢視學習者知識的最佳方式，不過這種評量方式卻比其他簡答題費時。至於是非題雖然容易得分，但是卻有猜題的情形，同時許多教學單元目標無法有效地評量，因為教學單元目標，通常很難明確地加以絕對二分劃分成為絕對分立的相對概念。而配合題和多重選擇題是常使用的簡答類型，然而與是非題一樣，都有猜題的因素存在。實作測驗或許需要更有效的學習資訊，但是較難建構這類型的評量題材，也比較難適切給分。

　　下一個第六個步驟，是綜合各類型的評量題材，編擬出「評量考試的課程」之單元內容並撰寫評量考試測驗說明。在編擬評量課程單元的過程中，教師對於問題如何編排和組合，有許多的選擇方式。教師可以依據課程單元內容來組織試題，例如，所有關於內戰戰役的試題可以放在一起；教師也可以按照課程單元的具體目標來命題，因此，必須蒐集所有知識理解方面的內容。Bloom、Hastings和Madaus （1971）認為，當評量的要項與上述的內容和行為的組成方式頗為類似時，其編排最好是依照其困難程度，由易而難來組織評量的試題。當評量的試題包括不同的類型時，例如是非題和多重選擇題，則其評量組織的方式最好是根據其問題的類型來編製。依照上述的方式來編擬評量，則教師在說明時會更為容易，同時學生也比較有遵循的標準。

　　再下一個第七個步驟，是敘寫明確的課程單元評量之說明。教師與評量的編擬設計者，必須使用學生能夠閱讀和理解的簡易語彙。教師與評量的編擬設計者，應該撰寫詳細的說明，而不是仰賴口頭上的解釋。教師與評量的編擬設計者，也應該指出各評量試題的分數多寡。以下有一些模糊不清和清楚明確的例子，供作參考：

　　模糊不清：把將軍的姓名和戰役配合起來。

清楚明確：以下列出五位將軍，每一個將軍名字的旁邊有一個空白格，找出下表中這位將軍所領導的戰役名稱，並將該戰役名稱填寫在空白處。

最後定案之前，教師與評量的編擬設計者，準備檢視並修正課程單元評量，教師與評量的編擬設計者應該請同仁審視評量，並將可能發生的問題提出來討論，教師也應該好好地檢視課程單元評量的解釋說明，瞭解課程單元評量的解釋說明是否清楚明確。最後，教師與評量的編擬設計者，必須就檢視的結果加以評估，以決定課程單元評量測驗應答的時間和與評量測驗說明解釋的清晰程度。

三、評量學生在堂課上學習之「評量考試的課程」

為了讓教師瞭解「評量考試的課程」之重要性，校長與教務主任等行政人員應該安排時間與各班教師相互討論，透過彼此的溝通與互動，進一步檢視教師的課程評量設計和評分方式，同時也對未來的課程計畫與教學單元加以審視。表7-4所列出的規準，可以作為教師編擬「評量考試的課程」之評量時的參考，也可以作為校長與教務主任等行政人員評量教師施測品質的依據。

表7-4　評量學生堂課學習之「評量考試的課程」之評量規準
（Glatthorn, 2000, 127）

「評量考試的課程」之格式、型態、以及說明
・從外觀看起來，評量是否具有專業性，並且使用明確清楚的格式？
・評量的敘寫是否清晰正確，沒有拼音、標點、以及文法上的錯誤？
・「評量考試的課程」之評量的說明是否清楚？
・「評量考試的課程」之評量試題分數比重的多寡是否清楚地列出？
「評量考試的課程」之內容
・評量是否具有完整性，試題的取材是否涵蓋課程單元的所有部分？
・評量的題目是否包含所有層次的能力，從理解的能力到綜合的能力？
・「評量考試的課程」之評量題目的分數比重，是否確實反映內容的重要性？
・「評量考試的課程」之評量外觀的形式和陳述方式，是否降低了猜題的可能性？

　　就學生在每堂課學習的「評量考試的課程」之評估而言，校長
與教務主任等行政人員應該協助教師評量學生的學習，並將「評量
考試的課程」之學習評量視為每一堂課的重要工作之一。事實上，
評量的重要用途之一，就是引導「實施教導的課程」之教學運作的
進行與學生「學習獲得的課程」之可能成果。就此而言，「評量考
試的課程」之評量並沒有和「實施教導的課程」之教學運作分離。
相反地，「評量考試的課程」之評量被理解為「實施教導的課程」
之教學運作的必要項目，兩者關係密切。有效能的教師幾乎在每一
堂課當中，都會運用互動溝通和循環回饋的方式：評量─計畫─教
學─評量─修正─計畫─教學。

　　從有效地指導學生學習的研究中可以發現，以下的活動都可
運用在每一堂課中（參閱Berliner, 1987; Bloom, Hastings, & Madaus,
1971; Good & Brophy, 1987; Guskey, 1985; Jacobs, 1995）。首先，
在教學進行之初，可以實施簡短的口頭或紙筆測驗，以瞭解學生在
先前課程中所習得的知識技能。如果是採用紙筆測驗，可以請學生
自行檢視測驗，或是由同學相互檢查，讓學生瞭解，測驗的目的旨
在增進學生本身的學習成效。假使所選擇的是口頭測驗，那就應讓
學生瞭解問題，並請學生扼要地回答。

　　其次，當教師在講解一種概念或技能時，可以隨時觀察學生的
行為表現，以監督指導其專注的程度。不過，教師應該瞭解，類似
的監督指導和觀察，並非確實無誤，完美無瑕。特別留意的是，絕
對不要被學生埋首作業或積極參與活動的外在表面現象所矇騙或誤
導，因為學生可能善於表面掩飾，隱瞞其內心在不專心的敷衍應付
情形。

　　再次，當教師解釋完一個概念或示範過一種技能之後，要確
認學生是否已經理解。如果教師指派作業要學生在座位上完成，或
是要學生分組來完成作業，那就要密切地監督指導學生工作的情
形。誠如上述，學生必須自行負責，善加利用這段時間。而最簡單
的方式就是提出一些問題來問學生，或是對於不願回答或不會回答

的學生，就請全班學生一起回答，但不要只是找那些自願回答的學生。教師可以要求中、低年級學生在回答時，請學生使用先前約定好的手勢來表示，例如，「大姆指向上、大姆指向下」或是「第一個答案正確就豎起一根手指，第二個答案正確就豎起兩根手指」（Glatthorn, 2000, 127）。

　　此外，教師有時候也可以提問學生，要求學生寫下簡短的回答，或是對於一種概念的理解，扼要地敘寫，以評量學生的學習情形。一般而言，類似的紙筆回應方式，可以協助學生釐清相關的概念，並且可以獲得實質的回饋。最後，教師可以就學生所學習的內容，實施簡要的評量，以結束該課程單元的學習。學生可以使用多種方法來實施課末的評量，例如進行簡短的口頭測驗，或使用紙筆測驗，或是要求學生就本課的重要內容撰寫摘要。

　　除了使用上述所介紹的方式之外，教師還可以掌握一些要領。首先，必須要瞭解，「評量考試的課程」之評量考試旨在改善學生的學習。其次，「評量考試的課程」之教學評量後，理應有適當的回饋，可以協助學生，並提供必要的支援。再次，使用「評量考試的課程」之評量來修正「實施教導的課程」之教學活動，以提升學生「學習獲得的課程」之過程與成果。如果學生沒有真正學會，那就要進行補救教學。如果大部分的學生都無法瞭解教師對某一個概念的解釋，則很明顯地，教師就要重新運作「實施教導的課程」再度教學一遍，或是修正教學過程。最後，教師要儘可能地提供學生自我評量的機會，教師可以實施學生自評測驗，也可以使用特定的評量測驗試卷，將正確的答案蓋起來，再讓學生來回答。

四、學生的學習檔案評量

　　學生的學習檔案Portfolio之「評量考試的課程」，是一種有目的而整合的學生學習成果輯，以顯示學生在某一學習領域或多方面的努力、進步與成就。學生的學習檔案評量，是每一位學生蒐集評

量資料的彙編。當學生可以選擇他們自己的學習檔案Portfolios的項目，且有助於教學與評量時，則應該多鼓勵學生反省，而且也要明確建立學習的成功規準。因此，學生的學習檔案之「評量考試的課程」，可以包括了一些可以隨著時間的進展，而且強調並追蹤學生表現出合乎能力指標方面的學習進步之評量資料。

　　此種學生的學習檔案之「評量考試的課程」，可以勾勒出學生學習表現的圖像，而且又可充實學習獲得的課程之評量中所顯示的班級評量結果。學生的學習評量檔案，並不是學生在班級中所進行的所有結果。相反地，此種學生的學習檔案是一個可以管理的、有效的、小規模評量考試的課程資料舉例，以說明每一位學生隨著時間進展所獲得的成就。學生的學習檔案所評量的能力指標，是選擇自整套所有年級水準所有學習領域能力指標當中，適用於特定年級水準特定學習領域的重要能力指標。此種學生的學習檔案評量，可以將學生在合乎指定能力指標上的進展情形，告知家長、教師與學生。學生的學習檔案可以包括指定的評量，以年級與課程內容均衡分配的方式，來評量課程所指定的能力指標。學生的學習檔案，可以用來檢視長時間以來的學校課程計畫與教學方案效能，以及學生在達成能力指標方面的發展進步。

　　學校的行政人員與教師，可以在學校內部組織一個跨越年級的委員會，以規劃適當階段步驟，籌劃進行學生的學習檔案評量（Carr & Harris, 2001）。

(一)第一階段

- ・發展出學校人員對學生的學習檔案之共同認識與理解。
- ・分享目前所採用與現行的所有評量。
- ・指出可能需要在學生的學習檔案當中包括的能力指標。

(二)第二階段

- ・完成學生的學習檔案評量所要包括的能力指標之初步指認確

定。

・檢討可能用來評估所指定的能力指標之評量。

(三)第三階段

・將所要評量的能力指標加以編排其優先順序,並指出課程當中哪一個年級與學習領域進行該能力指標的評量。

・完成學生的學習檔案評量的初稿。

・從同事之間獲得回饋意見的歷程。

(四)第四階段

・檢討從同事之間獲得的回饋意見。

・修正學生的學習檔案評量,使其更為實際。

・精練更完整的學生學習檔案評量之計畫。

在決定進行有關學生的學習檔案評量之時,應該要考慮是否尚有其他有關學生學習結果的必要相關訊息,並決定可以從哪些可能的來源當中蒐集資料,進而實際執行該「評量考試的課程」之評量方案。

將學生的學習檔案評量進行最後整理。

(五)第五階段

・提出有關學生學習檔案評量的建議,並指出所需配套的教師專業發展需求。

・指出每所學校特定的實施需要。

此一委員會所提出的能力指標與學生的學習檔案評量之初稿,可能相當冗長,但這些初稿可以提供一個從何處下手的最好考量。例如,表7-5「評量考試的課程」之學生學習檔案評量實例,顯示學校可以決定經由能力指標的連貫,並跨越所有年級水準的有關正確閱讀的能力指標,以發展學生的學習檔案評量。

表7-5「評量考試的課程」之學生學習檔案評量實例
（修改自Carr & Harris, 2001, 31）

可能包括在學生學習檔案中的能力指標	可能的評量	其他評量/建議
溝通 1.2（正確閱讀） 學生閱讀該年級的教材時，有90％的正確率，並能明確表達其意義	語言 ・口語閱讀流暢評分指引1-3年級 ・第二級Vermont閱讀發展評量 ・Vermont, Herman, Trubisz小學低年級與2-4文字素養溝通量表 ・K-4德州小學閱讀量表 ・K-12資訊素養評量規準 科學 ・9-12全州考試科學檔案（Golder State Exam Science Portfolio） 社會學習領域 ・5-8，9-12Vermont歷史專案 ・K-12河濱實作評量系列（Riverside Performance Assessment Series）	

　　學校所成立的課程發展委員會可以利用「評量考試的課程」之評量檢核表，以挑選高品質的評量，作為學生的學習檔案評量。此種「評量考試的課程」之評量檢核表，可以提供有關配合指定能力指標評量工具的檔案。最後，還可以將此檔案，區分為不同學習領域不同年級或學習階段水準的區塊，如第一學習階段小學低年級、第二學習階段小學中年級、第三學習階段小學高年級與第四學習階段國民中學階段，並為每一位學生在不同年級水準的評量資料格式，以便於進行追蹤。甚至學校也可以將這些評量資料格式置於學校網路上，以便簡化書寫記錄，不僅可以節省時間，更可以便捷的管道為教育人員提供服務。例如，表7-6可以提供有關小學三、四年級的語文能力指標的評量檔案檢核表之參考。

表7-6　以能力指標為主的「評量考試的課程」之檢核清單（Carr & Harris, 2001, 33）

此一檢核清單，可以用來發展一項「評量考試的課程」之評量檔案，以作為學生評量檔案，此一評量檢核清單，也可以用來發展一個完整的評量計畫之參考。

結果

☐ 該「評量考試的課程」之評量，是否值得在教學時間內進行？

☐ 該「評量考試的課程」之評量，是否鼓勵課程綱要指引所界定的優良教學？

☐ 該「評量考試的課程」之評量，是否支持有關能力指標與課程綱要課程焦點？

公平性

☐ 該「評量考試的課程」之評量所提供的案例，是否適合於所設計的年級水準？

☐ 該「評量考試的課程」之評量，是否提供充分的時間讓學生完成，是以評量的結果反應出學生的能力而非應考的技巧？

☐ 該「評量考試的課程」之評量，是否提供適當的機會，讓學生在教室教學過程中去應用他們已經學習的知識與技能？

☐ 該「評量考試的課程」之評量，是否能避免文化、種族與性別的刻板印象？

☐ 該評量是否能避免對某類教育背景或性別較為偏袒有利的工作任務或情境？

☐ 該「評量考試的課程」之評量，是否應用了一種沒有偏見的評量計分過程？

☐ 該評量在評估能力指標的內容時，是否能避免不必要的困難用語？

☐ 該「評量考試的課程」之評量，是否能在被評量的領域內協助學生，去展現他們所知道的與他們所能做的內容？

☐ 該「評量考試的課程」之評量，是否可以進行必要的調整嗎？

信度與效度

☐ 該「評量考試的課程」之評量，是否描述了所要評量的能力指標？

☐ 該「評量考試的課程」之評量，是否代表了預期的能力指標？

☐ 該「評量考試的課程」之評量，是否提供了證據，說明其結果是可以類化推論的，是可在廣大的知識範圍中說明學生的實作表現。

☐ 該「評量考試的課程」之評量的設計，是否包括了考量學生必須完成的許多工作任務，以便能去說明其類化推論的結果？

☐ 該「評量考試的課程」之評量，是否包括明確的評分規準，甚至是評量指引，以便描述說明該評量規準的應用？

☐ 該「評量考試的課程」之評量，是否提供了證據，以說明結果是一致的、而且可以貫串於所有的評量計算公式與情境條件？

認知的複雜性

☐ 該「評量考試的課程」之評量所使用的工作任務，是否運用了合乎學生被期待去使用的適當背景知識？

☐ 該「評量考試的課程」之評量所使用的工作任務之解答方式，是否不能被事前加以記憶背誦？

☐ 該「評量考試的課程」之評量所要評估的，是來自課程統整目標的主要概念與原則？

☐ 該「評量考試的課程」之評量所提供的證據，是否能透過工作任務而引導出複雜的理解或問題解決的技能？

內容品質與範圍

☐ 該「評量考試的課程」之評量所使用的學習工作任務，是否與課程綱要的指引相互一致？

（續下表）

☐ 該「評量考試的課程」之評量所使用的學習工作任務，是否經由內容專家加以檢討，以確保其品質、精確以及學科及跨學科的適切性？

☐ 該「評量考試的課程」之評量的格式，是否反映了教室的實際狀況？

意義性

☐ 該「評量考試的課程」之評量，是否為學生、家長與教師提供了有用的資訊？

☐ 對教師、學生與社會大眾而言，該「評量考試的課程」之評量是否可靠？是否可以作為評量某個特定領域的學生基本能力之有效指標嗎？

☐ 該「評量考試的課程」之評量是否鼓舞學生盡其所能並激勵其做出最大努力？

成本與效益

☐ 該「評量考試的課程」之評量，在行政上具有可行性嗎？

☐ 該「評量考試的課程」之評量，是否合乎成本效益？

特別值得注意的是在設計學生學習檔案評量的時候，可以考慮下列的問題，例如「評量考試的課程」所評量的能力指標，是整套的課程目標之代表嗎？學生學習檔案所包括的能力指標之數量合理嗎？學生學習檔案評量是高品質的嗎？這些學生學習檔案評量對所參與的學生，會有什麼影響？學生學習檔案可以提供有用的回饋給學生與家長嗎？學生學習檔案所提供的資訊情報，有助於課程計畫與課程方案及教學單元設計的改進嗎？整體而言，該學生學習檔案是否能精確地反應長期以來的學生學習表現之能力指標嗎？考量這些問題可以在設計學生學習檔案評量時，可以進一步結合以便未來能成為有用資料情報，以引導學生的未來學習。

五、「評量考試的課程」之「真實的學習」之評量

「評量考試的課程」是指出現於各種評量考試測驗當中的課程內容，「評量考試的課程」包括許多型式與目的，誠如上述所言，「評量考試的課程」有助於教育人員進一步瞭解所謂「學習獲得的課程」的一部分成果。特別是由於一般人對傳統紙筆測驗不甚滿意，因此教育專家開始建議以表演、展現、或是示範等等實作的方式來進行「真實的學習」之評量，這種越來越受到重視的「真實的學習」之評量，其評量方式要求學生就其所學實際操作或演練示

範。

　　例如包塞納 （George Posner） 便主張「真實的學習」之評量，是一種影響教師安排學生學習特定學習任務的評量方法，其評量焦點著重在真實生活世界的「實作表現任務」等學習目標與實作任務，引導教師協助學生思考與解決實際生活問題，並協助學生在實際生活世界當中，統整所學到的知識技能，確保學生獲得真正理解（Posner, 1995）。例如，目前我國高中職入學考試主要依據的國中基本學力測驗，已自2006年開始加入寫作測驗，並自2007將作文併入國中基本學力測驗總分計算；同樣地，美國高中入大學重要參考之一的SATI，已經決定自2005年3月起，不再以四擇一的單選題為主，而新加入論文寫作，另外還擴充測驗的範圍，改變的主要目的應該是希望藉由考試加強學生表達能力。決定這項SATI考試改變，是經過其董事會當中教育學者專家多年深思熟慮的構想，且諮詢其他學者和學術團體、專業的視導人員和學校招生入學辦公室人員等等，再作成的決定。特別是由於論文寫作可訓練考生統整與表達能力，因此專家們同意把作文納入入學考試之中。

　　這種論文寫作測驗，是屬於一種實作表現式的「真實的學習」之評量方式，其評量的實施可以是在單元結束之際、學期或年度結束時、以及各級學校教育階段告一段落時，如國小階段或國中階段或高中階段結束時，所進行的學習評量。例如Sizer（1984）便主張認為高中文憑的授予應以「精熟技能的展現」（exhibition of mastery）為基礎，也就是要求學生必須就其高級中學階段所學習的內容，具體展現其真實的學習知能成就。Sizer主張，這類「真實的學習」之展現，應該是公開展現的形式，學生要能從此活動中，證明其所精熟的技能和知識基礎。

　　舉例而言，有一個測驗取材自Mitchell（1992），這項是根據美國國家數學教師協會（National Council of Teachers of Mathematics）的標準編擬而來，適用於幼稚園到小學四年級的數學表現測驗，是先由教師給學生一盒葡萄乾，並要求學生估算葡萄

乾的總數，為了讓學生順利進行此項實作活動，教師會提供學生一個天平、不同大小的容器、以及一個計算機。在此實作過程中，師生必須使用第二種方法來檢視先前的估算工作，並將結果記錄下來。

　　然而，特別值得注意的是，因為「真實的學習」之實作表現任務，可能需要更有深度地解決問題，是以「真實的學習」之評量，可能比傳統測驗要花更多的時間，要花更多的時間與運用各多的方式去進行評量，因此，值得進一步探究「真實的學習」之評量作法，以助於教育人員進一步瞭解「評量考試的課程」（Marzano & Kendall, 1996）。特別是Wiggins（1989）認為學生展現真實的學習實作表現任務的精熟學習，包括有七種結構性的要點，亦即：公開性；不要過分強調既有的時間限制；學生理解的實際工作任務；提供累積性的證據，諸如學習檔案夾；要求合作；鼓勵練習；尋求重要性回饋。而且，這種「實作表現任務」的實作測驗之「評量考試的課程」，具有八項特色：每個年級都需要，而不只針對一個年級；使其技能更趨熟練，讓學習者更精巧地使用技能；兼顧脈絡性和複雜性，不是與環境脈絡隔離的個別技能；與學生的研究有關；能測出學生的習慣和能力，不是記憶或臨時抱佛腳而得的技能；具有代表性，強調其深度而非只注意廣度；兼顧參與性和教育性；以及能以一些模糊而不確定的學習任務測出學生的學習所獲得的知識、技能及情意態度（Wiggins, 1989）。

　　雖然「評量考試的課程」之「真實的學習」之評量，例如「實作表現任務」的評量或表現類測驗的評量作法，是近年來才受到重視，但是，在此領域中的一些參考文獻（Archibald & Newmann, 1988; Stiggins, 1987; Wiggins, 1998）早就建議，可以採取類似如下的歷程進行此種「評量考試的課程」之評量的研發設計實施。

㈠反省檢討學生可能展現其學習的方式,設計適當之「真實的學習」與表現機會

「評量考試的課程」之「真實的學習」與表現機會的每一反應類型,可能激發某些特定的觀念,教師或許可以參考McTighe與Ferrara(1997)提出「真實的學習」之評量作法之實作評量表分類:

1. 「建構理念的反應」(constructed responses):簡答、圖表、視覺符號如概念圖。
2. 「產品」(products):短文、研究報告與實驗報告、札記、故事、戲劇、詩歌、檔案、藝術展覽或科學展覽、模型、錄音帶或錄影帶、傳單。
3. 「實作」(performances):口頭報告、舞蹈表演、科學實作、運動競賽、戲劇閱讀、工作表現、論辯對答、吟誦朗讀。
4. 「歷程」(process):口頭質詢、觀察、訪談、會議、歷程描述、學習札記、思考歷程和記錄。

㈡ 考慮「評量考試的課程」之評量的教育目的,如診斷學生的優點與問題,學習的回饋、教學引導、表現的動機、評量或評分、方案評量

「真實的學習」的評量之研擬設計者,要先考慮「評量考試的課程」之評量的教育目的,是要診斷學生的優點與問題、或進行學習的回饋、教學引導、表現的動機、評量或評分、方案評量,而且也要瞭解重要的教育目標,也就是希望學生在某一階段的學習活動之後,所要獲致的預期認知、技能與情意等學習成果。教育目標的性質通常是一般性,涵蓋一些重要的知識基礎和技能與情意等重要學習成果。當然,它也應該具有重要的教育意義。舉例而言,教育目標是要所有國民中學二年級(亦即八年級的)學生達到「成為一

個具有辨識能力和批判能力的電視媒體使用者」。

㈢透過腦力激盪的方式，思考可能加以運用的學習機會與學習任務之評量

接下來，研擬設計「評量考試的課程」之真實學習評量的步驟，是將教育目標分析成為具體的學習目標，也就是從一般性的目標細分成較具體性的學習任務。值得注意的是，協助研擬設計示範性的工作，「評量考試的課程」之真實學習評量的研擬設計者，應該對於學習者的發展階段，以及教育活動所能達成目標的限制，有了清楚的認識。舉例而言，以下是達成一般目標所包括的具體學習任務，例如：1.限制收看電視的時間，一週不得超過十二小時。2.運用選擇工具，例如評論專欄和報紙的電視節目表，以篩選重要的電視節目進行節目收看。3.展現意識，指出電視廣告如何透過激發人類的基本驅力和需求來影響人的行為。4.評鑑電視新聞節目的客觀性和公正性。

「真實的學習」之評量之研擬設計者，應該能夠確認學生展現精熟學習所需進行的示範性和表現性的行為。以下是教師批判性地審視先前的教育目標之後，其所提出的展現演示或表現類的學習任務：1.學生要向班上同學報告兩天收看電視的日誌。其一是記載學期開始之初，學生要排定收看電視的時間表；其二是在學期即將結束之際的情形。學生要向班上同學解釋兩者之間的主要差異。2.學生和班上的四位同學都會拿到一份週日報紙的娛樂版新聞，以及一份同一週的新聞週刊雜誌。要求學生列出五個重要的節目，並請學生說明選擇這些節目的原因。3.學生會看到三個知名廠牌運動鞋的廣告錄影帶，然後，請學生完整地論述原因，說明那些廣告如何影響學生的購買行為。

㈣對腦力激盪的結果進行初步評量，並結合相關觀念，選擇最佳的觀念

　　教師可根據就腦力激盪的結果，進行一種「效度的檢核」（validity check）與一種「真實的檢核」（reality check）。一方面效度的檢核，可回答核心問題：「此一真實的學習之實作評量，能否有助於學生展現他們所學習獲得課程目標與分段能力指標所指定的技能與知識。另一方面，真實的檢核之回答問題：「此一真實的學習之實作評量在教室中可行嗎」？教師可以考慮學生的興趣，所需的知識來源、所花的時間、可能性等等來回答此一問題（Posner & Rudnitsky, 2001）。

㈤發展該項「真實的學習」任務表現的課程評量與教學之場景情節

　　教師可以規劃一個課程單元的場景情節（scenario），作為評量考驗測試能力指標的「真實的學習」表現實作任務的可行性與效能的方法之一。課程單元的場景情節是一幅心像，以指出該課程單元是如何開始發展與結束。這是一種心靈實驗，以便觀察該學習領域的課程計畫如何實際運作進行教學。因此，各學習領域課程設計小組的教師團隊，應該運用分析的心態，回顧此一場景情節，而且最好反省下列事項：分析的結果、學生、目標及其相對應的能力指標、真實學習表現實作任務、真實學習與教學的本質、可運用的資源等。

　　由於一個場景情節是一幅心靈的圖像，指出教室事件如何開展，班級如何組織，單元如何開始、如何進展、如何結尾。因此，教師或許可以將全班分成每組三人，每名學生負責一個議題，並利用「拼圖式」合作學習歷程，讓每位學生扮演其所負責學習部分的專家，再由每一學習部分的專家教導其餘組員。每一組挑選其所要報告部分的主題，每一組的專家在組員的協助下，積極蒐集資料並

準備向全班同學發表演說，此一場景情節只是一般圖像，這是一個前瞻的過程，有助於教師去考驗學習表現任務的可教性及其相關教學（Posner & Rudnitsky, 2001）。

又如，以下是一則有關於「熱能」的課程單元之場景情節舉隅：首先，開始討論即將來臨的冬天，以及學生與家中如何準備過冬。先瞭解學生他們知道多少，引導出對學習手冊的需求、展現真實學習表現實作任務，進而建立全班所有學生所需要的知識，並利用有關「熱能」的錄影帶，將學生分成三組，亦即個人熱能、家庭熱能與汽車熱能三組，讓每一組學生找出一位可以進行訪談的當地專家，並讓學生進行訪談技巧的短期練習，而且讓每一組學生設計一個實驗，以測試該研究領域的熱能相關研究假設，並讓全班學生一起回到教室，共同上課進行受訪者分析的練習。接下來讓每一組撰寫該學習手冊的一部分，並安排同儕相互檢視編輯，檢查該課程單元的場景情節，以確定其能代表「真實的學習」並反映所進行分析的結果（Posner & Rudnitsky, 2001）。

㈥評量「真實的學習」之表現任務的初稿，並隨後加以修正

接下來可以利用表7-7所列的規準進行評量歷程，應注意「真實的學習」之表現實作任務，是否適切地評估學生所要精熟的分段能力指標。

表7-7　評鑑以能力指標為依據的「真實的學習」之任務表現
（改自Glatthorn, Bragaw, Dawking & Parker, 1998, 54）

該項「真實的學習」之任務表現是否
・密切而完整的符應所要評估的課程目標與分段能力指標？
・要求學生運用先前的知識以獲得新知，並利用知識以完成學習任務？
・要求學生運用創造思考等高階層次的思考歷程？
・有目的，不只合乎脈絡情境的意義，而且看似真實的？
・引起學生的興趣？
・要求學生以多種反應的模式，向同學及其他人溝通說明其所運用的過程與所獲得的結果？

（續下表）

‧要求學生在某一重要階段時間內繼續努力？
‧提供學生選擇自由？
‧在學校與教室情境下似乎是可行的，沒有要求不尋常的資源或製造不合宜的爭端？
‧對所有人傳達公平的感受，而且沒有偏見？
‧對學生具有挑戰性，且不會使學生挫折？
‧包括了學生學習表現任務的評量規準與評量規準的評等分類項目基準內容說明等基
準。
‧同時提供團體工作與個別工作，並給予適當的績效責任。

㈦規劃「真實的學習」之評量的「評量規準」與評量規準的評等分類內容項目說明或評分規準內容說明等基準，以評量學生真實學習的表現

　　就真實學習的評量而言，特別是從能力指標中發展出「評量規準」（criteria）與「評量基準」（rubric）而言，有必要根據能力指標歸納發展為學習成就評量指標的方向。我國國民中小學九年一貫課程實施後，學者建議研擬發展具體明確的各學習領域各階段的具體學習成就指標、示例及其評量方法，依不同的年級、不同的領域，發展出不同的評量指標，可提供各校教師實施教學評量及供教科書和教材選編之參考。或許可以審慎評估參照2001年修正Bloom的目標分類架構資料是否適用於國內，並應隨著時間，做修正調整來解讀能力指標，並以此學理或國外已經做大規模應用的架構，來發展學習成就評量指標與方法，可協助學校教師掌握能力指標之意義。提出明確的評量指標架構後，為能夠持續發展，最好要能夠長期（例如每個學期或每年地）有計畫地徵集各個指標在不同領域、不同年級的教學事例，讓教師容易從例子當中釐清指標的界定，並做為課程設計以及教學時的參考、應用與比較。

　　為了要讓學校教師能夠願意去使用能力指標，對每一個評量指標，提出教師能夠很容易看得懂的實例，加以具體說明之，讓教師方便應用。指標解讀之流程：不同的讀者依其不同的洞察力，對於能力指標作解讀、轉化後，需再經過討論的過程，才能進一步形成共識，在有了共識以後，才能夠再進一步針對相同指標作不同年

段的檢測時，發展出不同的規準。例如：閱讀理解，三年級的閱讀理解到哪一個層次水準的學習成就程度，算是過關，六年級到哪一個層次水準的學習成就程度過關，形成同一個指標，在不同的年段裡，有著不同層次水準的學習成就規準。因此，有必要確定「評量規準」與評量規準的評等分類項目基準內容說明或評分規準內容說明等「評量基準」。

1.「評量考試的課程」之「評量規準」

「評量考試的課程」之「評量規準」（criteria），簡稱「評量規準」，是評量當中非常重要而且基本的品質成分（components of quality），但是評量的規準，卻往往是一個極度滑溜而不易界定的概念。簡單地說，評量規準，是指一種預期品質或表現的學習任務之陳述，例如「期望至少有95%的傳球成功的能力」。是以，如果評量棒球隊員中的游擊手，可利用的評量規準，就可能是例如「移位」、「接球」、「跑步」等重要的能力內容。因此，一位棒球隊教練可能設立規準如「精確的移位」，以選擇能勝任的游擊手隊員。

具體而言，「評量規準」，是一種陳述期望與表現的規準，應該是明確的與公開的，特別是有關學習的評量規準，必須明確地界定學生在特定課程當中的學習成果或表現，並且根據能力指標的可觀察規準進行判斷；評量的規準應該公開地展示以便公告周知，最好是將學生學習成果的實例，公告於布告欄與通訊欄；在一個與能力指標連結的評量系統中，所有的這些決定，都是根據能力指標而形成評量規準的主要架構。因此，能力指標可提供蒐集、分析與資料的運用，以作為改進課程方案之決定。是以校長與主任與級任導師等等教育人員身為課程領導者，必須瞭解不同團體對評量有不同的觀點與價值感，因此，必須協助學校團體成員看到評量考試的課程圖像，而能力指標則可以提供評量規準的一個共同討論基礎。

首先，能力指標可作為評量規準的共識基礎，進而決定要評量課程當中的什麼學習內容。例如，能力指標可以包括溝通、推理、

問題解決、個人發展及社會責任等能力，這些能力指標都可以作為課程發展的基礎，同樣地，這些能力指標也可以成為一個完整的評量計畫的共同連接點，換言之，可以讓一套能力指標成為評量考試的課程焦點。

就「評量考試的課程」之真實學習評量而言，「評量規準」（criteria），特別是指用來判斷學生學習標準之層面或特徵（dimension or characteristics）。在發展一個能力指標為依據的評量系統中，找出一套共同的能力指標，是非常重要的。以能力指標做為評量的規準指標或定錨點（benchmark or anchor），這是學生學習結果的一種具體行動實例（action example），是一種可以提供說明學生在不同年齡、年級或發展階段水準，所達成的特定目標之能力指標的成就表現。能力指標，可以指出學生學習的實例，以說明其優異或適切的學習成就表現。分段能力指標，也可以是指學生在不同年級階段或年齡，所可能達成的指定成就目標（target）之標準。能力指標也可以作為建立評量規準的基礎，因此，評量的目的必須明確地加以說明，能力指標與評量的關係，也必須明白地加以指出。

然而，能力指標並不能直接用來評量。因此，下一個步驟是去說明評量的規準，以便進一步決定教師如何知道一位學生的寫作、實驗設計、或舞蹈表現是否合乎能力指標。「評量規準」，說明了判斷學生學習成果的層面或屬性，因為他們建立了以能力指標為依據的評量參數。而且「評量規準」，通常可以從敘述完整的能力指標當中，找出合適的評量規準。例如表7-8舉出例子說明能力指標蘊含了評量的規準，可以從能力指標當中的主要關鍵字或詞找出評量的規準（改自Carr & Harris, 2001, 41）。

表7-8　能力指標蘊含「評量規準」的實例

能力指標	評量規準
應用語言文字表情達意，分享經驗，溝通見解	應用語言文字，表情、達意、分享、溝通

2.「評量考試的課程」之「評量基準」

「評量考試的課程」之「評量基準」（rubric），簡稱「評量基準」，是指「評量規準」的評等分類項目基準內容說明或評分規準內容說明，這是一套評定學生成就表現的等級或計分的依據參數，也是一種評等第的計分或評量工具，不僅可以列出每一個規準（crieria），並可以指出學習任務表現（performance）的層次水準（levels）。就「評量基準」而言，一旦建立了「評量規準」，下一個步驟就是去擬定其相對應的表現水準，以瞭解學生在達成能力指標的表現水準到底表現到哪一種層次水平或水準？研擬表現水準的過程，會引導教師更進一步地瞭解能力指標的明確內容與具體意義。例如表7-9的實例，可以在某種程度上說明了「評量規準」的表現水準（改自Carr & Harris, 2001, 42）。

表7-9　「評量規準」的表現水準舉例

能力指標	評量規準	表現水準
應用語言文字表情達意，分享經驗，溝通見解。	應用注意符號	能利用注音符號，和他人分享自己的經驗和想法。
應用語言文字表情達意，分享經驗，溝通見解。	聆聽能力	能聽出別人所表達的意思，達成溝通目的。
應用語言文字表情達意，分享經驗，溝通見解。	說話能力	能主動使用正確的語詞說話。
應用語言文字表情達意，分享經驗，溝通見解。	閱讀能力	能理解在閱讀重中所觀察到的訊息。
應用語言文字表情達意，分享經驗，溝通見解。	作文能力	能配合日常生活，練習寫作簡單的應用文（如賀卡、便條、書信、日記等）。

　　評等分類項目內容說明的「評量基準」（rubric），是一套評定學生成就表現的等級或計分的依據參數。優良的評等分類項目內容說明的基準，可能包括了一個固定的量表（如4點量表）、一套清楚的「評量規準」、在量表上的每一點的評量規準表現水準的描述說明，以及典型反應之能力指標，以便具體說明不同水準程度的表現。能力指標是一種測量工具，以描述說明能力目標相關的表現

或教育系統其他面向的表現。一個指標必須要有一個共同同意而且一致的定義與參照點或標準，以作為判斷表現水準的依據。一個指標必須合乎專業技術的能力指標品質，諸如測量所要測量的效度以及測量的一致性信度。

因此，如果能針對課程當中重要的學生表現要項，並明確配合一個評量表設計及其表現水準的具體描述說明，便可以成為「評量規準」所運用的評等分類項目內容說明或「評分指引」（scoring guides）的重要「評量基準」。「評量基準」所運用的評等分類項目內容說明或評分指引等，可以具體而明確地說明「評量規準」的內容。舉例而言，優良的閱讀能力之效標規準，可能包括的特徵，諸如流暢性、彈性、課文內容與課文之間的連貫、並與個人生活經驗聯結。這些效標規準，可用以評等分類的具體描述說明來加以呈現，並用來評量學生的閱讀能力表現，特別是分段能力指標的表現，可以用來指出學生在評等分類上評等指引方面的精熟程度水準。

在評量評等分類項目內容說明或評分指引等「評量基準」當中，它會具體指出受評量者學習表現的階段，以及各階段的預期特色，包括分數記載方法的使用，作為評鑑表現行為的依據。例如我國教育部於2005年公布國民中學基本學力測驗寫作測驗零級到六級分的「評量基準」及「評分指引」的相關內容，共包括立意取材、結構組織、遣詞造句和錯別字、格式及標點符號四項。

表7-10　國民中學學生基本學力測驗寫作測驗評分基準一覽表
（修改自國中基測指導委員會http://www.bctest.ntnu.edu.tw）

級分	評分基準（評等分類項目內容說明）
六級分	六級分之文章十分優秀，此種文章明顯具有下列特點： (一)立意取材：能依據題目及主旨選取適當之材料，並能進一步闡述說明，以凸顯文章之主旨。 (二)結構組織：文章結構完整，段落分明，內容前後連貫，並能運用適當之連接詞聯貫全文。 (三)遣詞造句：能精確使用語詞，並有效運用各種句型，使文句流暢。 (四)錯別字、格式及標點符號：幾乎沒有錯別字及格式、標點符號運用上之錯誤。

（續下表）

級分	評分基準（評等分類項目內容說明）
五級分	五級分之文章在一般水準之上，此種文章明顯具有下列特點： (一)立意取材：能依據題目及主旨選取相關材料，並能闡述說明主旨。 (二)結構組織：文章結構大致完整，但偶有轉折不流暢之處。 (三)遣詞造句：能正確使用語詞，並運用各種句型，使文句通順。 (四)錯別字、格式及標點符號：少有錯別字及格式、標點符號運用上之錯誤，不影響文意表達。
四級分	四級分之文章已達一般水準，此種文章明顯具有下列特點： (一)立意取材：能依據題目及主旨選取材料，但不能有效地闡述說明主旨。 (二)結構組織：文章結構稍嫌鬆散，或偶有不連貫、轉折不清之處。 (三)遣詞造句：能正確使用語詞，文意表達尚稱清楚，但有時會出現冗詞贅句，句型較無變化。 (四)錯別字、格式及標點符號：有一些錯別字及格式、標點符號運用上之錯誤，但不至於造成理解上太大困難。
三級分	三級分之文章是不充分的，此種文章明顯具有下列缺點： (一)立意取材：嘗試依據題目及主旨選取材料，但選取之材料不夠適切或發展不夠充分。 (二)結構組織：文章結構鬆散，且前後不連貫。 (三)遣詞造句：用字遣詞不夠精確，或出現錯誤，或冗詞贅句過多。 (四)錯別字、格式及標點符號：有一些錯別字及格式、標點符號運用上之錯誤，以致於造成理解上之困難。
二級分	二級分之文章在各方面表現都不夠好，在表達上呈現嚴重問題，除了有三級分文章之缺點，並有下列缺點： (一)立意取材：雖嘗試依據題目及主旨選取材料，但所選取之材料不足或未能加以發展。 (二)結構組織：結構本身不連貫，或僅有單一段落，但可區分出結構。 (三)遣詞造句：用字、遣詞、構句常有錯誤。 (四)錯別字、格式及標點符號：不太能掌握格式，不太會使用標點符號，且錯別字頗多。
一級分	一級分之文章顯現出嚴重缺點，雖提及文章主題，但無法選擇相關題材、組織內容，並且不能於文法、字詞及標點符號之使用上有基本之表現。此種文章具有下列缺點： (一)立意取材：僅解釋提示，或雖提及文章主題，但無法選取相關材料加以發展。 (二)結構組織：沒有明顯之文章結構，或僅有單一段落，且不能辨認出結構。 (三)遣詞造句：用字遣詞有很多錯誤或甚至完全不恰當，且文句支離破碎。 (四)錯別字、格式及標點符號：完全不能掌握格式，不會運用標點符號，且錯別字極多。
0級分	離題、重抄題目或缺考。

　　這種國民中學學生基本學力測驗寫作測驗之閱卷方式，較以往傳統閱卷方式不同者，在於目前寫作測驗評分基準採六級分制，

係參考數個國外大型寫作測驗所公開的寫作評分基準為基礎，並邀請國內國文學科專家做適當調整，經由學科專家與測驗專家反覆討論，共同制定適用於臺灣地區國民中學學生寫作測驗的評分基準，力求寫作測驗評閱結果合乎客觀、公正、穩定及一致性之要求。

另一方面，就「真實的學習」之「評量基準」之表現水準而言，能力指標往往是一個已建立的成就水準、表現品質或一個能力指標的精熟程度。一個實作的能力指標通常是由一個專業團體基於能力指標、學生表現的資料、學生能力知識與結果的預期使用等等基礎而加以設定，可以成為評量的評等分類項目說明之「評量基準」的重要根據。例如表7-11演說的「評量基準」或評等分類項目內容說明或評分規準內容說明，或許可以用來評量學生的演說能力。

表7-11　演說之「評量基準」的評等分類項目內容說明，
包括規準（criteria）與水準（levels）等評分規準內容說明
（改自Glatthorn, Bragaw, Dawking, & Parker, 1998，56）

水準 規準	丁（差）	丙（可）	乙（中）	甲（良）	優
團隊合作	無助於團隊合作，並經常中斷	有一些貢獻，並偶爾中斷	有許多貢獻，並沒有間斷	有許多有幫助的貢獻，並能促成團隊合作	有許多有價值貢獻，並能提供領導
知識的使用					優
推理能力				甲	
溝通技巧			乙		
其他					

就功能而言，有許多原因可以用來說明利用「評量規準」（criteria）與「評量基準」的評等分類項目內容說明基準的重要性。首先藉由明確地指出對學生期待的事項，可以提升學生學習表現任務的品質。在許多教室中，學生往往是盲目進行，不清楚什麼是令人滿意的學習表現。因此，教師如果以模糊不清的字眼向學生

要求「努力一點」「做的不好」「不合標準」，往往未能提供明確的學習回饋。因此，「評量基準」的評等分類項目內容說明之評量基準，可以指定特定面向能力及其特定的表現水準層次，是有助於教室內的教師與學生之實際運用。其次，「評量規準」（criteria）與評量基準的評等分類項目內容說明之基準，可以提供有助的指引，以協助並教導學生進行真實的學習。如果教師心中有明確的「評量規準」與「評量基準」，便可給予學生特定的協助，有助於學生學習任務表現要素的具體化。可以協助教師促進評量的歷程，使其更為公平、更加一致、更加有效。教師如果知道評量基準的評等分類項目內容說明之基準，將有能力將學生的成績評定任務作的更加精確，更可以協助家長，更清楚地瞭解學生學習的項目，也清楚地瞭解如何評定學生學習的成績。

特別是規劃評等分類項目內容說明的「評量基準」之步驟，包括第一個步驟是指出所用的「評量規準」。根據實務經驗顯示4到7個評量規準較為合適，如果太少或太少，評鑑歷程就會變得太複雜。可以藉由回答下列問題以獲致評量規準，「何種因素構成整體的學習表現任務？當評鑑此一學習表現任務時，教師會尋求什麼項目？」。第二個步驟則是一旦建立了評量規準，便要決定以多少層級水準（level）來描述學生的學習任務表現。一般而言，學者指出大約3-6個層級水準是相當普遍的。有些人則建議一開始先明確指出最佳與最差的兩個極端，再加入中間點。

㈧下一個步驟是利用評等分類內容項目說明的一個標準格式，將所有的決定加以系統化組織

有經驗的教育專業人員們發現有脈絡情境（context）、學習任務（task）、與「評量基準」的評等分類內容項目說明等三要素的標準格式相當有用。

1.「脈絡情境」指出了環境，亦即時間與地點，以及學生的角色。例如，以下是制憲大會所要展現的學習任務之脈絡情

境：「時間是1787年，地點是美國賓州，你是十三州的代表之一，你是制憲大會代表賓州的小組成員之一。此次大會旨在建立新國家的政府機制基礎。成員們在三個議題上意見不一：是否以法律廢除奴隸制度？聯邦或州何者應該擁有較多權利？總統的權力與國會的權力應該如何加以分立？」（Glatthorn, Bragaw, Dawking, & Parker, 1998）。

2. 其後的「學習任務」則要清楚地而以十分明確的特定細節，加以展現。學生應該清楚地瞭解他們所要解決的問題，以及所要展現的學習任務表現。以下是根據上例所可能指出的學習任務：「你將是一位對上述建立新國家的政府機制議題之一的一位專家，藉由小組成員之協助，你將準備針對制憲大會發表演說。你的演說要清楚地說明你的小組對憲政的意見，你的演說時間約有十到十五分鐘，你要去說服大會委員接受你的發表內容。」（Glatthorn, Bragaw, Dawking & Parker, 1998）。

3. 接下來要將所規劃之「評量基準」的評等分類項目內容說明基準包括在內：教師也可以將針對評鑑個別學生所要精熟的個人學習任務項目加以包括進去。在上述例中，各位小組成員的個別工作任務，包括必須向影響美國國會決定的重要關鍵人物Hamilton與Jeffersan寫一封信。

㈨安排並進行真實學習之適當課程單元評量

每一個課程單元都應該經過許多類型的評量，學習領域小組的教師，可以利用自己規劃的或參考表7-12所列出的評量要務。首先，當設計完成了該課程單元，應該和同事進行形成性評鑑，定期檢查以確保設計出高品質的課程單元之學習材料。當完成該課程單元的準備後，便應該根據相同的「評量基準」進行評量。在進行必要的修正之後，便可以邀請將要使用此課程單元的教師進行檢討與評量，以便提供改進的建議。應該根據這些建議，並加以具體轉化

成為另一次的修正改進。最後的考驗來自學生的使用，此處最重要的評量要務，是該課程單元的效能，是否有效協助學生精熟該項能力指標的真實學習表現任務。教師應該提供書面回饋資料，以說明學生在特定學習表現工作任務的實際表現程度或層次水準（Glatthorn, Bragaw, Dawking & Parker, 1998）。

表7-12　「真實的學習」之課程單元的評量要務
（Glatthorn, Bragaw, Dawking & Parker, 1998）

此課程單元是否
1.協助學生精熟該項能力指標的「真實的學習」之表現任務？
2.具體展現「真實的學習」之要素？
3.運用了實際的時間架構？
4.形式、組織與內容皆有助於教師的使用
5.包括了政府部門所指定的所有課程內容成分？
6.有效且正確地運用語言？

　　最後並將此種經過評量要務的規劃資料，送請其他的專業人員與其他的學生進行評量。由於學習表現任務是教學與評量過程的重要一環，學習表現任務與評量應該經由那些未曾參與規劃過程的其他人來進行嚴謹的評量。例如，可以請其他教師、中央或地方教育當局的督學、教育輔導員、或大學教授來進行檢視，而且在進行大規模使用之前，應該先進行前導試用。

㈩實施並評量「真實的學習」之任務的結果

　　就實施以能力指標為依據的課程單元而言，單元設計完成之後，該學習領域課程設計小組的教師，便可以實施該單元，定期檢查以確保學生學習獲得必要的知識技能，以便能在將要進行評量的學習工作任務上有良好表現。一種有效掌握真實學習評量焦點的作法，是在公布欄上張貼該項「真實的學習」之表現實作任務的分析結果。接著，當每一節課結束時，一方面，學生便能在教師的指導之下，確定其是否在該節課中學習獲得了有關能力指標的進步，精

熟了必要的知識與技能。另一方面，教師也應該進行檢查，以確定是否發生「真實的學習」，並可利用同儕回饋資料，以檢核教師的知覺。

最後的一個步驟將規劃、評量與修正之後的學習表現任務，進行學習表現任務的評量，評量學生的學習表現，並利用其評量考試的課程實施結果，來監控學生學習成就，並明確指出學生在評量基準之上的學習表現項目及其相對的學習表現水準。

第二節　「評量考試的課程」之評量報告

如同上一節所述「評量考試的課程」之教育目的，旨在於提供有關「實施教導的課程」與「學習獲得的課程」之相關資訊，以指引「實施教導的課程」與「學習獲得的課程」之變革與改進的歷程、決定個別學生學習、瞭解特定課程與學校教學實務措施是否成功、以及學生是否獲得跨越課程的統整知識與技能，此外，評量並可以提供方法與資料將學生「學習獲得的課程」之結果，向相關人士進行溝通說明與報告，並可作為決定「理念建議的課程」、「正式規劃的課程」與「資源支持的課程」之參考。

在進行「評量考試的課程」之評量報告時，以瞭解「學習獲得的課程」之成果，應該考量要評量該年級學生哪些項目的能力指標？是否使用了適當的評量類型？如何評量使其與能力指標連貫一致？

一般說來，以能力指標為依據的評量，是與學習有關，注意到學生的優點與問題，而且每一個要素都是整體課程教學與學習評量系統的一部分。以能力指標為依據的「評量考試的課程」之評量，包括多面向的與彈性的，可以在學科課程與跨越課程之間進行結果的考驗，說明學習型態與多元智能，包括學生的自我評量、可以事前規劃的、可以有效進行的、可靠的與可正確地報告。特別是「評量考試的課程」之評量報告，事前宜規劃發展出一個評量的計畫指

引、根據能力指標進行成績報告、協助學生經常獲得有關其在能力指標方面進展的回饋資訊、指出成績報告通知單的評量規準過程、以及整個年級或整個學校學生表現的整體報告。

一、事前宜規劃發展出一個「評量考試的課程」之評量計畫指引

　　進行「評量考試的課程」之評量前，事前宜規劃出「評量考試的課程」之評量計畫指引。「評量考試的課程」之評量計畫，是有關如何評量學生學習之一套選擇設計工具，以確保從「評量考試的課程」之評量計畫實施中，可以有效獲得「學習獲得的課程」之回饋資料情報，以便引導「實施教導的課程」之變革與改進。「評量考試的課程」之評量計畫指引，包括了所要評量的作品與實作表現等等資料、所要用來提供回饋的評量規準之評等分類項目內容說明基準、報告與回饋的方法、以及誰來擔任評量者等等要素。

　　「評量考試的課程」之評量計畫的規劃，不管是針對一個特定的學習單元或每月或每學期的定期評量，都將會有所助益，它將可以使「評量考試的課程」之評量與能力指標相互結合，而且可以針對能力指標進行多元評量，並明確地指出如何利用「評量考試的課程」之評量，以便協助學生獲得學習回饋訊息。因此，「評量考試的課程」之評量計畫指引，是一種設計工具，這可以是一套有關如何去評量學生在特定能力指標與相關規準等方面的學習之工具。「評量考試的課程」之評量計畫指引，可以確保引導學生獲得多元的機會，去展現特定學習成就如某一能力指標的成就水準，而且學生將產生許多不同的反應，諸如作品（如書面報告或地圖）與實作表現（如安置物品、訪談或遊戲）。此種「評量考試的課程」之評量，可以將多元智能與個別學生的優點加以結合，而且也可以利用指定的反應（如多重選擇測驗）。

　　「評量考試的課程」之評量計畫指引，可以提供計畫去運用不

同的評分指引，如評分評等表、檢核表、解答要點等，以提供學生學習的回饋資訊。是以，「評量考試的課程」之評量計畫指引，應該要提供多元的機會，讓學生展現指定能力指標的學習成就，特別是學生有不同的建構反應，諸如書面報告、繪圖等作品與訪談、戲劇表演等實作表現，這些不同的建構反應，可以說明學生的多元智能與個別學生的優點。表7-13列出「評量考試的課程」之評量計畫指引的意義，表7-14是「評量考試的課程」之評量計畫指引的一項實例。

表7-13 「評量考試的課程」之評量計畫指引
（改自Carr & Harris, 2001, 39）

「評量考試的課程」之評量計畫指引，可以用於「評量考試的課程」之評量行動規劃，此表指引出四種評量的類型（選定的反應與三類建構的反應）。每一類型的評量，皆提供的三種資料情報，亦即，一個定義、一項用來蒐集學生資料的評等分類項目內容說明基準之描述、以及要向學生、家長等人提出報告的形式。

學生所作的	選定的反應	建構的反應		
		簡答	作品	實作表現
定義	學生從所呈現的反應中進行選擇	學生必須設計一個反應或回答	學生所設計的文件記錄或人工製品	學生所完成的實作展現或互動
評等分類項目內容說明指引之評量基準	回答重要的計分版	類化的或特定任務的評等分類項目內容說明基準檢核表	類化的或特定任務的評等分類項目內容說明基準檢核表	類化的或特定任務的評等分類項目內容說明基準檢核表
報告或回饋	數量的評分：百分率、總分、字母等第、書面敘述報告、檢核表、評量、口頭報告	數量的評分：百分率、總分、字母等第、書面敘述報告、檢核表、評量、口頭報告	數量的評分：百分率、總分、字母等第、書面敘述報告、檢核表、評量、口頭報告	數量的評分：百分率、總分、字母等第、書面敘述報告、檢核表、評量、口頭報告

表7-14「評量考試的課程」之評量計畫指引的實例
（改自Carr & Harris, 2001, 40）

此一「評量考試的課程」之評量計畫指引，是由一位小學六年級的教師所發展出來的自然與生活科技學習領域課程單元。在此實例當中，教師並沒有使用選定的反應之評量。儘管正式考試與平常小考可能包括的選定的反應，但此案例中的正式考試及平常小考的項目，都是經過良好建構的反應項目。此項「評量考試的課程」之評量計畫指引，指出每一個評量所使用的評等分類項目內容說明的基準指引之類型。

（續下表）

學生所作的	選定的反應	建構的反應		
		簡答	作品	實作表現
能力指標7.1		·正式小考 ·平常小考		·合作的實驗活動 ·評等分類項目內容 　說明基準檢核表
能力指標7.2 物質、運動、力 與能		·正式考試	·研究專案 ·論文	·合作的實驗活動
評等分類項目內 容說明評量之基 準		·回答正式考試 　或平常小考的 　問題答案		·合作的實驗活動之 　評等分類項目內容 　說明基準之檢核表

　　就「評量考試的課程」之評量計畫指引而言，所有的評量資料，應該用來作為持續進行革新的依據，而完整的評量系統，應該顯示如何評量學生在能力指標方面的學習進展，另外，也要注意到可用的資源、實施過程、學習結果與其他指標等資料。透過一個「評量考試的課程」之計畫指引，可以持續提供課程方案與教學實務等方面的資料，以作為後續行動計畫方案規劃的參考；行動計畫方案最好是由學校教育人員、家長、與社區人士，必要時邀請學生參與，協同合作共同規劃，並強調改進學生在能力指標方面的學習成就；策略的行動計畫方案，更可以進而指出學校組織的必要變革，允許學校得以協助學生獲得更高的學習成就，而且應該可以每年定期留下記錄，並向家長進行報告學生在特定能力指標方面的學習成就（Glatthorn, Carr & Harris, 2001）。

　　「評量考試的課程」之評量，是瞭解「學習獲得的課程」之憑藉，也是決定有關「資源支持的課程」、「正式規劃的課程」、與「實施教導的課程」等之基礎，而且課程內容應該與評量是息息相關的，應該是教了一些指定的課程內容與方法，再考這些指定的課程內容與方法，評量考試的課程內容與授課內容必須相關。從前的考試方法常用是非題、選擇題等評量方式，只是測驗片段的知識記憶，可能不容易評量高層認知的思考能力與過程。但是，思考能力的培養與教材、教法、學習的方式與評量方式都有關係，因此，

如果要評量測驗出學生真正的高層思考能力，應改變傳統評量的方法，如透過實作評量，測驗出學生的高層思考能力。在認知能力的要求上，應是從最基本的記憶，逐漸往理解、應用、分析、綜合、評鑑、創新等認知層次提升。例如：測驗學生英語能力，常考單字、文法等，考了很多次、記了很多次，還是不會寫文章，認知能力只限於低層的記憶，如果要寫好文章，不單要學會文法，還要將思考整合、表達、說明清楚，要說明清楚需要組合、分析、判斷，所以測驗語文最好的方法可能就是讓學生撰寫一篇文章。又如問了一個科學問題，然後寫下答案，這中間的思考過程可能比答案重要，以此方法評量學生也比較精確，更能促進學生學習方法的改變，所以評量要考慮到思考的過程；像數學不光只是要一看到題目馬上寫答案，應著重演算的方式與思考的過程，因為每個人雖有共同的答案，但卻有不同的解題方法，這些方法可能都是好的。

是以完整的「評量考試的課程」之評量計畫指引要項，包括多元的評量策略、評量的規準、透過評量提供訊息、學生參與評量、有效地溝通評量訊息，以協助教學並引導學生學習。就多元的評量策略而言，宜運用平衡而不同的評量策略，如實作評量、自我評量、紙筆測驗、觀察的軼事記錄、檢核表等適當的工具與技術，將可以評估不同的認知、技能與情意，以獲得資訊情報，並提供有關學生學習的回饋。特別是透過一個明確的策略，以建構一個能力指標為依據的「評量考試的課程」之評量計畫指引是相當重要的。「評量考試的課程」之評量計畫，可以將焦點集中於下列要素：

㈠指出特定的能力指標，包括所要教導的與評量的能力指標。

㈡教學活動，活動要依據所要的學習而加以建構，並產生教師所要用來評量特定能力指標的學生學習之作品與實作表現。

㈢證據來源，這是指教師可用來評估學生在特定能力指標方面進步情形的學生作品與實作表現。

㈣評等分類計分項目內容說明指引之評量基準，教師可用來評估證據來源（如解答要點、計分評等表、檢核表或觀察單等）的指

引。

(五)評量表，將會由誰來評量學習，如學生、教師、外來的裁判、家長、社區成員。

(六)成績報告，報告成績與提供回饋等方法，諸如數字的分數、敘述的報告、計分評等的指引、書面的評論與口頭的報告或會議。

二、根據能力指標進行「評量考試的課程」之評量成績報告

　　「學習獲得的課程」之評量，特別是透過「評量考試的課程」之評量，在中小學課程改革當中應該具有一席之地，這是由於社會大眾對於學生「學習獲得的課程」的評量成績報告程序並不是很清楚，因此，向社會大眾與學生家長報告學生的「學習獲得的課程」之結果，最好一定是要比較能夠被觀察到的和可以測量的。然而，許多初次正式實施新課程的學校教師，都感到因為不知如何幫學生打成績，而對學習評量方面具有強烈的專業成長的求知慾。可見「學習獲得的課程」之評量，特別是「評量考試的課程」之評量，在學校教育過程中的重要性往往被忽略，此種情形的發生可能緣起於許多原因，舉例而言，學校可能期望教師去設計所有的評量工具而非採用或調整現有優良的評量工具，教師也可能因為缺乏明確的品質判斷規準，而採用了現有不適合的評量工具，教師也可能沒有機會去分享學生的工作、去共同評分並同意一致的年級水準能力指標之基準，或者一個學校可能只有改變評量方法技術的實務，而且沒有連結到學生學習成績評等與報告的改變。特別是，有許多複雜的學習技能像「反省」和「合作」就不是那麼容易被定義、觀察、和評量。這些複雜的學習技能，目前還沒有辦法完全被標準化，因此，以下有幾點可能是在進行「學習獲得的課程」之評量成績報告，特別是透過「評量考試的課程」之評量成績報告時需要注意的：

㈠評量和學生成績報告，需要和課程的目標一致。

㈡學生需要很明確的被教導那些將會被評量的認知、情意與技能。

㈢學生家長需要被告知為什麼學生學習評量和成績報告的方式有所改變。

㈣學校課程發展委員會的成員在這些評量的程序中可以成為決策者。

值得注意的是，學生的學習成績，是否根據學生的知識能力與努力行動而進行評量所獲得的成績呢？教育人員或許可以根據某一學習領域課程的特定能力指標之評量規準內容的分數、等第或百分數，來決定學生的成績。因此，如能根據能力指標，將學生的學習表現與明確的評量基準描述水準進行比較對照，則是一種可行的而具體的效標參照（Guskey, 2001, 20）。

三、學生應該經常透過「評量考試的課程」，獲得有關其在能力指標方面進展的「學習獲得的課程」之評量回饋資訊

學生應該利用能力指標的明確規準與實例，透過「評量考試的課程」來評量他們自己的「學習獲得的課程」之學習工作表現，而且他們也可以從同儕、教師與其他成人之處，獲得與特定能力指標相關的回饋訊息，學生應該知道並瞭解能力指標的意涵，瞭解他們在能力指標方面將如何被評量，以及如何透過實際行動來改善他們自己的實作表現。

四、透過「評量考試的課程」，獲得「學習獲得的課程」之成績報告通知單的評量過程

透過「評量考試的課程」，獲得以能力指標為依據的「學習獲得的課程」之學習成績評定報告通知書是一項挑戰，通常這包括四

個歷程（Guskey, 2001, 23）。

(一)首先，教育人員應該要明確指出，期望學生去達成特定學習領域的能力指標。

(二)其次，教育人員為這些能力指標建立學生學習表現的指標，換言之，教育人員決定哪些證據最能說明學生是否達成每個能力指標。

(三)教育人員決定評量學生表現品質的分段水準階層（graduated level of quality）。此一步驟牽涉到指出學生成就的分段水準階層，有時稱為分段的「評量基準」，以說明學生邁向能力指標的進步情形。

(四)教育人員與學生家長彼此協同合作，以發展「學習獲得的課程」的評量成績通知書報告格式，以便向家長溝通說明教師判斷學生在學習目標或能力指標上的學習進展與成就。

　　這種作法的優點是，以能力指標為依據的評量，提供了學生學習成就與表現水準的主要訊息，可用於診斷與規範的目的，而有助於提昇教師教與學生學的品質。這種作法的缺點包括：首先是可能要先花費許多時間與工作努力，增加教師與學校領導者的工作負荷。其次，此種成績通知書的報告書對學生家長而言，可能太複雜而不易理解。為瞭解釋，可能要用冗長時間說明溝通。其三，是此種成績通知報告書，可能無法適切地溝通說明期望水準之比較。第四，此種評量系統比較適用於課程較少分化的國民小學學生（特別是低年級），至於國中生與高中生則可能因為學生修習了不同類別程度的課程內容，例如學術導向課程或是職業學程導向課程，因此，評量成績報告，可能因學生修課種類不同與個別差異而有不同，是以這是另一項極大的挑戰，有待社會大眾、政府、教育人員、家長、專業人士一起共謀對策。

四、重新設計以能力指標為依據的個別學生「評量考試的課程」之成績報告

　　根據能力指標，進行學生成績報告的形式，通常有兩種，一種是針對個別學生的「評量考試的課程」或「學習獲得的課程」之評量，另一個是針對整個年級或整個學校，以說明學生在能力指標方面的進步情形（Guskey, 2001, 23）。就前者而言，通常學校教育人員都是靠家長會議或學生成績通知書，來告知學生相關的學習情形，但是，這些工具通常只有輕描淡寫地指出學生的家庭作業、教室行為等等學生學習的補充說明事項；而且往往學校所辦理的家長會議時間有限，很難進入深談對話。由於學生的成績通知書，只不過提供學生修習了哪些課程科目得到幾分，而其他的通知，則可能說明了學生讀了哪些書籍的清單。因此，學校應該善用不同的方法，以向家長報告說明學生學習的成果，諸如表7-15是可能向家長報告說明學生「評量考試的課程」與「學習獲得的課程」的學習成果的評量方式與內容。

表7-15　向家長報告說明學生「評量考試的課程」與「學習獲得的課程」的學習成果之評量方式與內容（改自 Carr & Harris, 2001, 103）

通知內容＼通知形式	家長說明會	家長參觀日	親師通訊	評量規準說明	家訪或打電話	會議	成績通知書
有關主題、單元與學習材料的資訊情報	√	√	√				
評量	√	√	√			√	√
教學型態	√	√	√				
課程目標方面的表現				√	√	√	√
行為					√	√	√

　　學校可以根據現有的學生成績通知書加以改良，並參考下列步

驟以設計能力指標為依據的「評量考試的課程」與「學習獲得的課程」之評量成績報告書，這些步驟是可以彈性地加以調整。

(一)第一個步驟，成立一個委員會

首先決定需要由誰參與學生「評量考試的課程」與「學習獲得的課程」之評量成績通知書的修訂，通常可以包括6-10人，這可以由校長、學校課程發展委員會或教務主任來加以組織召集，並由教師代表不同學年、不同學習領域，並考慮增加一名家長代表以提供意見。

(二)第二個步驟，擬定時間軸線

重新建構一個學生「評量考試的課程」與「學習獲得的課程」之評量成績通知書要花費許多時間，而且要預留試用及再修正的時間。

(三)第三個步驟，同意修訂學生「評量考試的課程」與「學習獲得的課程」之評量成績通知書的過程之基本規則

修訂學生「評量考試的課程」與「學習獲得的課程」的評量成績通知書，可能是一種相當引起相關人員情緒反應的過程，因此如果一開始就先建立評量的基本規則，將會有幫助的。例如可以參考表7-16並加以修正。

表7-16　修訂學生「評量考試的課程」與「學習獲得的課程」之評量成績通知書的過程之基本規則舉隅（改自Carr & Harris, 2001, 105）

- ・準時開會與結束。
- ・會議上不同的歧見爭執，不會延伸到會議室之外。
- ・會議的成員要完全參與團體工作，包括完成參考文獻的閱讀與其他指定作業。
- ・確保所有成員的完全參與評論與決定，會中不可竊竊私語。
- ・共識是指願意遵守一個決定。每一個努力都是以團體的共識為依據，以促成決定。如果不能在一段合理時間之內達成共識，則可透過出席者投票多數決定。
- ・每一位委員會的成員都是代表，都有責任去呈現說明該會議的決議，並分享委員會的工作與尋求回饋。
- ・委員會的成員，要輪流承擔責任，以進行會議的紀錄，以書面方式記錄委員會所做的重要決議。

(四)第四個步驟,決定成功的規準

決定成功的指標,說明什麼是優良的學生「評量考試的課程」與「學習獲得的課程」之評量成績通知書?要包括什麼內容?如何知道學生「評量考試的課程」與成績通知書已經達成其目標。其指標包括:明確的與可理解的、與能力指標連貫的、而且是迅速可管理的、一致且有彈性的、有效且可管理的格式。

(五)第五個步驟,界定「評量考試的課程」與「學習獲得的課程」之評量成績通知書的目的

學生「評量考試的課程」與「學習獲得的課程」之評量成績通知書,只是整體報告系統的一部分。學生「評量考試的課程」與「學習獲得的課程」之評量成績通知書要回答哪些問題?這是一項巨大的挑戰(Guskey, 2001, 22)。哪些問題可由其他報告系統來回答?此種討論,會引發究竟家長想要知道哪一種資料情報的問題,特別是:

- ·我的小孩在作什麼(題目、活動、單元)?
- ·我的小孩學習什麼(能力指標,包括知識與技能)?
- ·我的小孩如何展現此種學習(證據、作品、表現)?
- ·我的小孩作的如何?(行為、態度)
- ·我的小孩是否有改進?(進步)
- ·我的小孩需要什麼以達成改進(下一步)?
- ·我能幫什麼忙?(家長參與)

一個以能力指標為依據的學生「評量考試的課程」與「學習獲得的課程」之評量成績通知書,會說明其在能力指標上的進步情形,而不是與他人作比較。

(六)第六個步驟,批判現有的評量成績通知書

可以參考其他縣市學校的學生成績通知書,比較其不同指標,

並注意下列優良的特徵（改自Carr & Harris, 2001, 105）：

- 容易瞭解的描述；
- 與特定的能力指標有關；
- 能迅速準備與閱讀；
- 能用電腦加以處理；
- 有一個個人績效的領域（例如社會情緒議題）；
- 明確的用語—沒有術語；
- 以能力指標為依據，沒有抽象的數字（容易被家長理解）；
- 根據學習單元加以發展；
- 有保留書寫評論的空間；
- 內容領域可以分解為次技能；
- 提供格式的描述用語；
- 學生成績通知書的首頁有適當的圖示；
- 一年準備兩至三次的通知書；
- 具有隔頁的回條；
- 留有空間讓學生自評。

(七)第七個步驟，設計「評量考試的課程」與「學習獲得的課程」之評量成績通知書的一個實務模型

利用方格紙、尺、剪刀與膠帶或電腦文書檔案，以設計一個或多個新的學生「評量考試的課程」與「學習獲得的課程」之評量成績通知書的模型，可以由不同小組根據相似主題，設計不同的格式，並進行比較、對照、結合、並加以修正，以創造新的學生「評量考試的課程」與「學習獲得的課程」之評量成績通知單草案。這些實例都是運用先前討論過的原則，因此要加以批判與修正，就比較容易。

(八)第八個步驟，選擇所要涵蓋的能力指標

有些資料可以直接在教室向學生說明，有些資料可以運用其

他方式向家長報告，而學生「評量考試的課程」與「學習獲得的課程」之評量成績通知單應該提供跨越所有課程領域的學生學習表現。

(九)第九個步驟，決定「評量考試的課程」與「學習獲得的課程」之評量成績通知書的形式

以國字代表的成績、以英文字母代表的成績、以數字代表的成績、百分率、量表分數、評量規準內容的說明，與書面描述評語等皆可採用。但是，如果使用相同的學生「評量考試的課程」之評量成績通知書格式，則各校教師之間所用的成績報告的用語，要儘量相互一致，特別是要根據能力指標，進行學生學習表現的成績報告。例如，「優」，代表超越該項能力指標的期望。「甲」，合乎該項能力指標的期望。「乙」，逐步邁向合乎該項能力指標的期望。「丙」，未合乎該項能力指標的期望。

(十)第十個步驟，設計一個學生「評量考試的課程」與「學習獲得的課程」之評量成績通知書的草稿，以進行分享與修正

設計一個學生「評量考試的課程」與「學習獲得的課程」之評量成績通知書的草稿，以便可和教師、行政人員及家長進行分享，此一草稿格式就盡量接近於完工的成品，以便能夠和其他成員、教師、家長進行面對面的分享與批判，特別是分享判斷成功的規準，並要求批評者將其回饋意見連貫到判斷成功的規準，並將其回饋意見帶回工作小組，以進行整體檢討是否需要進一步的改變。

(十一)第十一個步驟，試用「評量考試的課程」與「學習獲得的課程」之評量成績通知書

一旦委員會對學生「評量考試的課程」與「學習獲得的課程」之評量成績通知書感到滿意，則可以透過教師進行試用。值得注意的是，教師可能需要花費相當久的時間，去瞭解填寫新的學生

「評量考試的課程」與「學習獲得的課程」成績通知書，因此必須仔細地向每位試用者解釋清楚試用的本質，並讓家長填寫回饋意見表，及請家長寄回批評的意見，並將運用電腦處理此一學生成績通知書，建立線上的資料庫與列印清單。

(十二)第十二個步驟，檢討回饋意見、修正並將學生「評量考試的課程」之評量成績通知書加以最後定案

一旦完成試用，進行學生「評量考試的課程」與「學習獲得的課程」之評量成績通知書的最後變更，決定其內容與格式。

(十三)第十三個步驟，指出下一個步驟與實施的議題

在委員會結束工作之前，邀請委員們一起反省下一步要做什麼，可以考慮諸如下列的問題：

- ・教師們如何獲得機會，去熟悉以能力指標為依據的新學生「評量考試的課程」與「學習獲得的課程」成績通知書？
- ・家長如何知道此一新的學生「評量考試的課程」與「學習獲得的課程」之評量成績通知書？
- ・需要採取什麼評量，以支持新的學生「評量考試的課程」與「學習獲得的課程」之評量成績通知書？過去教學實務需要做任何的變革嗎？
- ・需要採取什麼教育科技輔助，以便讓新的學生「評量考試的課程」與「學習獲得的課程」之評量成績通知書更有效用？
- ・修改學生「評量考試的課程」與「學習獲得的課程」之評量成績通知書的歷程將會是什麼？

成功地轉換新的學生「評量考試的課程」與「學習獲得的課程」之評量成績通知書之主要關鍵是參與及溝通，下表7-17是可能的「評量考試的課程」與「學習獲得的課程」之評量成績通知書格式。

表7-17　國立嘉義大學附設實驗國民小學八十九學年度第二學期
三年級各科學習能力指標期末評量通知單（引自蔡清田，2002）

三年____ 班　座號____ 姓名_____

學習領域	科目	課 程 內 容 指 標 細 目	評 量 指 標					學期總表現
			做得非常好	已經做到	還可以更好	再努力	需加強學習	
語文領域	國語	1.聆聽能力—能注意聽並聽得正確。						
		2.說話能力—能有禮貌的表達意見。						
		3.寫字能力—能養成良好的書寫習慣。						
		4.閱讀能力—能喜愛閱讀課外讀物，進而擴展閱讀視野。						
		5.寫作能力—能練習運用各種表達方式習寫作文。						
	英語	1.聽—能仔細聆聽並能聽懂常用之教室及日常生活用語。						
		2.說—能唱一首英語歌曲並能禮貌地作簡單的提問及回答。						
		3.讀—能跟著老師正確地朗讀課本中之對話或故事。						
		4.寫—能臨摹抄寫簡單的單字或字母。						
數學領域	數學	數與量	1.能使用測量工具描述一個量——【長度、容量】。						
		圖形與空間	2.能認識角的大小及比較面積、體積的大小。						
		代數	3.能透過具體操作，解決生活情境問題中的算式填充題。						
		連結	4.能嘗試不同的解法，解決數學問題。						
自然與生活科技	自然	1.有細心觀察和推論的能力。						
		2.有細心操作及記錄的能力。						
		3.養成動手做的習慣。						
	電腦資訊	1.能編輯文稿並結合文字、圖畫、藝術字等。						
		2.會網路基本操作：e-mail，www。						
社會領域	社會	1.能瞭解嘉義地區的人文與自然環境。						
		2.能適應學校與社區的生活。						
		3.能與社會上的人有良好的互動。						

（續下表）

學習領域	科目	課程內容指標細目	評量指標					學期總表現
			做得非常好	已經做到	還可以更好	再努力	需加強學習	
健康與體育	道德與健康	1.生長、發展—能認識生命的過程、瞭解人的生長與兩性發展。						
		2.群體健康—能促進健康與預防疾病。						
		3.健康心理—能接受自己和他人的不同，並認識情緒的表達和正確的宣洩方式。						
		4.安全生活—認識藥物及其使用，演練處理危險的方法。						
	體育	1.表現出操作器材的基本動作能力。						
		2.認識並參與各種身體活動。						
		3.養成對於遊戲規則遵守的態度。						
藝術與人文	音樂	1.會吹奏直笛ㄉㄛ—高音ㄖㄨㄝ組成的曲調。						
		2.會視唱ㄉㄛ大調的音階和曲調。						
		3.會辨識人聲、樂器及音樂要素，並描述其特質。						
		4.會演唱七首歌曲。						
	美勞	1.嘗試各種藝術創作，表達豐富的想像力與創造力。						
		2.相互欣賞同儕間的作品，並能描述其美感特質。						
		3.蒐集有關生活周遭鄉土文物或傳統民俗文物的藝文資料，並說出其特色。						
生活態度與習慣		1.學習態度—主動積極的學習。						
		2.生活態度—正向的思考、理性的判斷。						
		3.團隊合作—能互助合作、進取向上。						

老師的話						
出缺席記錄	應出席日數	事假日數	病假日數	公假日數	其他	
榮譽記錄						

校長		教務主任		級任教師		家長簽章	

　　上述的學生「評量考試的課程」與「學習獲得的課程」之評量，分別從學習領域的能力指標與學生日常生活表現，分別加以評量。學習領域的評量，乃是依據能力指標、學生努力程度、進步情形，兼顧認知、技能、情意等層面，並重視每一個領域學習成果之分析。日常生活表現評量，則包括學生出席情形、獎懲、日常生活行為表現、團體活動表現、公共服務及校外特殊表現等範圍。總之，學生「學習獲得的課程」之學習評量，包含各種不同的學習型態與表達模式等等。相信所有學生都有能力學習，雖然學生不一定學習相同的事物，而且也不一定能達到相同的水準程度，而且也要欣賞學生有能力做到的事，希望透過評量，指出所有學生的優良表現以及可再加強之處。甚至，教師也可以透過觀察記錄，指出學生上課情形、學習態度、同儕關係與生活習慣等等。甚至學校有可以將學生「學習獲得的課程」的成績紀錄表加以累積。如表7-18。

表7-18　連續多年的學生「評量考試的課程」之評量成績紀錄舉隅

學期年級 能力指標		一		二		三	
		上	下	上	下	上	下
數學領域	1	甲					
	2	甲					
	3	乙					
	4	丙					
	5						
自然與生活科技	1						
	2						
	3						
	4						
	5						
	6						
	7						
社會領域	1						
	2						
	3						
	4						
	5						

（續下表）

學期年級 能力指標		一		二		三	
		上	下	上	下	上	下
藝術與人文領域	1						
	2						
	3						
	4						
	5						
	6						
	7						
	8						
健康與體育	1						
	2						
	3						
	4						
語文	1						
	2						

五、整個年級或整個學校的學生「評量考試的課程」與「學習獲得的課程」之表現報告

　　就呈現「評量考試的課程」與「學習獲得的課程」之學生學習成績報告而言，可以針對整個年級或整個學校的表現情形，向學生家長與社會大眾說明學生在能力指標方面的進步情形。以下是描述「評量考試的課程」與「學習獲得的課程」之學生學習成績報告的公開推廣策略四階段（Carr & Harris, 2001），雖然這些階段有其邏輯順序，但是此一過程是重複繼續不已，而且每一個階段也是另一階段的重要基礎。

㈠第一階段：宜先建立學生家長與一般社會大眾對能力指標的知覺

　　家長與一般社會大眾往往對能力指標的評量不甚瞭解，因此，政府在正式全面採用以能力指標為依據的評量之前，宜先建立家長及社會大眾對能力指標的認識，此階段的焦點在協助家長及社會大

眾認識能力指標，而不是邀請家長及社會人士加以批判檢討。因此，第一階段的焦點問題可能包括：

- ·能力指標是什麼？
- ·能力指標從何處而來？
- ·能力指標的目的是什麼？
- ·能力指標是否具有挑戰性？
- ·能力指標如何改變教育？

學生家長通常還會提出如下的問題，例如，我孩子的教室會有什麼改變？我如何幫助我的小孩達成能力指標？如果我的小孩未能達成能力指標會有什麼後果？學生家長與社會大眾可能會要求有關學生自我管理的技能、批判思考、作決定、問題解決的技能、生涯規劃與職場技能、安全原則、科技與資訊等方面的能力。因此，學校在向家長與社會大眾溝通說明能力指標時，應該可以參考下列三個步驟，並清楚地界定主要的核心訊息。

1.擬定明確而且具有挑戰性的能力指標；

2.評量學生與學校達成能力指標的情形；

3.讓學校與學生為改進表現而負起績效責任；

此一階段的重點，不在讓學生家長與社會大眾記住每一條能力指標的清單，而是利用機會回答學生家長與社會大眾所提出的主要能力指標問題，因此，透過故事說明也是可以達成此一目的的妙法，學校人員可以舉出校內實例，說明能力指標如何轉化學習，並且透過發布新聞稿、郵件、通訊將實例公開週知。

㈡第二階段：宜建立學生家長與一般社會大眾對評量工具與程序的知覺

如果提供學生家長與一般社會大眾對評量的瞭解，將有助於以能力指標為依據的評量之公開說明的結果，特別是以能力指標為依據的評量，不同於常模參照評量。

(三)第三階段：分享評量與相關結果

此階段包括兩部分，安排評量成績報告的情境脈絡與實際報告其結果。學校最好每年皆對外說明該校學生在能力指標方面的表現。儘管各校所提供的內容可能不同，但是由於大眾媒體通常是進行各校的比較，並往往簡化為各校成績的排行榜，因此，各校宜提供更多的資料情報說明，以勾勒全貌。學校可以參考下述各項，以提供更為完整的資料情報。

1.學校教育資源與條件

- 學生對象主要是誰？學生人數、學生健康情形。
- 社區的人口組成、家長參與、學校與社區合作等。
- 學校教職員是誰？學校教職員數量、學術成就與證書、服務年資、資格與內容相關的專業發展等。
- 我們學校有哪些教育資源以及如何運用？包括班級大小、人員組型、時間分配、課程安排與修習、支持的服務、預算的服務、預算的分配、外來資源等等。

2.課程方案與教學實務

- 教學實務，特別是以能力指標為依據的教學與評量。
- 支持的服務。
- 視導與評量實務。
- 教師專業發展，為教師提供了什麼與有了什麼效果。
- 學校氣氛的調查結果。
- 學生管理的系統與結果，例如出席、留校察看、停學、退學等。
- 資訊科技，例如電腦、印刷與非印刷媒體。
- 行政。
- 策略計畫。
- 結果。
- 地區性的考試與全國性的考試。

・成績。

・國家與世界全球的評量比較。

另外，學校可以參考下述表7-19可以作為檢查學校整體學生表現之參考問題，以提供更為完整的資料情報。

表7-19　「評量考試的課程」與「學習獲得的課程」之學校整體學生表現報告的參考問題（改自Carr & Harris, 2001, 121）

・今年有多少比例的學生達成或超越全國性的考試表現水準？
・今年有多少比例在全國性的考試成績是居於最低成績的一層級？
・所有學生表現水準的分配情形如何？
・學生表現有無性別差異？
・本校的表現與他校相較之下如何？
・本校整體學生在能力指標方面是否有進步？
・本校學生在全國性的考試成績居於最低成績的人數是否日漸減少？
・今年本校有多少學生參與全國性的考試？
・全校學生參與全國性的考試人數是否逐年增加？
・本校是否今年有適當的進步？

㈣第四階段：引導學生家長與社會大眾的參與，改進以能力指標為依據的學習

「評量考試的課程」與「學習獲得的課程」之評量結果的公開化，經常會引導進一步的行動。當家長、社區人士與企業家看到學校表現的評量結果之後，可能願意提供協助，因此，將學校表現成果對外報告，不只是提供機會讓外界瞭解，而且也是提供機會邀請家長、社區的參與行動規劃，通常會引導社區成員與教育人員參與資料分析，並安排優先順序及策略以改進學生表現。這些也可以作為進一步引導學校課程改革與進步的參考，本書下一章「評鑑研究的課程」將就此進行進一步的探究。

第八章　評鑑研究的課程

「課程評鑑」（curriculum evaluation），係評鑑在課程領域之應用（黃光雄與蔡清田，1999），是指教育人員蒐集有關課程的資料，其主要目的旨在判斷課程理念、課程計畫、教學材料資源、課程實施運作、評量考試測驗與學習過程與結果的方法活動等等之價值，以便進一步指出教育內容和活動之改革方向（黃政傑，1987）。就此而言，「課程評鑑」是一種價值引導的構想，透過建構及分配資訊，以引導某種特定教育系統的課程教學方案內容或學習活動或教育行動（Norris, 1990），其功能可以藉此幫助教育政策的決策者、學校教育行政人員、教師、學生家長或社會人士，瞭解課程發展的重要特色與特定的時空背景情境，並進而促成課程改革之合理決策，以提昇課程發展之品質（蔡清田，2002）。

更進一步地，本書各章所論及的「理念建議的課程」、「正式規劃的課程」、「資源支持的課程」、「實施教導的課程」、「學習獲得的課程」、「評量考試的課程」等等，上述這些課程都是有待研究考驗的課程，也是有待「評鑑研究的課程」（evaluated or researched curriculum），簡稱「評鑑的課程」（evaluated curriculum）或「研究的課程」（researched curriculum），透過課程評鑑研究，可以有助於教育人員探究「評鑑研究的課程」，這種經過評鑑的課程，或經過研究的課程，可以有助於教育人員與社會大眾發現，本書第一章所指出課程發展系統當中「理念建議的課程」、「正式規劃的課程」、「資源支持的課程」、「實施教導的課程」、「學習獲得的課程」、「評量考試的課程」等等課程來源的「落差」與「缺口」及其可能的連貫之道；特別是進行其課程的落差與課程的連貫之深入探究，將有助於評鑑探究並前瞻未來，以因應課程改革的永續經營。

由於過去一般人往往只有注意到課程評鑑的某些面向，特別

是往往只強調以學生學習成果為主的課程評鑑，而忽略了其他面向的課程評鑑。其實，課程發展的評鑑活動，需要較廣泛的評鑑。課程評鑑所涉及的層面，包括廣泛的結果，如學生的態度、其他教師的反應、課程改革對整體學校組織的影響，不僅包括獲得學生成就的評量測驗分數而已，更涵蓋探究課程理念意義本質、計畫、教材教法、實施與成果品質等層面，以便協助教育人員得以繼續進行課程規劃設計實施。換言之，就評鑑研究的課程內容而言，可能包括呈現學生學習效果、教師教學成效、行政系統的支持與課程方案成效等面向，以符合檢視課程不同層面的需要，並提供豐富的回饋資訊，以提昇下一個循環的課程改革品質（蔡清田，2002）。

是以教育人員應該採取一種更為周延充分而更為完整的課程評鑑，以探究評鑑研究的課程，例如包括「理念建議的課程」、「正式規劃的課程」、「資源支持的課程」、「實施教導的課程」、「學習獲得的課程」、「評量考試的課程」等等有系統層次之「評鑑研究的課程」，並且進而調整課程改革的歷程，前瞻未來以促成課程發展的不斷改進，以縮短課程的「落差」與「缺口」並促進課程的連貫性。因此，本章評鑑研究的課程，特別就此加以闡述，包括第一節層次的課程評鑑與第二節蒐集評鑑研究的課程情報資料，以推動課程發展之改進。

第一節　層次的課程評鑑

就課程學的研究而言，課程評鑑理應於課程改革系統中之每一各個別階段當中進行；例如在研擬課程綱要政策計畫等「正式規劃的課程」時，便應該先進行事前的需求評估與評鑑，等到課程綱要與學校課程計畫等等範圍和順序研擬完成之後，就應該詳細地評鑑其連貫性、協調性、以及後續課程發展的可能重點；又如當新的「資源支持的課程」如教科書教材等等編擬設計完成，也要進行評鑑；更要評鑑教室運作的「實施教導的課程」、學生經驗「學習獲

得的課程」以及「評量考試的課程」等等之成效。這些不同面向的課程成效可謂「橫看成嶺側成峰，遠近高低皆不同」，因此，課程評鑑可以根據這些不同的面向，而有著不同的「評鑑研究的課程」之焦點（黃光雄與蔡清田，1999）。

就此而言，透過比較完整的課程評鑑，以探究「評鑑研究的課程」，不僅要判斷學者專家與各種團體所構想「理念建議的課程」，更要評鑑政府「正式規劃的課程」、民間出版業者廠商提供「資源支持的課程」、教師教室運作的「實施教導的課程」、學生經驗「學習獲得的課程」、考試測得的「評量考試的課程」，以便獲得較為完整之「評鑑研究的課程」。是以若想要達成上述有系統而較為完整的課程評鑑以探究「評鑑研究的課程」，就可能需要使用一個較為完整而綜合的「評鑑研究的課程」之評鑑研究架構，也就是評鑑的範圍要將相關面向的課程類型納入。如果缺乏一個完整的評鑑研究架構，則不容易去瞭解不同課程類型的適當性與整體課程發展歷程的效能。本書此處將提供一個可能的「評鑑研究的課程」之評鑑研究架構，以確保課程評鑑與「評鑑研究的課程」是比較完整的與可以運作順暢的，此種比較充分而完整的課程評鑑與「評鑑研究的課程」，需要不同層面的課程工作者之協同合作（黃政傑，2005；Goodlad, 1979；Glatthorn, Carr, & Harris, 2001），當然也可以先就其中的某些面向進行單項課程評鑑，而逐年完成其他面向的評鑑。表8-1說明了由於課程具有不同的類型，這些不同層面的課程，是否都能有助教師教學而提升學生的學習品質，都是有待評鑑研究的課程。

表8-1 「評鑑研究的課程」之課程評鑑層次
（修改自Glatthorn, Carr, & Harris, 2001, 35）

評鑑重點層次	理念建議的課程	正式規劃的課程	資源支持的課程	實施教導的課程	學習獲得的課程	評量考試的課程
政府	評鑑學者專家理論研究上之理念建議的課程	評鑑課程綱要等由政府官方正式規劃的課程文件之品質				
學校		學校課程發展委員會審核學校課程計畫與各學習領域教師團隊設計的課程方案是否合乎課程綱要的規定	學校課程發展委員會評鑑各種可能資源支持的課程，特別是評鑑各出版社出版教科書等學習材料之品質	評鑑教師實施教導的課程之效能與和政府課程綱要及學校課程計畫等文件的連貫性與一致性	評鑑學生學習表現品質之效能與和政府課程綱要及學校課程計畫等文件的連貫性與一致性	評鑑學校層次的評量考試測驗的品質
教室			教師評鑑各種可能資源支持的課程，特別是評鑑各出版社出版教科書等學習材料之品質	教師自我反省與同儕觀摩教學與政府課程綱要及學校課程計畫等文件的連貫性與一致性	評鑑每一位學生的學習成就之效能與政府課程綱要及學校課程計畫等文件的連貫性與一致性	評鑑教師自編的評量測驗考試的品質

一、「理念建議的課程」之評鑑重點

　　本書第二章所論及「理念建議的課程」，大都來自學者專家與社會團體之研究構想所獲得的理論、理念或理想等等之建議。「理念建議的課程」之評鑑，是有其不斷促成課程改革的實際需要，除

本書第二章的討論之外，一方面政府應該尊重學術研究自由，但是另一方面為了課程發展與進步的實際需要，亦可進行相關「理念建議的課程」之評鑑，或可由學者自評，或可由有興趣評鑑研究相關學者專家的「理念建議的課程」，透過專家審查法、問卷調查法、歷史研究法、座談法、論辯法、實驗法或德懷術等方法（黃政傑，2005），以進行理念建議的課程之評鑑。而且理念建議的課程，應該最好是一種經過課程評鑑研究之後所提出的課程理念與理論構念，以作為課程改革理念之建議，並避免受限於特定課程理論流派立場（Scott, 2006），或陷於習焉而不察之意識型態泥淖而不自覺。

例如，部分學者（周祝瑛，2003；黃光國，2003；薛承泰，2003）曾經批評前行政院教育改革審議委員會的教改總諮議報告書採取精英主義的理念，而未深入瞭解國民教育的世俗特質，未能考慮國內社會及教育環境現況，可能形成教改理念陳義過高，造成師範體系的排斥，引發學生家長的質疑和教師的抵制；而且前行政院教育改革審議委員會理念指導之下的教育部似乎並非教改政策的規劃單位，似乎淪為前行政院教改會理念的執行單位，而且在執行過程中，無權依據實務進行結構性調整修正，只能訴諸理念層次的勸說，無法解決學校及教師的實際困難。甚至，由於課程研究發展經費不足，相關配套措施無法適時切合實際需求，不能有效統整師資培育系統，形成理念的變革不能和教師人力資源的調整及師資培育同步整合（國語日報，2002/11/21）。

是以值得留意的是，理念建議的課程，是指理念學說構想建議的課程，具有此種理念課程的教育人員，往往具有某種自覺或不自覺的課程設計意識型態與理論取向（黃光雄與蔡清田，1999）。另一方面，某些團體組織可能希望透過規劃學校課程，型塑符合其意識形態與價值規範的國民，所以學校在傳道、授業、解惑之餘，學校課程也可能被視為意識形態國家機器之一。甚至，「理念建議的課程」可能也有彼此理念的偏好與對立爭辯，甚至掉入彼此攻訐的

泥淖之中，而不自知，這正是「理念建議的課程」又稱為「意識型態的課程」的最佳寫照（Goodlad, 1979）。例如，臺灣大學教授黃光國等學者組成「重建教育連線」，發表教改萬言書，把矛頭指向李遠哲及其領導的前行政院教改會，甚至直接指出十年教改是「文化大革命」，教改總諮議報告書像「小紅書」讓教改淪為聖經式的「一言堂」。全國教師會理事長呂秀菊則認為，李遠哲領軍的教改會提出的教改意見往往空有理想、沒有規劃，教改諮議報告書也只有提「理想」，卻沒有列出步驟以及階段性應達成的任務，造成理想卻變成實務上不可能達成的「夢想」（2004/3/5，聯合報）。

值得注意的是前行政院教育改革審議委員會此種偏重於學術界領袖理念與精英式決策之教改理想與推動方式，其認真用心的精神值得肯定，但是此種由上而下的理念推行，往往缺少廣泛而深入的理論研究與學術辯證，不容易看到可行方案所需的規劃力與執行力。姑且不論學術界領袖或首長個人理念與由上而下的精英式決策理想，是否受到特定意識型態的影響，而有待進一步深入評鑑研究與批判檢驗，特別是一旦首長異動更迭，在課程改革理念上的變動頻繁，有如打油詩的冷嘲熱諷：「教改像月亮，初一十五不一樣，管他一樣不一樣，對我不會怎麼樣。」，如此一來，課程理念與政策的執行力可能大打折扣。因此，課程改革的理念形成，如能透過課程專業評鑑研究與廣大民意不斷論辯，並配合研擬規劃執行相關配套措施，則理念與執行比較容易獲得連貫，而比較不會流於「為政治而教改、為教改而教改」。是以「理念建議的課程」，應該最好是一種經過課程評鑑研究之後所提出的課程理念與理論構念，以作為課程改革理念之建議，並避免受限於特定意識型態之泥淖而不自覺。

更重要而且值得關注的問題是，「理念建議的課程」、「正式規劃的課程」、「資源支持的課程」、「實施教導的課程」、「學習獲得的課程」與「評量考試的課程」之間應有其連貫性。特別是前行政院教改會所提出的能力取向之「理念建議的課程」，如果受

到政府及教育專業人士的認同與社會各界及學生家長的支持，而研擬出合乎能力取向的課程綱要等「正式規劃的課程」，則學校課程計畫應該要能與課程綱要的能力指標緊密聯結與連貫；而且「實施教導的課程」之教學實務的原理原則，也要反映學校課程計畫與課程綱要等「正式規劃的課程」能力指標之指引；「學習獲得的課程」之多元學習與「評量考試的課程」，也要提昇有關「實施教導的課程」及「正式規劃的課程」的能力指標學習之持續回饋，做為教師專業發展的基礎，以協助學校師生去理解並實踐其「理念建議的課程」。

然而，特別有趣的是，學者專家或教育改革領導者主張「理念建議的課程」，雖然可能經過具體規劃而連貫轉化成為政府官方公布的課程綱要或學校課程計畫文件等等「正式規劃的課程」，但是卻不一定具體連貫到「資源支持的課程」、「實施教導的課程」與「學習獲得的課程」。特別是「理念建議的課程」、「正式規劃的課程」、「資源支持的課程」、「實施教導的課程」、「學習獲得的課程」與「評量考試的課程」之間不一致時，則課程改革理念、課程綱要政策與學校課程計畫措施及教師課程設計之策略，也往往經不起升學主義現實考驗的影響，因此，學生家長與學校教師往往就會發出這樣的聲音：不是改變考試測驗評量，就是要學校課程。

例如，前行政院教育改革審議委員會總諮議報告書，其理念所建議的國民中小學九年一貫課程改革理念充滿理想性，但是受到批評的地方甚多，包括缺乏適當的理論基礎依據，基本能力的目標理想好高騖遠，課程改革需求及情境評估不完整，學校本位課程發展理念並未落實，學校課程計畫流於形式，課程願景及目標訂定與轉化缺乏邏輯關聯，課程架構流於僵化，教學材料編輯及審查機制有待改善，課程統整理念流於紙上談兵的書面形式，課程行政制度無法提供適切的資源和支援，協同教學理念流為口號，國民中學學習領域教學有名無實，合科教學更是知易行難，不管是藝術與人文、社會、自然與生活科技，部分學校與教師仍採分科教學，課程改革

配套措施明顯不足，升學考試嚴重影響教學，需要再檢討，並謀求有效改進（國語日報，2005/11/17）。

是以似乎課程改革的挫敗，可能在於課程改革理念與社會價值觀念取向，並未同步連貫跟著調整！換言之，如果教改理念已經邁向多元文化、五育並重、能力取向等的實踐，但是社會主流觀念若依舊還停留在升學主義掛帥的競爭、課外補習等原初的階段，極可能造成課程改革理念的扭曲，特別是學校教育改革往往只能著重於教育體制本身的變革，並不能完全承擔社會價值觀念調整之責，畢竟後者的工程更為浩大。因而教育改革要減少阻力，本來就該努力讓社會能夠逐步消化這種變革。課程改革除了教育體制的改進外，最後必須面對的終究還是社會價值觀念的問題。枝節的改革容易，但要觸及根本的社會價值觀念，就不是那麼容易了。前行政院教育改革審議委員會總諮議報告書所建議的國民中小學九年一貫課程改革之問題，是改革理念受肯定，但是離實踐仍有一段差距，宣導成效受到限制，課程改革配套措施仍顯不足，仍存在許多理念上的誤解與惡用（陳伯璋，2001），這是需要進一步評鑑研究的課程。

二、「正式規劃的課程」之評鑑重點

本書第三章所論及「正式規劃的課程」，通常包括政府官方的課程綱要、課程標準或課程指引、課程計畫等文件，換言之，官方「正式規劃的課程」包括各類課程綱要規定與學校課程計畫文件等，除了本書第三章的討論之外，主要可以透過專家審查法、問卷調查法、文件分析法、歷史研究法、座談法、論辯法等方法（黃政傑，2005），進行「正式規劃的課程」之評鑑。而且「正式規劃的課程」，應該最好是一種經過課程評鑑研究之後所提出的明確課程政策與課程計畫方案，以作為持續推動課程改革之依據，以免有「課程改革像月亮，出一十五不一樣」的朝令夕改之虞。

此處「評鑑研究的課程」之評鑑重點，分別就政府的課程綱

要等「正式規劃的課程」之評鑑與學校課程計畫等「正式規劃的課程」之評鑑，分述如次。

(一)政府的課程綱要等「正式規劃的課程」之評鑑

就正式規劃的課程而言，我國的課程發展多循「由上而下」的行政模式進行，由教育部召集學校教育行政人員、學者專家與校長主任及教師代表，主導課程標準與課程綱要的修訂。當政府或學校教育主管部門的規劃者擬出各類課程綱要之後，則課程綱要的審議委員會或政府的評鑑小組、外聘的評鑑人員或是學者專家，可以檢討目前的課程綱要之規劃是否能避免充斥知識學習的課程，卻沒有培養學生的多元知能與基本能力，甚至可以參考表8-2政府的課程綱要等「正式規劃的課程」之規準，作為評鑑的參考依據，特別是學校校長和教師也應該詳細地審閱，因為它是規劃出更為精緻的學校課程計畫與方案設計之指引參考基礎。

表8-2　政府的課程綱要等「正式規劃的課程」之評鑑規準要項舉偶

・課程綱要是否適當地反映學者專家和專業學術團體的理念？
・課程綱要是否符合政府的教育標準和評量考試測驗，那些部分可加以應用？
・課程綱要是否容易閱讀和解釋說明，同時沒有過多的瑣碎資料？
・課程綱要是否把焦點放在學生應該精熟的學習結果之上？
・各年級課程的安排是否符合發展的原理原則？
・課程綱要中的條目是否反映出系統性的發展，而沒有過多的重複？
・課程綱要中的條目是否指出各年級和階段教育的有效協調？

特別是課程綱要的審議委員會或政府的評鑑小組、外聘的評鑑人員或是學者專家，均可就政府官方課程綱要等「正式規劃的課程」，進行批判性的分析，探討其背後的課程理論取向或意識型態，或進行形成性評鑑與總結性評鑑。因為「正式規劃的課程」往往重視事前預先規劃，因此，「正式規劃的課程」往往只重視官方文件上的課程規劃與政策命令規定，難免有時會忽略正式規劃的課程背後之課程目標的合理性與意識型態的正當性（黃光雄與蔡清

田，1999）。例如，國民中小學九年一貫課程改革能力取向課程綱要之政策推動遇到的困難，必須更務實的去面對課程政策與課程計畫的調整。舉例而言，從德智體群美等五育均衡發展的觀點檢視，更可發現國民中小學九年一貫課程改革基本能力似乎忽略了體育等健康與體能素養的關照，這些都是有待進一步評鑑研究的課程。尤其是國民中小學九年一貫課程綱要有關基本能力的課程規劃仍有部分學者提出質疑（蘇永明，2000；沈珊珊，2005）：

1.第一個批判「未見到十大基本能力是如何得來的研究報告」

未見到國民中小學九年一貫課程綱要十大基本能力是如何得來的研究報告（蘇永明，2000，13），為何是此十項？是否有優先順序之考量？檢視國民中小學九年一貫課程綱要之內容，其課程改革的基本理念與目標及基本能力，大多以綱目及條例方式呈現，只是多種概念的拼湊與組合，缺乏明確的課程規劃之理據（沈珊珊，2005，28），欠缺對於此改革理念、理論依據、基本能力及未來期望作詳細的描述。

國民中小學九年一貫課程綱要的「課程目標」的內涵與「基本能力」相同，只不過是換了文字的敘述而已？不見說明十項基本能力之依據為何？根據何種學理而來？由於國民中小學九年一貫課程綱要的課程規劃思考未做說明，故學者們大多各自揣摩並詮釋。姑且不問「課程目標」與「基本能力」除文字措辭略有不同外，為何是同樣的內涵等問題，單就此十項基本能從何而來？為何是此十項？是否有優先順序之考量？以及不同年齡、年級學生在此十項能力的需求先後等問題，也很難從中央政府教育主管部門的相關資料中獲得解答。檢視國民中小學九年一貫課程綱要對於此項課程改革所訴求的學生能力，對於「基本能力」略有提及，然而較多僅具文字的形式意義，似乎並未真正成為此波改革的重點。

2.第二個批判「『能力』相對於『知識』」

學者批判國民中小學九年一貫課程是以十大基本能力來界定，似乎偏於狹隘「實用能力」，有必要再將「實用能力」導向的層面

加寬（蘇永明，2000，13），並增加「學科知識」為導向、以學生興趣或以「人」為導向（Ross, 2000）。然而，這種批評觀點似乎誤解基本能力是相對於知識的「實用能力」（陳伯璋，2001），其實國民中小學九年一貫課程改革強調的基本能力，能力並非相對於知識，更非反知識，知識與能力是一體之兩面，能力是奠定在知識基礎之上，並特別強調知識與能力的結合以及知識的應用，也就是「學以致用」，這就是林清江先生所言的「培養帶得走的能力而不是背不動的書包」，而不是死讀書、讀死書的「應試教育」或「應試教學」。試想國民中小學九年一貫課程改革所強調的是「學生帶的走的能力，而非背不動的書包」，上述情景應非教育改革的原意呢？許多願意改革的教師自我增能，恢復其專業能力自編教材，甚至讓學生參與建構知識來開展能力，應該不會有書包過重的問題（陳伯璋，2001）。

3.第三個批判是十大基本能力可能有相當多的重複

例如學者曾經指出（蘇永明，2000，13），國民中小學十大基本能力當中的「表達、溝通與分享」與「尊重、關懷與團隊合作」，有相當的重覆；「主動探索與研究」與「獨立思考與解決問題」，兩種能力也非常相像，難以區分；「欣賞、表現與創新」與「主動探索與創新研究」似乎都是強調「創新」，有相當的重覆；「運用科技與資訊的能力」應該是其他能力的基礎，而不是單獨存在，因為它是和語文能力或數學能力一樣，是工具性的，這些都是有待進一步評鑑研究的課程。

是以，政府與課程規劃者對於外界對「正式規劃的課程」的批評，應該以研究精神，遇到問題時，必須面對現實，經過客觀分析，透過形成性評鑑尋找解決方法。形成性評鑑是一種持續的歷程，以檢核課程規劃的任務進度與成品的品質；另一方面也可以透過總結性評鑑，在課程規劃工作歷程完成之後進行。特別是在評鑑課程綱要等政府官方「正式規劃的課程」時，可以參考表8-3政府的課程綱要等「正式規劃的課程」之課程評鑑要項（Glatthorn,

Carr, & Harris, 2001, 36）。

表8-3 政府的課程綱要等「正式規劃的課程」之課程評鑑要項
（修改自Glatthorn, Carr, & Harris, 2001, 36）

政府層次的課程評鑑	一、形式與結構	二、內容
評鑑的細項（政府官方正式規劃的課程評鑑焦點，例如課程綱要等政府官方正式規劃的課程計畫文件）	1.在形式與外觀合乎課程專業的要求？ 2.以清楚正確寫作方式加以書面呈現？ 3.有助於教師的使用？ 4.指出年級水準的分段能力指標之基準，並以合乎學生認知發展階段的相關方式加以適切的排列安置？ 5.明確區分年級水準的分段能力指標之基準，與可以繼續發展的能力基準？ 6.包括學校教師所要涵蓋的需要，如課程哲學（理論依據、基本理念）、課程願景與評量方法？	1.反映了最佳的課程實務與該領域的優良研究？ 2.展現了有效使用課程綱要與能力指標？ 3.顯示了課程綱要與能力指標之間的關係？ 4.以該學習領域或學習階段的重要知識與技能為焦點？

(二)學校課程計畫等「正式規劃的課程」之評鑑

學校層次的課程評鑑，應該可以下述問題作為與「評鑑研究的課程」之焦點：例如學校課程計畫等「正式規劃的課程」之課程評鑑應包括哪些要項？課程發展委員會對學校課程計畫的規劃歷程如何進行自評？學校課程計畫文件的品質如何？學校課程發展委員會應該批判地評鑑學校發展的課程，諸如各學習領域的學習方案是否有效地緊密連結其課程計畫，其連貫性的程度如何？

1.學校課程計畫等「正式規劃的課程」之課程評鑑要項

學校層次的課程評鑑，應該特別注意課程綱要等官方計畫、學校課程計畫、學習領域課程範圍與順序圖表等，並檢討各學習領域的學習節數是否不足，課程結構是否適切，因為這些對教師「實施教導的課程」之教學運作有相當大的影響。藉由參考表8-4分析學

校課程計畫等「正式規劃的課程」之課程範圍與順序連貫的進度圖表（Glatthorn, Carr, & Harris, 2001, 36），學校課程發展委員會可以分析其學校課程發展歷程與評鑑學校課程計畫的品質（蔡清田，2002，191）。

表8-4　學校課程計畫等「正式規劃的課程」之課程評鑑要項
（修改自Glatthorn, Carr, & Harris, 2001, 36）

學校層次的課程評鑑	評鑑學校課程計畫範圍與順序的進度圖表
評鑑細項舉隅（學校課程計畫的評鑑）	1.該學校課程計畫範圍與順序的圖表，是否只包括基本而必要的內容，以便學校教師、行政人員與學生家長能夠簡便地加以運用？ 2.明確地展現學校課程計畫的重點與能力指標？ 3.明確地展現該進度圖示的組織主題軸？ 4.明確地展現每一個年級階段必須精熟的能力指標基準？ 5.外觀上看起來合乎課程專業的要求？

自從國民中小學九年一貫課程實施以來，學校本位課程發展與設計，成為各校實施的重要項目之一。根據國民中小學九年一貫課程綱要的規定，各校應成立「課程發展委員會」，於學期上課前整體規劃、設計教學主題與教學活動 （教育部，2003），審慎規劃全校課程方案和班級教學方案，訂定學年課程實施計畫，發展學校本位課程 （王文科，1997；黃政傑，1999；Eggleston, 1980；Skilbeck, 1984）。

由於這是國內首次將主要的課程決定權下放給學校，各校辦理學校本位課程成效不一，認真執行者有之，敷衍了事者亦有之，因此，要特別注意城鄉的差距與學校規模，對於偏遠或小型學校，應提供額外輔助，並特別注意縮小城鄉差距。另一個補救之道，就是落實學校本位課程評鑑，一方面瞭解學校本位課程發展的成效，一方面診斷學校本位課程發展的缺失，作為未來改進的參考。因此，教育部宜要求各縣市政府做好學校本位課程評鑑工作，並鼓勵各校進行自評工作，讓學校本位課程發展，能夠有效發揮其功能；使各

校展現本位課程特色的同時，學生也能真正獲得有意義和有價值的學習。

因此，學校應透過「課程發展委員會」發揮專業自主的彈性空間，就正式課程與其他的鄉土教育、環境教育、兩性平等教育、安全教育、多元文化教育等相關的非正式課程與彈性學習節數的課程等等，進行學校課程計畫的規劃，落實學校教師共同發展課程之理念，建立學校辦學特色，以作為學校課程評鑑之參考依據（Simons, 1987）。

特別是學校課程計畫是一種書面紀錄，是一項可被加以分析的資料，評鑑者可以指出其差異與意義。學校課程計畫的評鑑，可以結合認可模式（accreditation model）（黃政傑，1987），一方面國民中小學九年一貫課程綱要指出課程評鑑應由中央、地方政府和學校分工合作，各依權責實施，而且國民中小學九年一貫課程綱要建立學校課程報備制度，在課程實施前，學校應將課程計畫呈報主管機關備查（教育部，2003），因此學校課程計畫的評鑑，可以配合地方政府與中央政府進行外部評鑑並且結合認可模式，若合乎評鑑指標便予以認可，若未達指標，則請學校限期改善（林清江與蔡清田，1999）。

另一方面，學校課程計畫的評鑑，可以採用學校內部評鑑，由學校內部的「課程發展委員會」之學校行政人員代表、年級及學科教師代表、家長及社區代表與學者專家，辦理校內自我評鑑，列管各項重點工作，進行評鑑，提供回饋，掌握教育績效（林清江與蔡清田，1997）。因此，下一段將進一步說明學校課程發展委員會對學校課程計畫的自評。

2.課程發展委員會對學校課程計畫規劃歷程之自評

我國國民中小學課程綱要的實施要點，指出學校應負責課程與教學的評鑑，並進行學習評鑑，並且要善用評鑑以作為改進課程。特別是學校課程發展委員會的任務包括：核定學校課程發展的方向與內涵、審定年級課程計畫、規劃學習領域節數、評鑑學校課程實

施狀況、評鑑年級課程發展計畫實施成效（教育部，2003）。是以學校課程發展委員會應該就政府官方正式規劃的課程，以及學校課程計畫、各年級教師團隊、各學習領域教師團隊與出版社等所提供的課程計畫提供回饋。

　　就學校課程發展委員會對學校課程計畫的自評而言，課程發展委員會可參考表8-5由課程發展委員會對學校課程計畫之規劃歷程進行自我評鑑。此一自我評鑑表可用在四個方面：(1)課程發展委員會與各學習領域課程設計小組，在正式呈現課程計畫之前；(2)學校行政人員與課程發展委員會在課程計畫正式核定實施之前；(3)課程發展委員會與各學習領域課程設計小組在實施期間；(4)課程發展委員會與各學習領域課程設計小組在修訂課程計畫時，皆可適時加以應用。

表8-5　課程發展委員會對學校課程計畫規劃歷程之自評
（Carr & Harris, 2001, 99）

課程發展委員會對學校課程計畫規劃歷程之自評	規準	描述	評鑑
需求評估	資料的連結	1.根據與課程綱要指定能力指標相關的資料情報，指出學校課程計畫的需求； 2.所指出的需求與資料情報中出現一致的優先順序； 3.資料情報包括多元的學生表現指標； 4.資料情報包括不同的蒐集方法，如評量考試結果、學校教師意見、學生作品； 5.根據建立的需求，考慮資料情報的分配； 6.根據需求，考慮資料情報的可能原因。	
	需求的陳述	1.以學生表現的用詞，來描述需求； 2.根據能力指標用語，說明需求的特定領域。	
促進學生表現的能力指標	能力指標的明確說明	1.透過能力指標，來說明學生在能力指標方面的改進。 2.以測驗分數所增加的百分率或其他成長的評量用語，來說明學生在能力指標的表現。	
	能力指標的數量	能力指標的數量，有助於努力、時間與資源的焦點集中。	

（續下表）

課程發展委員會對學校課程計畫規劃歷程之自評	規準	描述	評鑑
學校課程計畫的規劃歷程之步驟	與能力指標連貫	1.學校課程計畫的步驟,是連貫到指定能力指標以改進學生表現; 2.如果實施課程計畫的步驟,將會影響與能力指標有關的改變;	
	明確性	1.學校課程計畫的步驟,提供足夠細節說明,使付出的努力、時間與資源的焦點集中; 2.學校課程計畫的步驟明確,指出改進歷程的管理之責任。	
	指標	學校課程計畫的步驟,包括短程的成功指標。	
課程計畫實施進程的時間軸	明確性	課程計畫實施進程的時間線,包括能力指標的資料情報蒐集,以及完成一個個別課程計畫的步驟與學校整體課程發展計畫。	
	適當彈性	能根據短程的成功指標,研擬課程計畫實施進程的時間線,而且允許適當的彈性。	
資源與人力物力的經費預算	適當性	人力資源與物力的經費預算,都能適合於學校課程計畫的實施。	
	焦點	人力資源與物力,都能將焦點集中於學生表現的改進。	
整體課程計畫	焦點	1.學校課程計畫焦點,集中於學生的表現; 2.計畫所鎖定的能力指標領域,對於學生表現具有高度的影響力。	
	明確性	學校課程計畫的所有面向,都撰寫得相當明確,沒有深奧難懂的專門術語。	
	評鑑	學校課程計畫,包括了一個實施的整體評鑑之歷程。	
	影響	學校課程計畫,很有可能對能力指標有關的學生表現產生影響。	

3. 學校課程計畫品質之評鑑

學校課程發展委員會或課程評鑑者可以參考表8-6,運用一個暫訂的學校課程計畫品質之評鑑標題,就學校課程計畫的情境立場與課程計畫用語的清晰度、組織結構的一致性、以及計畫內容等等加以評鑑說明 (Henderson & Hawthorne, 2000, 129)。

表8-6　學校課程計畫品質之評鑑

請檢核下列描述語，指出覺得最能代表學校課程計畫的品質：				
	十分同意	同意	稍微同意	不同意
1.課程計畫合乎學校情境立場：				
⑴建構主義原則，	_____	_____	_____	_____
⑵適切進行發展，	_____	_____	_____	_____
⑶涵蓋所有學生，	_____	_____	_____	_____
⑷協同合作學習。	_____	_____	_____	_____
2.課程計畫的用語清楚明白：				
3.課程組織結構看起來似乎：				
⑴具吸引力能令人興奮，	_____	_____	_____	_____
⑵能邀請學生參與投入，	_____	_____	_____	_____
⑶具有真實性。	_____	_____	_____	_____
4.課程計畫的內容是：				
⑴強而有力的，	_____	_____	_____	_____
⑵正確的。	_____	_____	_____	_____

4.學校課程計畫的教師意見調查

　　評鑑學校課程計畫品質的最重要資料，是來自於教師和其他根據課程計畫進行課程實施的相關人員，因為教師和其他課程實施相關人員會和學生一起發展課程。因此，透過個別方式或採取向三或四位教師進行焦點團體的訪談，將能夠引導出有價值的資訊，特別是可向這些學校教師成員詢問有關其對學校情境、學校願景、課程目標與方案特色等等概念的認知。特別是學校願景與學校教育目標是擬定學校課程計畫之要素，更是評鑑學校課程之重要根據，是以學校共同願景，可成為用來評鑑所有課程的一種指標（Glatthorn, 2000）。如果針對教師訪談結果之後並沒有實際效用價值，則可以參考表8-7，進行一份簡短的問卷調查，詢問教師，請其就一對相反的形容詞，指出其對學校課程計畫的最佳反應，並就所獲得資料，進行分析與必要修正（Henderson & Hawthorne, 2000, 130）。

表8-7　學校課程計畫的教師意見調查

請在下列每對語詞之間的連續部分，劃上一個「×」以表達對該語詞的最佳反應。舉例而言，如果此對語詞是「有用的」與「無用的」，而擔任評鑑者的學校教師覺得該課程計畫是非常有用的，則請在最靠近「有用的」連續空間末端部位，劃上一個「×」。

擔任評鑑者的學校教師發現學校課程計畫的陳述是：

清楚的	├──┼──┼──┼──┤	不清楚的
無想像力的	├──┼──┼──┼──┤	有想像力的
有用的	├──┼──┼──┼──┤	無用的
有趣的	├──┼──┼──┼──┤	無聊的
有挑戰力的	├──┼──┼──┼──┤	無挑戰力的

並請提出建議，作為未來修改的參考：＿＿＿＿＿＿＿＿＿＿
＿＿＿＿＿＿＿＿＿＿＿＿＿＿＿＿＿＿＿＿＿＿
＿＿＿＿＿＿＿＿＿＿＿＿＿＿＿＿＿＿＿＿＿＿

4.學校課程計畫的評鑑規準

　　學校課程計畫必須透過規劃實施，才能達成課程改革的願景與目標，更必須進行課程計畫的評鑑與回饋，實踐課程改革的願景與目標。特別是學校願景的達成與否，與行政效能控管、教師專業發展、課程設計能力、教學效能提昇、班級經營、親師溝通技巧等方面，有密不可分的關係。換言之，學校課程計畫是否能過共同願景，以支持學校課程發展與實施？包括人的整合、物的整合、時間彈性化等等因素，都是評鑑學校課程計畫的參考依據。尤其是評鑑的目的不僅在證明，也在促成改進（Cronbach, 1963），是以評鑑結果的利用，可以改進學校課程計畫，提升學生學習成效，並作為評鑑後檢討，以及擬定新學年度學校課程計畫之依據，對於學校課程計畫的品質提升有相當大的幫助。

　　更進一步地，要明確地指出學校課程計畫所有要實施與評鑑的目標與表現的證據，通常最容易的方式，是以已經一致地實施並評

鑑的某一個特定年級水準或特定領域科目課程目標作為開端；其次則找出大多數教師所實施的課程目標，其後再找出那些從未被實施或評鑑的課程目標。而且，是以可透過下列問題來回答這是否一個最佳的計畫嗎？例如，

・學生是否有機會去學習該目標與評鑑該目標？
・是否運用多種評鑑去評鑑學生的學習？
・是否經常地修訂目標，以便能引導紮實而連續的學習？
・該計畫是否有效？是否忽略或過分強調任何東西？

一旦做成這些決定，便可以較明確知道要利用哪一種類型的評鑑，最後便可以將所選用能力指標為依據的學習評鑑加以連貫起來。另一方面進行建立能力指標規準的歷程，也可以開始蒐集教師教學與學生學習的實例，以顯示什麼是校內優良的教學與優良的學習。因此，學校應該瞭解教育部與教育局有關學校課程計畫的評鑑規準，蒐集資料與證據，提出報告。

學校課程計畫的評鑑，也可以參考如表8-8學校課程計畫的評鑑規準所指出的語言與思想的清晰度、完整性、可行性、連貫性、效率性、關懷度等等相關評鑑指標（Henderson & Hawthorne, 2000, 131）。

表8-8　學校課程計畫的評鑑規準

・語言與思想的清晰度：是否有三位或以上的讀者獲得學校課程計畫的重要意義之相同理解？
・完整性：課程發展的所有重要層面都被考慮過，而且都呈現在學校課程計畫的陳述當中。
・可行性：教師擁有進一步設計與實施該項學校課程計畫所需要的技能與知識，所需要的適當時間也是或可能是可得到的，而且重要的材料與設備也是或可能得到的。
・連貫性：此項學校課程計畫的元素與基本理念是有意義的，而且形成一個合理的整體。

（續下表）

・效率性：此項學校課程計畫是在適當時機下被發展出來，而且能夠馬上被師生用來規劃、在合理的資源分配下，可將課程付諸實施行動。

・關懷度：學校課程計畫的立場、教室與學校生活圖像，可勾勒描繪出所有參與各方的人際互動情境都是相互支持接納，並促進個人成長的氣氛與願景。

・真實性：學生認為學校課程計畫的活動是合情合理與實際的，他們相信所思考的內容與方法，都是充實而有用的與誠實真摯的。

・參與度：師生認為學校課程計畫當中所呈現的組織核心和活動，都是具有高度吸引力而令人興奮的，而且也能讓人維持相當長久的時間之參與投入。

・心靈開放度：學校課程計畫的理念、觀點、思考方式與創造方式，呈現了求知與感知的另類變通與多元途徑。

・無壓迫性：學校課程計畫的內容與活動並未強制灌輸某一種政治的、宗教的、文化的或社會的詮釋是優於所有其他的觀點或詮釋。

・均等：該學校課程計畫所規劃的活動與觀念都是人人可得到的，而且學習的脈絡情境、策略與評鑑，對男女生、所有種族語文化背景的個體、不同性別取向的個人與所有不同社會階級的所有學生而言，都是公平的。

三、「資源支持的課程」之評鑑重點

「評鑑研究的課程」之另一個重要部分，是教科書及其他一般人知覺的教材等等「資源支持的課程」之評鑑，本書第四章論及特別是「資源支持的課程」當中的課程教材往往是學習概念、原理、原則、方法等的重要媒介，一直是教學過程中師生接觸時間最多的東西。不良的「資源支持的課程」，不但無法發揮教學效果，更可能導致錯誤學習。因此，除了本書第四章討論之外，為了確保學習品質，課程材料等等「資源支持的課程」一定要慎重評鑑，可以透過問卷調查法、座談法、札記法、晤談法或測驗術等方法（黃政傑，2005），進行「資源支持的課程」之評鑑。

「資源支持的課程」，應該最好是一種經過課程評鑑研究之後所提出的課程資源與媒介，以作為「理念建議的課程」與「正式規劃的課程」之補充，以協助學校師生採用多種課程資源以進行教學與學習之參考，並避免盲目採用或受限於教科用書內容而不自知。

是以學校課程發展委員會與各學習領域教師團隊，可以評鑑各種可能「資源支持的課程」，特別是評鑑各出版社出版教科書等學習材料之品質。「資源支持的課程」之評鑑，可以改變部分學校盲目採用教科書等學習材料的現象，並促使學校課程發展更為健全。

就「資源支持的課程」的評鑑過程而言，可參考黃政傑（1991）所提出的歷程：

(一)確定「資源支持的課程」之評鑑目的與範圍，

(二)組織「資源支持的課程」之評鑑小組與委員會，

(三)接近「資源支持的課程」之材料，

(四)分析「資源支持的課程」之材料，

(五)建立「資源支持的課程」之評鑑規準，

(六)進行「資源支持的課程」之材料評鑑，

(七)提出「資源支持的課程」之評鑑報告。

當對於確定的學習領域主題擬定範圍和順序時，教師應該仔細的評估其是否符合課程綱要的能力指標。學校課程發展委員會應該審查全校各年級的課程計畫，而各學習領域小組亦應仔細評鑑該領域所使用的教科用書等「資源支持的課程」。特別是可以參考此種「資源支持的課程」可以對於學習者達到學習目的與目標，做出多好的貢獻？此「資源支持的課程」是否可以被有效地傳達教導，以最有效的方式？並考慮「資源支持的課程」本身是否為高品質？學校不應只公開辦理課程方案的教科用書之評鑑，更進一步，除了可以參考本書第四章表4-9「資源支持的課程」之評鑑規準之外，也可以利用表8-9可以作為評鑑與選擇「資源支持的課程」之評鑑要項參考。

表8-9　「資源支持的課程」之評鑑要項（Glatthorn, 2000, 141）

學校層面的課程評鑑	「資源支持的課程」是否
評鑑細項舉隅（資源支持的課程之評鑑焦點）	1.具有可讀性，可能以有效率的與有效能的方式，來協助學生達成學習目標？ 2.經過適切地發展？ 3.現行的而且最近更新的？ 4.避免族群偏見與性別歧視？ 5.適合教室課堂的使用？ 6.沒有商業主義的意識型態？ 7.具有耐用性與持久性？ 8.合乎政府官方正式規劃的課程綱要等官方計畫文件要求？ 9.在難度水準上，合乎學生的程度？而且是具有挑戰性？ 10.在處理學習組織上，是否具備足夠的學科概念深度？

　　就選擇合乎能力取向的「資源支持的課程」而言，教師應該批判地扮演積極的角色，以評鑑教科書以及其他「資源支持的課程」，其評鑑焦點應特別注意下列議題：

　　1.這些學習材料，是否會合乎課程綱要政府等官方「正式規劃的課程」之計畫原則規定與要求？

　　2.這些學習材料，在難度水準上是否合乎學生的程度，是否可讀的而且是具有挑戰性？

　　3.這些學習材料，在處理學習領域學科概念上的深度是否足夠？

　　值得注意的是，並不是每次進行「資源支持的課程」之評鑑時，都需要去評鑑所有方案的「資源支持的課程」，換言之，每年可以只針對一項重點「資源支持的課程」進行評鑑。例如，第一年進行低年級的閱讀方案，第二年進行中級數學方案的評鑑。在一個大型學校當中，學校可能一次要評鑑更多的科目內容領域，但是，學校可以選擇針對某一項課程方案，追蹤其整個問題解決循環的所有資料。

四、「實施教導的課程」之評鑑重點

　　教師在教室運作「實施教導的課程」之效能如何？本書第五章「實施教導的課程」論及校長及課程行政人員與其他視導人員可以透過教室觀察，以進行此種評鑑以探究「評鑑研究的課程」，特別是評鑑教師「實施教導的課程」之效能與和政府課程綱要及學校課程計畫等文件的連貫性與一致性。「實施教導的課程」，應該最好是一種經過課程評鑑研究之後的運作課程，可以實踐「理念建議的課程」、「正式規劃的課程」與靈活運用「資源支持的課程」之教學運作，一方面可以落實課程改革的理念，一方面又可以促成教師的專業發展，並同時重視「忠實觀」、「調適觀」、「締造觀」的「實施教導的課程」之運作（黃光雄與蔡清田，1999）。

　　除了本書第五章「實施教導的課程」的討論之外，可以透過課程監控的歷程，進行此種課程之評鑑，主要可以透過觀察法、問卷調查法、文件分析法、內容分析法、晤談法、札記法等方法（黃政傑，2005），進行「實施教導的課程」之評鑑。其中，最重要的「評鑑研究的課程」之評鑑方式之一，是由校長及課程行政人員與其他視導人員進行多次非正式的觀察，以決定教師是否合理的、忠實的與有效的方式，來實施政府課程綱要與學校課程計畫等「正式規劃的課程」之要求。

　　教師是否有效進行「實施教導的課程」的評鑑規準，第一包括「實施教導的課程」的技術指標，例如教學是否均衡、清晰、效率與效能；第二包括「實施教導的課程」的教學指標，諸如發展的適切性、內容的解釋能力、涉及複雜與創造思考的範圍程度、是否有助於教學的進行與涉及學生的活動、以及協同合作的學習機會；第三包括「實施教導的課程」的批判指標，諸如是否所有學生皆有接觸機會、沒有歧視不公、具有詮釋的變通形式、內容與活動的解釋能力。教師是否有效進行「實施教導的課程」之教學，應特別留意

下列項目（Henderson & Hawthorne, 2000）：

- ・教師的「實施教導的課程」內容：事實的、概念的、程序的、分析的、理論的等？
- ・「實施教導的課程」之教學組織核心：實驗室的或臨床的問題、社區問題、教科書主題、資訊融入教學的方案、浮現的問題等等？
- ・教師用什麼方法來涵蓋有特殊學習需要的學生？
- ・教師用什麼方法協助學生考慮一套資料、紀錄、藝術作品？
- ・男女學生被問問題、被稱讚、參與活動中的程度範圍如何？
- ・教師考慮另類變通方案或不同資料來源的程度範圍如何？
- ・學生感到有價值、被尊重、受到尊嚴的對待與被期待去學習的程度範圍如何？
- ・以沒有歧視的方式來分配管教處罰的範圍程度如何？

　　所謂「實施教導的課程」，是教師在課堂真正落實的課程（Aoki, 2003）。雖然由70年代初開始，課程實施已漸變為課程研究之中一個重要範疇，不過許多課程評鑑者忽略了「實施教導的課程」，假設全部參與評鑑的教師都依據「正式規劃的課程」之原本意圖及安排施教，或分不清楚課程採用與課程實施的差異。事實上，課程實施不是一個全有全無的現象，在有無之間，可劃分不同的程度或水平。高效能的教師應表現什麼課程實施行為？應考慮什麼評鑑準則？「實施教導的課程」之教學效能是一個多度向的建構，教師除了要使「實施教導的課程」之教學運作順利進行之外，亦要充分備課，運用多種不同的教學方法和媒體，利用「實施教導的課程」之教學自我檢視量表、教學行為綜合觀察量表、以及輔助性學生報告表，搜集「實施教導的課程」之教學效能資料。除了問卷之外，教師亦可利用觀課，搜集多元化的「實施教導的課程」之資料。但「實施教導的課程」之評鑑，只是評鑑實施課程的其中一個度向，教師還要考慮組織結構、學科內容或教學材料、知識及理解、以及價值內化（Fullan & Pomfret, 1977）。此外，每位教師在

「實施教導的課程」之中，將會經歷關注事項或憂慮，如果教師最關注新課程對學生的影響及進一步改善課程的方案，則課程實施便可算成功。表8-10是教師實施教室層次「實施教導的課程」之課程評鑑時可以參考的表格，以便蒐集適當資料情報（Glatthorn, Carr, & Harris, 2001, 38）。

表8-10　教室層次「實施教導的課程」之課程評鑑要項

教室層次課程評鑑	指導說明	該堂課
評鑑細項舉隅（課程實施的同儕觀摩）	為了協助有效實施課程，此項目僅提供教師個人參考，而不可用於正式的教師評鑑，除非該位教師授權同意如此做，值得注意的是這些問題僅和課程議題有關，而無關於教學品質。可針對每一個問題，提出一個簡要回答，並且指出一、二個實例，以支持答案。	1. 與該課程單元的先前課堂有何關連？ 2. 就所包括的內容而言，對學生是否是有意義的？ 3. 直接與課程綱要有直接關連？或如果只是「補充單元」的一部分，則該堂課是否充實並擴展了課程綱要的內容？ 4. 對學生而言，目標是否清楚明確？ 5. 是否有助於所有的學生達成目標？ 6. 顯示了教師對課程內容具有正確的知識？ 7. 結束時會有檢討或總結要點？

「實施教導的課程」之評鑑，正是促進教師參與增強反思的好機會，可以透過課程行動研究（蔡清田，2000; 2004, 2005; 2006; 2007），以探究「評鑑研究的課程」。教師應時常反思「實施教導的課程」之教學問題，反思有三類在課堂教學過程中要即時進行反思（reflection in action），在課堂教學後要反思教學安排（reflection on action），而最能產生效果就是透過外部資料的增強反思（enhanced reflection）。同時也可透過同儕彼此提供支持、指引與回饋的同儕諮詢歷程。同儕諮詢，通常是用來協助學校的新進教師，或由資深優良教師來彼此協助探究新方向，或藉由資深優良教師彼此支持，透過同儕協助以追尋新方向，而且諮詢的焦點，要

彼此產生共識。教師要進行自我評鑑並且記錄進步情形,並和同儕討論這些資料並請其提供回饋與指引,此一歷程包括了教室觀察、召開會議、檢討學生學習、發展專業檔案等。

特別是在評鑑「實施教導的課程」,教室的教師也同樣扮演著一個重要的角色,其最佳方式,是教師透過小組團隊方式,並根據「必須精熟的課程」(mastery curriculum),提出課程單元進度圖表,教師小組團隊成員,並進行以「實施教導的課程」為焦點的同儕觀摩,特別是透過教師自我反省與同儕觀摩教學,也可以評鑑教室層次「實施教導的課程」與政府課程綱要及學校課程計畫文件等「正式規劃的課程」之連貫性與一致性。

特別值得留意的是,必須讓參與的教師確信,「實施教導的課程」之評鑑所蒐集的資料是用來做為形成性評鑑之用,而不是用來進行總結性評鑑。特別是當教師利用該項「實施教導的課程」之教學運作時,表達了某種問題或感到準備不夠周詳或迷失方向時,其同仁可利用所蒐集的資料與分析策略,去協助其進行方案設計歷程,進一步促成其專業發展。甚至教師可以與同事、國教輔導團、深耕團隊種子教師、課程督學一起擬定專業發展的目標,而同儕、國教輔導團、深耕團隊種子教師或課程督學則提供支持、資源與回饋,以共同探究其「評鑑研究的課程」。

五、「學習獲得的課程」之評鑑重點

本書第六章「學習獲得的課程」論及學校應該要將學生「學習獲得的課程」之評鑑,當作課程評鑑與「評鑑研究的課程」之一環,透過學生學習評鑑的資料,作評鑑的資料來源之一。是以「學習獲得的課程」,應該最好是一種經過課程評鑑研究之後的課程,以確保「理念建議的課程」、「正式規劃的課程」、「資源支持的課程」與「實施教導的課程」之運作與落實,並引導學生進行多元的學習與「真實的學習」。

除本書第六章的討論之外，「學習獲得的課程」主要可以透過觀察法、測驗法、作業評定法、內容分析法、問卷調查法、晤談法、札記法等方法（黃政傑，2005），進行「學習獲得的課程」之評鑑。首先，教師可以使用隨堂測驗，讓學生自評或互相核對答案，要求學生對問題簡短的回答，或說明其對某觀念的瞭解程度，來評鑑學生的「學習獲得的課程」之狀況，可以幫助學生釐清所學到的課程內容，而且也能提供學習的回饋。其次，當教師說明一個觀念或技術時，藉著觀察學生的表現，然後在說明一個觀念或教導一種技術之後，評鑑學生的瞭解程度，作為引導學生繼續學習的參考依據。最簡單的方法是問一些具體的問題，並且不要每次只問那些自願回答的學生，可以要求那些不主動以及能力較差的學生透過小組討論回答問題。透過一個簡短問題，評鑑學生學到了什麼課程內容，作為下一回合學習的起點。這種評鑑可以使用下列幾種方法，實施口頭或紙筆測驗，或者要求學生對上課內容的重點寫一份摘要。教師也可以根據課程綱要的能力指標，設計課堂學習單與定期評量的內容，以評鑑學生的學習，引導學生進行下一階段的學習（蔡清田，2002）。

然而，過去傳統有些教育人員往往認為，「學習獲得的課程」的評鑑，相等於日常的課堂評估與平常考試，其實兩者是有差異的（Glatthorn, 2001, 35）。「學習獲得的課程」是指學生獲得的學習經驗，包括預期與非預期的學習經驗，都是有待「評鑑研究的課程」的內涵之一。一般人往往非常重視「總結性評鑑」（summative evaluation），分析學生學習之後的結果。特別是強調預期的學習結果：學生學會預期學習的程度範圍，學到了那些未預期的部分？就教育者而言，這是意味著去發現課程是否真正促成學生獲得有價值的學習？就大多數教育人員而言，這是評鑑課程品質的最後工具。因此，總結性評鑑應該注意學生學到了哪些非預期的部分？學生在做什麼？學生參與活動的程度範圍是主動的/被動的、獨自的/協同合作的？學生用什麼方法連結課程的觀念、技能

與價值？學生透過什麼方法成為積極參與生活的研究者與反省批判者？學生如何解釋他們如何學習？學生如何解釋他們如何知道他們所知道的？學生透過何種方式變得更瞭解不同於他們自己的其他人，更瞭解自己與他人的價值與觀點？教師可能需要每週或每月或每學期或每年，定期來進行此項評鑑，這也是完整「評鑑研究的課程」的內涵之一。

「學習獲得的課程」之評鑑人員的工作並非是決定哪些學習經驗最重要，而是確定哪些學習經驗最受該課程影響。因此，課程評鑑通常要考慮較多樣的學習目標，連許多教師都忽略的情意目標也要包括在內，學生可能學習該單元後對課程的瞭解深了，但在態度及行為方面沒有改善。規劃「學習獲得的課程」之評鑑時，可考慮五類學習目標：知識、思考、技能、創作實物、性情（Stiggins, 1987）。「學習獲得的課程」之準確的評估工具的基本要求，就是評估方法必須配合學習目標，且掌握設計評估題目的基本技巧。雖然評鑑研究方法眾多，如學習檔案、多項選擇題、論文、實作評估、文件檔案、口試，但沒有一種是萬能的。再者，「學習獲得的課程」之評鑑之主要目的是判斷該課程的質素，並非診斷個別學生的學習困難，所以若資源及時間有限，每位學生只須回答部分試題，以提升效率，然後計算全班成績。

依課程綱要的規定，國民中小學九年一貫課程的評鑑方法，應採多元化方式實施，收集學生學習結果與平時學習情形的表現資料，同時注重質與量的評鑑，兼重形成性和總結性評鑑，並定期提出學生學習報告。評鑑的內容須涵蓋認知、技能及情意等方面，而教學評量，同時可按學科性質與評量目的之差異性，掌握適當時機採用觀察、實作、表演、口試、作業、練習、研究報告、筆試等各種多元而變通之評鑑方式。因此，若要評鑑課程，則評鑑者必須瞭解學生的學習與相關標準，以便能進一步引導學生的學習，激發學生潛能，促進學生適性發展，肯定學生學習成就，並作為改進之參考。

因此，學校可以參考縣市政府所訂之「學生成績評量辦法」，

研訂「學生成績評量辦法補充規定」，進行學生學習成就評量。根據國民教育法施行細則第二十一條第一項之原則，學校應該重視學生身心發展與個別差異，依各學習領域及活動性質，以多元方式進行學習評量，例如，

㈠鑑賞。就學生由資料或活動中之鑑賞領域情形評量之。

㈡晤談。就學生與教師晤談過程，瞭解學生反映情形評量之。

㈢報告。就學生閱讀、觀察、實驗、調查等所得結果之書面或口頭報告評量之。

㈣表演。就學生之表演活動評量之。

㈤實作。就學生之實際操作及解決問題等行為表現評量之。

㈥資料蒐集整理。就學生對資料之蒐集、整理、分析及應用等活動評量之。甚至可以由學生自行蒐集整理的學習檔案，作為評鑑的參考來源之一。

㈦紙筆測驗。就學生經由教師依教學目標及教材內容所自編織測驗評量之。

㈧設計製作。就學生之創作過程及實際表現評量之。

㈨作業。就學生之各種習作、學習單評量之。

㈩實踐。就學生日常行為表現評量之。

　　特別是另類變通的「真實學習的評鑑」（歐用生，1996）。這是一種用來評鑑影響教師安排學生學習特定學習任務的方法，其評鑑焦點著重在實務生活世界的「真實任務工作」等學習目標與任務，引導教師協助學生思考與解決實際生活問題，並協助學生在實際生活世界當中，統整所學到的知識、技能與情意態度，確保學生獲得真正理解。例如，演奏會、戲劇表演、藝術表演、體育競賽等等，都是學生渴望參加的真實評鑑，這些事件的準備過程，往往成為整個學習的焦點，不是為了考試而教學。整個評鑑事件，便是一種為學生提供學習機會，更可幫助學生向他人展現其所完成之成就。評鑑的時刻，也同時是值得學生本身與家長慶賀之時，並且，也是學校與社區建立教育情感的時刻，這種評鑑與測驗的氣氛及方

式大為不同。這些也都是值得注意的「評鑑研究的課程」之方式與內涵。

「學習獲得的課程」之評鑑，是非常重要的課程評鑑與「評鑑研究的課程」之類型。校長與教師可以透過謹慎細心分析學生的學習結果，以有助於此種課程評鑑。「學習獲得的課程」之評鑑，應該特別留意評鑑學生學習表現品質之效能，以及和政府課程綱要的能力指標及學校課程計畫的能力指標之連貫性，最好是能夠評鑑每一位學生的學習成就之效能與政府課程綱要的能力指標及學校課程計畫的能力指標之連貫性。學校的行政人員和學校教師一起合作努力，去建構詳細的評鑑規準的評等分類項目內容說明基準與判斷參照量尺，以引導教室觀察。這些指引，提供了許多有關於所期望之實際表現。評鑑所運用的評鑑規準的評等分類項目內容說明「評量基準」（rubrics），應該直接連貫到現行的課程政策與課程綱要的能力指標。他們應該是由將要使用他們的教師與行政人員，進行發展與批判能力指標與評鑑所要用的判斷參照基準說明，兩者的結合，可以用來定義說明以課程綱要的能力指標為依據的「學習獲得的課程」。

六、「評量考試的課程」之評鑑重點

本書第七章論及可以透過「評量考試的課程」之評鑑，來展現學生已經成功地精熟課程內容的知能與情意等等素養，這是很重要的「評鑑研究的課程」。是以「評量考試的課程」，應該最好是一種經過課程評鑑研究之後的課程，以確保「理念建議的課程」、「正式規劃的課程」、「資源支持的課程」、「實施教導的課程」之落實運作與「學習獲得的課程」之實踐，並引導學生進行多元的學習與真實的學習。

除了本書第七章「評量考試的課程」的討論之外，這是可以透過學生成就的多元評量來加以完成，包括標準化測驗、政府指定的

評量考試、教師主觀自編的測驗考試與實作評量。因此，「評量考試的課程」之評鑑範圍，理論上應該包括評鑑政府舉辦的評量考試測驗之品質、評鑑學校層次的評量考試測驗的品質、評鑑教師自編的評量測驗考試的品質。但是實際上由於資料情報取得的限制，對大多數學校教師而言，可能會特別留意學校層次的評量考試測驗的品質與教師自編的評量測驗考試的品質之評鑑等等「評鑑研究的課程」。

　　「評量考試的課程」，具有許多型式與包括許多目的，教師所發展出來並用來評量學生學習成就，且給予學生學習成績的評量測驗或考試，是最需要謹慎細心的課程評鑑。如果學生的考試分數或評量結果，出現了學習成就上的問題，應該和學校校長與教師一起商討，通常這是起因於教師「實施教導的課程」與「評量考試的課程」兩者缺乏一致性，所衍生的問題。或許進行此種評鑑的最佳方式，是由校長或學有專長的課程視導者和教師共同進行評鑑。下述是可能採用的評鑑歷程之實例：或許所有教師皆可以接受有關品質優良的教室評量專業發展之研習進修，而且在此過程中，所有參與者可以共同檢討表8-11教室層面「評量考試的課程」之評鑑要項的規準（Glatthorn, Carr, & Harris, 2001, 37）。

表8-11　教室層面「評量考試的課程」之評鑑要項

評量考試層面的課程評鑑	該評量考試測驗的設計	教師的回饋
評鑑細項舉隅（課堂評量與教師的回饋）	1. 具有一個明確的教學目標或學習目標？ 2. 提供明確的方向與指導說明？ 3. 合乎學校教師「實施教導的課程」或政府官方課程綱要、與學校課程計畫等「正式規劃的課程」？ 4. 指出該評量考試測驗每一部分的相對比重？ 5. 評量考試測驗的每一部分相對比重合乎學校教師「實施教導的課程」所強調的重點，並展現兩者之間的一致性？ 6. 針對評量考試測驗的共同部分，建議其時間分配？	1. 針對每一位學生提供書面或口頭回饋？ 2. 在回饋當中，同時指出學生表現的優點與缺點？ 3. 如未需要補救修正時，指出後續步驟？ 4. 利用評量考試測驗，以改進教學？

實際上，就提升學生「學習獲得的課程」之成效而言，教師應該針對「評量考試的課程」，批判地評鑑任何一個可能影響到他們學生的評量測驗考試，不管是政府、學校或教師自己舉辦的評量測驗考試。其次，學習領域小組或學年教學研究會的教師團隊應該透過開會專業地討論，指出該年級或學習領域科目「正式規劃的課程」與「實施教導的課程」的重要學習評量之能力指標，以加入一般通用的教學規準當中。再次，每一位教師指出一個已經過評量測驗與評分的「評量考試的課程」，以及一個正規劃未來要使用的「評量考試的課程」，並由該位教師利用一般通用的教育規準，與他們所增加的特定學習領域「正式規劃的課程」與「實施教導的課程」的之能力指標，以完成一份針對該特定領域「評量考試的課程」之自我評量，以透過能力指標進一步連貫「正式規劃的課程」、「實施教導的課程」與「評量考試的課程」，以確保培養學生的能力並提升學生的能力水準。

第二節　推動課程之改進

本書各章所論及的「理念建議的課程」、「正式規劃的課程」、「資源支持的課程」「實施教導的課程」、「學習獲得的課程」與「評量考試的課程」都是有待「評鑑研究的課程」；而且由本章上一節所述「理念建議的課程」、「正式規劃的課程」、「資源支持的課程」「實施教導的課程」、「學習獲得的課程」與「評量考試的課程」的評鑑，得知「評鑑研究的課程」之探究與課程評鑑任務之複雜性，一個高品質的課程改革系統，必須是政府、學校與教室層級分工協同合作進行課程評鑑，期望能透過課程評鑑蒐集「評鑑研究的課程」之情報資料，就課程改革進行永續經營，並不斷促成課程發展之改進。

由於課程改革是一種永無止境的過程，課程改革與國家發展息息相關，必須考量課程結構是否切合當前國家發展重點與未來社

會變革之需求，課程是否只重視知識的學習而忽略培養學生的多元知能與基本能力，中小學上課節數是否足夠、學習領域時間分配是否適當；當國家社會發展到一定程度，就會要求學校課程做出回應；當課程發展到一個階段，就會促成國家社會往前發展，並促成課程改革的良性循環與永續發展（行政院教育改革審議委員會，1996，83）。因此，一方面除了要透過政府、學校與教室層級分工合作進行課程評鑑之外，而且另一方面課程改革應是整個社會結構的問題，課程改革除了規劃者之外，尚有推動者、支援者、實施者、參與者及研究者，也必須利用多種資料來源與回饋，必須透過分工合作蒐集與「評鑑研究的課程」與課程評鑑之資料情報，以促成課程改革與進步，特別是政府應該設立課程研究發展的專責機構，負責推動課程改革以促成課程改進（curriculum improvement）與永續經營，本節將就此進行探究。

一、政府、學校與教室層級分工合作進行課程評鑑

需要在政府層次、學校層次與教室層次等每一個層級的課程發展與改革進行評鑑，以探究「評鑑研究的課程」。如果缺乏一個合理的評鑑研究歷程，則不容易去瞭解不同課程類型的適當性與整體課程發展歷程的效能。是以，應該透過政府、學校與教室層級分工合作，運用適當的方式，進行合乎情境脈絡的審慎決定，以進行課程評鑑（黃光雄與蔡清田，1999），以探究比較完整的「評鑑研究的課程」，以促成課程改革與進步。

(一)中央政府層級的課程評鑑之功能

就中央政府國家層級的課程功能而言，包括規劃高品質的課程綱要等「正式規劃的課程」，包括寬廣的課程願景目標、基本能力與各學習領域能力指標，甚至包括規定學生畢業的要求；指出每一個學校教育學習階段的核心課程方案；規劃每一個學習領域所必須

精熟的課程目標與能力指標，與明確的課程範圍與順序；提供「資源支持的課程」與必要的課程教學資源，以協助地方縣市政府與學校；規劃調整學校組織機制，以引導學校教師及社區人士投入學校課程發展；建立並實施課程評鑑機制，以評估課程改革及相關推動措施成效，並作為未來課程改進之參考；建立各學習領域能力指標，並評鑑地方及學校課程實施成效；指定各學習領域或學習科目的考試，甚至包括其他實作表現的評量測驗檢定（Glatthorn, Carr & Harris, 2001, 9）。

就中央政府層面課程評鑑的功能而言，教育主管當局的教育部要能蒐集世界先進國家的課程資料進行國際比較研究，並透過課程評鑑要求地方縣市政府的學校建立課程計畫等「正式規劃的課程」的備查制度，負起監督責任，但更要積極主動提供「資源支持的課程」與課程專業技術的協助，讓學校教師運作「實施教導的課程」與提升學生「學習獲得的課程」之品質，確立政府推動課程改革的主體性。例如我國教育部於2003年元月公布的國民中小學九年一貫課程綱要指出課程評鑑的評鑑範圍包括：課程教材、教學計畫、實施成果等。而且課程評鑑應由中央、地方政府分工合作，各依權責實施，特別是中央政府應該：1.建立並實施課程評鑑機制，以評估課程改革及相關推動措施成效，並作為未來課程改進之參考。2.建立各學習領域學力指標，並評鑑地方及學校課程實施成效。

又如，教育部為配合高中職多元入學制度之推動，參酌國民中小學九年一貫課程綱要等「正式規劃的課程」內容舉辦「國民中學基本學力測驗」作為「評量考試的課程」，據以檢視學生「學習獲得的課程」之成效，其分數得作為入學之參考依據之一。有關國民中學基本學力測驗之編製、標準化及施測事宜，應參照國民中小學課程綱要等「正式規劃的課程」之能力指標及相關法令之規定辦理。此外，針對課程教材等「資源支持的課程」之研發機制部分，教育部也應該建立中央、地方、學校永續發展的課程研發機構，例如可由教育部設立國家教育研究院或全國中小學課程研究發展中

心、縣市教育局成立課程研發單位（黃政傑，2005），甚至因應新課程改革的推動，由國家教育研究院等研發單位發展出合理可行的課程評鑑規章，發展出監督機制，讓各級學校採行，參與課程與教學評鑑，並建立正確的評鑑制度，探究「評鑑研究的課程」，以維持教育品質，並促成課程發展的永續經營。

(二)地方政府層級課程評鑑的功能

就地方政府層次的課程功能而言，包括規劃合乎國家教育政策的地方教育目標與地方政府強調的「正式規劃的課程」；提供學校課程所需的經費、資源與技術支援，包括補助選用「資源支持的課程」之優質教材；為學校教師與行政人員提供教育專業發展的研習進修方案；定期瞭解學校推動「實施教導的課程」之問題，並提出改進對策；規劃及進行課程教學評鑑，以改進並確保「學習獲得的課程」之成效與品質；輔導學校舉辦學生各學習領域學習成效評量；規劃「評量考試的課程」之地方考試或其他實作表現的測驗，以彌補國家考試的不足之處（Glatthorn, Carr & Harris, 2001, 9）。例如，我國教育部於2003年元月公布的國民中小學九年一貫課程綱要等「正式規劃的課程」便明確地指出地方政府的課程評鑑範圍包括：1.定期瞭解學校推動與實施課程之問題，並提出改進對策。2.規劃及進行教學評鑑，以改進並確保教學成效與品質。3.輔導學校舉辦各學習領域學生學習成效評量。

隨著國民中小學九年一貫課程改革的實施，部分縣市為協助各校推動課程改革，乃設置「課程督學」一職。課程督學有別於傳統的行政督學，課程督學的職責旨在於協助和督導學校課程發展與革新，以補行政督學在課程與教學視導方面之不足，一般是由教育局敦聘退休校長或儲備校長或現職校長無意續任校長者擔任，基本上都具有一定的教育學養和辦學經驗，然而部分縣市卻未能發揮其功能，可能因為課程督學是臨時編組，無明確法律規範，致使定位不明，權責不清，影響任務執行，不像一般行政督學具有法定的權

限，有權督導校務運作，要求學校立即改善。課程督學是課程改革下的產物，如果各縣市評估課程督學確有存在價值，就應該法制化，讓課程督學能名正言順行使其督導權限，納入課程改革的研究發展體系，俾便進行課程改革的永續經營。

特別是在課程綱要、學校課程計畫等「正式規劃的課程」之能力指標、「實施教導的課程」、「學習獲得的課程」、「評量考試的課程」之連貫的系統中，課程督學視導應該有一些非常重要的關注焦點，亦即審查學校課程計畫、引導、「實施教導的課程」之運作與改進學生的「學習獲得的課程」之成效（Carr & Harris, 2001）。這是與課程綱要、學校課程計畫等「正式規劃的課程」之能力指標、「實施教導的課程」、「學習獲得的課程」、「評量考試的課程」之連貫系統的課程評鑑重要面向。然而，該系統必須融入課程綱要與學校課程計畫所指定的能力指標，作為明確的教師教學重點與學生學習焦點，才能有效提升學生「學習獲得的課程」之成效。因此應該特別留意下列幾個重要的問題：

· 被指定的能力指標，是如何被用來決定視導與評鑑的焦點？

· 能力指標為依據的教室，看起來會是像什麼？

· 如何利用能力指標，以進行學習目標的擬定？

· 如何利用能力指標和同儕進行諮詢？

· 如何利用能力指標以進行總結性評鑑？

而且教育部在課程政策的推動過程中，應該扮演課程政策規劃和支持者的角色（蔡清田，2003），地方縣市政府與學校教師是課程實施不可或缺的主要執行者，因此，應該強化地方縣市輔導團專業導向的功能與深耕團隊種子教師的影響力，這是新課程推動的主要關鍵，因此必須要培養縣市政府課程深耕種子團隊、辦理校長與主任課程領導研習，鼓勵教師行動研究與活化教學方法，持續改進教師教學與學生的學習，激勵教育工作者的士氣，以努力追求更高層次的知識與技能，並且提供必要的協助支援，以促成持續的教師專業發展。

(三)學校層級的課程評鑑功能

學校層面的課程需要進行評鑑，學校層級乃是評鑑中重要的部分，因此校長與教師應該共同通力合作對課程品質進行審慎的評鑑，探究「評鑑研究的課程」，確實掌握課程的品質。就學校層級的課程功能而言，包括基於政府「正式規劃的課程」的教育願景，規劃學校課程計畫，並依據學校願景，轉化成學校課程目標，以彌補國家教育政策與地方課程目標不足；依據學校課程目標，規劃學習方案並選擇合適「資源支持的課程」、決定課程統整的性質與範圍，為校內教師提供專業發展的研習進修方案，以協助教師運作「實施教導的課程」，透過適當「評量考試的課程」，以提升學生「學習獲得的課程」之成效，並將「正式規劃的課程」、「資源支持的課程」、「實施教導的課程」、「評量考試的課程」、與「學習獲得的課程」加以連貫（Glatthorn, Carr & Harris, 2001, 9）。

我國教育部於2003年元月公布的國民中小學九年一貫課程綱要指出學校的課程評鑑範圍包括：負責課程與教學的評鑑，並進行學習評鑑。學校的成員必須為學校的辦學績效負責，校長、教師和家長將團結起來，共同塑造學校形象，增強學校人員生命共同體的共識。就學校層面而言，學校課程發展委員會的委員，應該具備課程專業素養的教育人員，也應該透過適當的教育訓練，培養其課程發展與探究「評鑑研究的課程」之專業能力。特別是自從國民中小學九年一貫課程改革實施以來，學校本位課程的設計與發展，成為各校實施的重要項目之一。由於這是國內首次將課程決定權下放給學校，正是彰顯教師專業自主權的一大步，然而問題是：學校教師是否有足夠的知能和時間從事課程設計的工作，這是令人最擔憂的；此外，教師自行設計課程是否符合學生心理發展和教材邏輯架構，亦非教師所能掌握，這是另一層的憂慮。

因此，就學校層級的課程評鑑任務而言，應該做好學校本位課程評鑑工作，並鼓勵各校進行自評工作，特別是重視課程綱要、

學校課程計畫等「正式規劃的課程」之能力指標、「實施教導的課程」、「資源支持的課程」、「學習獲得的課程」、「評量考試的課程」之連貫系統的課程評鑑，讓學校本位課程的實施，能夠有效發揮其功能；使各校展現學校本位課程特色的同時，學生也能真正獲得有意義和有價值的學習。

㈣教室層次的課程評鑑功能

就教室層級的課程功能而言，包括充實課程的內涵，使其豐富；規劃教學進度計畫表，以實施課程；規劃設計學習單元；將課程加以個別化；將課程加以評鑑以探究「評鑑研究的課程」；實施課程協助學生獲得必須精熟課程的能力（Glatthorn, Carr & Harris, 2001, 9）。就教室層次的課程評鑑功能而言，應該強調課程綱要、學校課程計畫等「正式規劃的課程」之能力指標、「實施教導的課程」、「資源支持的課程」、「學習獲得的課程」、「評量考試的課程」之連貫系統的課程評鑑，讓教室層次的課程評鑑，能夠有效發揮其功能，使學生能真正獲得有意義和有價值的學習。

特別是，在教室層面的「評鑑研究的課程」，應該努力建立教師對「實施教導的課程」之認同，肯定「學習獲得的課程」之評鑑的重要性和培養「評量考試的課程」之評鑑能力，這也是學校教育當局應該努力以赴的使命。因為「教育是百年樹人的大業」，教育不僅需要長期的培養學生，而其成就也要在極長的時間後才會顯現出來。一個充分而完整的教室層面課程評鑑方案，應該一方面以學生「學習獲得的課程」為焦點的形成性評鑑，這可以採取許多策略，諸如監控學生學習時的行為舉止、觀察其誤解的非口語訊息、提問題以檢核其理解程度、利用隨堂小考以評估其先前的學習、檢查家庭作業、每堂課結束時進行檢討以有效連結每一堂課並增強其學習。另一方面透過總結性評鑑，在每一個主要精熟的單元結束時進行的評鑑，大多數以單元為依據的課程評鑑，要求學生展現其學習成果，以評鑑其產生「真實的學習」之程度。

二、透過探究「評鑑研究的課程」，蒐集課程評鑑情報資料，進行課程改革

在強調以能力取向為依據的教育系統中，能力指標是擬定課程綱要與學校課程計畫等「正式規劃的課程」、選擇「資源支持的課程」、運作「實施教導的課程」之教學實務、提升學生「學習獲得的課程」之成效等，最優先順序的考慮要素。課程研究發展人員可以參考下述原則，進行課程評鑑蒐集「評鑑研究的課程」之相關情報資料，促成以情報資料作為依據的課程改革，推動未來的課程改進。

(一)蒐集教育系統的課程評鑑資料情報，作為未來推動課程改進之參考

蒐集教育系統的所有部門之課程資料情報，是用來作為進行課程評鑑與探究「評鑑研究的課程」，以規劃未來的課程改革之參考。一個完整的評鑑系統，將會顯示如何根據課程綱要的能力指標，來判斷學生的學習成就，也注意到可用的教育資源與情境、課程方案與教學實務、學生學習結果與其他指標，而且也包括了從教室、學校、地方、社區、國家社會與其他來源的不同種類的資料情報。它可以快速而有效地提供重要的課程方案之訊息資料情報，例如學校行政的支持、教育經費的落實、教學品質的改善等，亦不能忽略，這些是教育的品質能否提昇的重要關鍵。為了協助學生、教師與家長，我們必須建造一個開放且豐富的學習資訊網路，包括大量的題庫、進階讀物、教師專業期刊、教學資源平臺、教學研究資料的透明化等。藉由各種資訊網路，讓教師能擁有豐富的參考資料，並與其他教師分享教學經驗；家長能有足夠的資訊來輔助子女學習，及學生能據以自學。

課程改革不妨從宏觀的角度出發，再以評鑑研究資料與數據

佐證，政策不要急就章，循序漸進，就會找到新出路。過去的課程改革過度理想化，引進國外資料，昧於國內本土的教育環境，十年來的實施驗證，確實諸多窒礙難行，礙於國內情境不得不修正。例如，一綱多本造成學生負擔，教育部似乎可以明定各學年單元內容，以減少版本間的差異和銜接問題。當前國民中小學九年一貫課程改革的困境，可說是進退維谷，不積極推動會後悔，包括出版商所投入的教科書研發、政府投入的經費及人力等等許多的問題都會接踵而來；可是積極推動，稍一不慎，將會造成教育的動盪不安，因為學生的學習，禁不起一連串的粗糙實驗，萬一實驗失敗，又能如何加以彌補呢？現在的課程改革應該如何修正，正是考驗教育決策者的智慧。

　　表8-12「評鑑研究的課程」之資料情報來源與資料情報類型舉隅之矩陣，說明此一歷程所使用的評鑑，可作為課程改革永續經營的情報資料來源。此一「評鑑研究的課程」之資料情報來源與資料情報類型舉隅之矩陣，代表三個層次的資料情報來源（教室、學校、政府）與三種資料情報類型（資源與情境脈絡、課程方案與教學實務、學生學習成果）的交互作用。此一歷程聯合應用了質的資料與量的資料情報，可以減少並避免過度強調單一類型資料情報（諸如學生表現結果）的可能性，此一矩陣圖表包括每一方格內的實例，雖然這些不是完整的或一定必要的，但是，這可以協助課程研究發展人員透過所要評鑑的目標，來界定真正所要蒐集的與「評鑑研究的課程」之情報資訊。

表8-12　「評鑑研究的課程」之資料情報來源與資料情報類型舉隅之矩陣
（修改自Glatthorn, Carr & Harris, 2001, 52）

資料情報	類型一 可用的資源與情境脈絡	類型二 課程方案與教學實務	類型三 學生學習結果
資料情報	・所提供的資源是什麼？ ・時間分配、人力分配與資源分配是否與政府課程綱要「正式規劃的課程」及學習機會連貫一致？ ・「資源支持的課程」等資源是否支持一個以課程綱要能力指標為依據的教育系統？	・就學校與政府所指定的層次而言，教室內的實際執行課程實施的層次水準是什麼？ ・教學、學習及學校政策目標方針是否與課程綱要連貫一致？ ・教師運作「實施教導的課程」是什麼？	・學生知道什麼？ ・他們能做什麼？ ・是否有更多的學生透過「學習獲得的課程」，達成課程綱要的能力指標？
來源一 教室	・學生人口變項統計的資料情報 ・所設計的單元 ・所使用的材料之數量、品質、可用性、機會均等性 ・教師的知識與專長 ・水平與垂直的連貫一致 ・教育機會均等的問題 ・與家長及社區人士的溝通情形	・完成課內工作任務 ・參與課外的指定作業與專案 ・觀察 ・人工製品的作業分析 ・接觸合格的教師與學習材料 ・課程教學的教室評量之頻率次數 ・家長溝通的效能	・學生的工作成果 ・教室評量、觀察 ・「評量考試的課程」之評鑑規準的評等分類項目內容說明之基準、檢核表等等 ・科系部門舉辦的考試
來源二 地方學校	・財務預算的資料情報 ・安全設施 ・教師職前培訓與證照 ・選擇課程或修習課程 ・家長會議的出席者 ・師生比例 ・學校事務的家長參與 ・學生進一步升級安置的提供 ・所購買的材料 ・政策目標方針與歷程 ・地方強調重視的課程 ・人口統計的資料（如免費或優惠午餐的人數） ・地方社區就業人口 ・志工服務的性質與頻率 ・社區或工商企業提供的資源 ・專業發展的性質與頻率，與長程計畫的關係 ・上課日與學校行事曆的設計 ・教師協同合作的安排 ・教職員的證照、學校服務的年資、不同的職務地位。	・學生畢業後的追蹤調查 ・師生的缺席率 ・學生常規紀律指導紀錄 ・學生被暫時停止上課的紀錄 ・學生的退學紀錄 ・校園暴力事件 ・校園組織氣氛調查 ・教育政策目標方針與歷程之實施 ・學生轉學流動率 ・教師專業發展品質的調查 ・教師專業發展的實施層次水準	・標準化測驗 ・學生成績 ・地方區域的考試 ・學生輟學率 ・榮譽班註冊人數 ・學生進一步升級安置考試的分數 ・學術性的獎勵 ・留校察看的比率 ・不同次級團體與外部團體在課程綱要上的能力指標方面的比較資料 ・參與後期中等教育的入學人數與實際表現 ・完成後期中等教育課程方案 ・進入軍方服務的人數與實際表現 ・進入工作職場的人數與實際表現

（續下表）

| 來源三 國家政府 | ・學校品質的標準
・專業發展的補助經費
・研討會議、網頁、政府補助經費的應用與品質等。 | ・學校品質標準的調查
・國家和/或地方的課程綱要水準與學習機會的調查。 | ・數學評量檔案/評鑑規準的評等分類項目內容說明之基準
・語文評量檔案/評鑑規準的評等分類項目內容說明之基準
・科學評量 |

　　簡言之，就可用的教育資源與情境而言，可能的教育情報資料來源，包括了諸如所提供的教育資源是什麼？時間分配、人力分配與資源分配是否與政府的課程綱要等「正式規劃的課程」連貫一致？是否與學習機會連貫一致？資源是否支持一個以課程綱要的能力指標為依據的教育系統？希望透過民主開放的多元討論，凝聚共識，釐清出未來課程改革方向。

　　其次就課程方案與之教學實務而言，「實施教導的課程」可能的資料情報來源，包括了諸如就學校與政府所指定的層次水準而言，教室內教師「實施教導的課程」是什麼？教學、學習與目標方針是否與課程綱要等「正式規劃的課程」連貫一致？教師運作「實施教導的課程」的實施層次水準是什麼？

　　就學生學習結果而言，可能的資料情報來源，包括了諸如學生知道什麼？他們能做什麼？是否有更多的學生達成課程綱要的能力指標（Glatthorn, Carr & Harris, 2001）？這些都是提供「評鑑研究的課程」之情報資料的來源。

(二)課程評鑑提供課程方案與實施效能之持續性資料情報，提供未來改進基礎

　　「評鑑研究的課程」之探究，提供了有關課程方案與課程實施教學實務效能之持續性資料情報，而且提供了規劃課程改進行動方案之基礎。蒐集教育系統的所有部門之資料情報，是用來作為規劃未來的課程變革之參考。Tuckman（1985）指出課程評鑑方案與「評鑑研究的課程」之三個重要成分，第一是可以指出不同層

級之成就水準層次的一套學習結果（a set of results indicating which levels of attainment），第二是可以提供學習成就規準的一套指引標準（a set of standards that provide criteria for attainment），第三是可以用來測量實際學習成就水準層次的一套測量工具（a set of measures of actual levels of attainment）這些學習結果、指引標準、與測量工具，可能包括諸如時間、經費、資源等等的分配等投入（input），諸如教學、領導與評估表現等歷程（process），諸如一般學生實際表現結果等成果（outcomes）。

在支持以課程綱要能力指標等「正式規劃的課程」為依據的學習，有兩種課程方案的評鑑是很必要的。在課程實施過程中，形成性評鑑，可以繼續不斷地提供有關調整課程、教學與評量的立即回饋資料情報。總結性評鑑，在特定時間提供一種對實作表現的累積的總結檢討，諸如行動方案計畫的年度檢討。儘管形成性評鑑與總結性評鑑，在不同時間點，各自以不同的目的而出現，但是，他們兩者皆遵循著相似的步驟，亦即，規範說明所預期的學習結果、找出一致同意的規準與指引標準、進行實際學習結果的測量或評量。而且儘管此處「測量」或評量這種用詞似乎隱隱約約具有數量的意涵，但是，在評鑑以課程綱要的能力指標為依據的學習時，同時去聯合運用質的資料情報與量的資料情報，可能是相當必要的。

完整的「評鑑研究的課程」，可以考慮從七個面向來進行努力，亦即，課程領導、課程改進策略的規劃、學生及利害關係人所關注的焦點、資料情報與分析、學校將職員所關注的焦點、教育的與支援歷程的管理、組織表現的結果，這七大類可做為「評鑑研究的課程」之評鑑規準，而且可以進一步發展出十九個細項。而且這也需要注意有些問題可能同時需要質的與量的問題答覆。其中有四個實例是值得特別留意的（Glatthorn, Carr & Harris, 2001, 55）：

第一個項目是，課程改進策略的發展歷程，亦即，該項目所使用的方法。其問題舉隅，例如，課程改進策略規劃歷程是什麼？包括此歷程中的主要步驟與主要參與者。

第二個項目是，課程改進行動計畫方案的發展與開展部署，亦即，該方法應用在該項目的程度範圍。舉例的問題，例如如何分配資源，以確保整體行動方案計畫的達成？

第三個項目是，有關於學生需求與期望之相關知識。舉例的問題，例如如何監控學生使用協助、設備措施與服務，以決定其對主動學習、滿意度與發展等之影響。

第四個項目是，學生表現的結果，亦即，學生在該項目的目標達成程度。舉例的問題如，在主要的測量與指標上的學生表現層次水準與目前趨勢是什麼？

「評鑑研究的課程」之評鑑所利用來評量結果的途徑，是用來說明上述四種項目的方法、開展與部署，是該途徑應用到該項目所有要求之程度；結果是該項目所給予的目的之達成，此種確實的評鑑歷程是需要許多時間與精力。由於此種評鑑具有明確的規準，聯合運用了質的評量與量的評量，並以結果為焦點。這可能是一種實施以課程綱要能力指標等「正式規劃的課程」為依據的課程之可行模式，但是不管運用了何種途徑方法，高品質的課程方案評鑑，將應該會具有下列的特色：

1. 它不是孤立的事件。相反的，它應該一起和課程改進策略的規劃與課程改進行動計畫方案進行規劃的考量，而且它應該以課程綱要能力指標等「正式規劃的課程」與學生「學習獲得的課程」之成果做為學校教育的焦點。

2. 它需要廣泛的資料情報，這是需要同時包括質的描述與量的描述。

3. 它將結果安置於脈絡情境當中。

4. 當一個人、一個系所、或一個部門可能負起進行課程方案評鑑的組織責任，但是，此種歷程牽涉了許多不同的利害關係人，包括學生、教師、家長、社區人員、行政人員和學校管理委員會的成員。

5. 它是以課程改進策略的計畫與課程改進行動計畫方案所指出

的領域為焦點，決定那些能力指標與規準要接受仔細的審查批判。

6.它允許學校去根據所獲得的資料情報做成結論，而不致對課程方案或教學實務造成未審先判，就此原因而言，它可以為學校和課程改進策略規劃與課程改進行動計畫方案規劃提供可靠性（蔡清田，2000）。

㈢以改進學生學習為焦點

　　課程改進行動計畫方案，特別是以改進學生在課程綱要能力指標等「正式規劃的課程」與「學習獲得的課程」方面的學習為焦點，而且這些能力指標是經由教育人員、家長、社會人士與必要時由學生，共同協同合作所建構的能力指標。課程改進行動計畫方案的規劃，運用了學生表現的資料，去決定課程教學與學習的優先順序，它是一方面肇因起源於課程方案的評鑑，另一方面也可以引導而倒推回到課程方案的評鑑，並且決定了課程教學與資源的優先順序。在一個以課程綱要能力指標等「正式規劃的課程」為依據的教育系統當中，課程改進行動計畫方案的規劃之焦點，是集中於有關課程綱要的能力指標之學生學習實際表現；而課程改進策略的配套措施方案規劃，不僅包括課程改進行動計畫方案的學生表現之優先順序，而且也包括教育系統對此優先順序之支援，諸如教師專業發展、課程領導與資源分配等。換言之，一項課程改進行動計畫方案是整體策略計畫方案的部分之一，是以學生表現為焦點；特別是在以課程綱要能力指標等「正式規劃的課程」為依據的教育系統當中，行動計畫方案的焦點，是以影響學生在課程綱要的能力指標方面的實際表現作為關注的焦點，而其他的課程改進策略配套措施方案，則以資源與情境以及獲得更佳表現的實務支援等，做為關注的焦點。

　　課程改進行動方案計畫的規劃模式，通常包括四大步驟：

　　1.檢討學生「學習獲得的課程」之表現的成果。這包括指出學

生學習表現成果的主要特色，分析評量的資料情報，將評量的資料情報和教師的反省、知識與反應等進行比較，根據這些「評鑑研究的課程」之情報資料，行動計畫方案的規劃小組，便可提出問題並發展出初步的研究假設，以說明為什麼所蒐集資料的結果會是如此。

2.檢討其他來源的資料情報。這代表著將第一步驟所提出的問題與研究假設，和學習機會、教育人員資源與時間之分配、專業發展、視導與評鑑等其他資料情報，進行比較。此一步驟將行動計畫方案的規劃，和整體的課程改進策略配套措施方案進行連貫，並修正原先初步的研究假設。

3.總結摘要說明所檢討的資料情報，並解釋所發現的結果。在此步驟，課程改進行動計畫方案的規劃者，指出共同的主題，並決定該課程改進計畫方案的優先順序性。規劃人員也應該開始去考慮，如何與課程改進策略計畫方案進行協調配合。

4.將發現的結果，連貫到行動步驟，這是將課程改進行動方案計畫，轉化成為具體的運作。規劃人員要界定實施的步驟與活動，以確保這些步驟能夠合乎邏輯地連貫到所發現的結果。這一個要點，正是許多行動計畫方案需要警惕之處，因為許多課程改進行動計畫方案的學生表現，往往未能合乎課程綱要的能力指標為依據的要求。因此，規劃人員有必要發展出一條加以貫徹實施的時間軸線，並隨後擬定適當的學生學習表現目標。最後，他們要決定如何判斷該課程改進行動計畫方案的效能，並加以連貫到課程方案的評鑑計畫之上。

㈣指出必要的課程改進支援配套措施，協助學生獲得更高的學習成就水準

課程改進策略的計畫方案，要指出必要的組織支援方面之變革，以允許學校得以更能協助學生在「學習獲得的課程」方面，獲

得更高的學習成就水準。課程改進策略的計畫方案之規劃，連貫了資源、情境與課程教學實務，以協助有關課程綱要的能力指標之相關學習。在一個以課程綱要能力指標等「正式規劃的課程」為依據的教育系統當中，課程改進策略的計畫方案，是以行動的計畫方案當作其核心計畫。改進學生「學習獲得的課程」之學習表現的優先順序性，也依次決定了專業發展的優先順序性，也決定了經費預算、資源分配與實施進程等等其他要素的優先順序性。

三、成立課程研究發展的專責機構，推動課程改革促成課程改進

　　事實上，「正式規劃的課程」之研究規劃，是課程改進的源頭；若「正式規劃的課程」之研究規劃課程過程欠當，在課程規劃上有如準備不足的早產兒，匆促上路，急躁、粗糙！勢必影響到「資源支持的課程」與教師運作「實施教導的課程」之執行與學生「學習獲得的課程」之評鑑回饋。

　　課程綱要等「正式規劃的課程」是發展教科書等「資源支持的課程」和教師「實施教導的課程」之教學的重要依據，需要一個常設的專門機構負責，才能有效達成課程改革任務。若是沿襲過去臨時任務編組方式從事課程綱要的訂定，其實並不理想，因為該小組任務完成旋即解散，整個課程綱要的研發，缺乏連續性及經驗傳承，容易出現斷層與落差缺口，一旦發布實施，問題就會不斷接踵而來。

　　特別是適切的「正式規劃的課程」之研究規劃，須仰賴完整的資料為基礎，這些資料包括各級教育發展指標、中小學學生學習成就指標、學校經營效能指標，以及教育資料庫建立等。然而實際上，目前國內這些資料都相當不足，主因在於缺乏基礎性的研究，資料極為有限，有如摸著石頭過河邊做邊改，容易造成判斷失據或評鑑失焦的現象，難以提供作為「正式規劃的課程」之研究規劃的

參考！

　　「正式規劃的課程」之研究，絕不能只靠個人的力量，需要團隊的整合，宜委由一個專責機構統籌辦理較佳。雖然教育部有意將其設置在未來的「國家教育研究院」，然而該院籌備多年，至今設置條例尚未移送立法院審議，未來是否順利成立，恐怕變數仍大，設置「課程研究發展機構」也就遙遙無期。目前正在籌備階段的國家教育研究院，實屬最適合的機構，可惜籌備多時，尚未正式成立，未來一旦成立，當擔起重任，為「正式規劃的課程」之研訂與規劃，提供充分的參考依據。

　　針對缺乏課程教材研發機制部分，教育部也將建立中央、地方、學校永續發展的課程研發機構，例如教育部設立國家教育研究院、縣市教育局成立課程研發單位。特別是，重要而往往被忽略的是1999年2月3日修正公布的「國民教育法」第八條明定：「國民小學及國民中學之課程綱要，由教育部常設課程研究發展機構定之。」事隔多年，而「課程研究發展機構」設置，「只聞樓梯響，不見人下來」，目前國民中小學課程綱要的研擬，還都是由教育部邀集學者專家組成的任務編組負責，這似乎與國民教育法的規定不相吻合，實有改進之空間。

　　當今權宜之計，就是教育部先行委託大學設立，積極從事課程研究發展工作，並進行「理念建議的課程」、「正式規劃的課程」、「資源支持的課程」、「實施教導的課程」、「評量考試的課程」、「學習獲得的課程」與「評鑑研究的課程」等等之探究，等「國家教育研究院」正式成立之後，再將人員和工作移撥出去，否則一直處於等待之中，終究不是長久之計。籲國家教育研究院應儘速成立，進行相關課程改革研究，蒐集課程改革相關「評鑑研究的課程」之情報資料，為臺灣教育的課程研究發展擬定連貫政策，推動「正式規劃的課程」之研究規劃，並連貫到「資源支持的課程」、「實施教導的課程」、「評量考試的課程」與「學習獲得的課程」，落實課程改進。

參考書目

一、中文部分

王如哲（1999）。**比較教育**。臺北：五南。

方德隆（2001）。學校本位課程發展的理論基礎。**課程與教學季刊，4**
（2），1-24。

方德隆（2003）。「基本能力、統整課程」：課程改革政策的理想與
實際。教育部編印：國民中小學九年一貫課程理論基礎。

羊憶蓉（1996）。一九九〇年的澳洲教育改革：「核心能力」取向的
教育計劃。**教改通訊，20**，2-3。

李坤崇（2002a）。多元化教學評量。載於教育部主編：**國中小教師基
礎研習手冊**，120-162頁。臺北：教育部。

李坤崇（2002b）。多元化教學評量理念與推動策略。**教育研究月刊，**
91期，24-36頁。

李坤崇（2002c）。國民中小學成績評量準則之多元評量理念。載於教
育部主編：**國中小校長與督學培訓手冊**，137-154頁。臺北：教育
部。

行政院教育改革審議委員會（1996）。**教育改革總諮議報告書**。臺
北：作者。

余霖（2003）公不公布組距，沒關係。**國語日報**，2003/7/7，13。

周祝瑛（2003）**誰捉弄了臺灣教改**。臺北：心理出版社。

林清江與蔡清田（1997）。**國民中小學課程發展共同原則之研究**。嘉
義國立中正大學教育學程中心。教育部委託專案。

林清江（1998）。**國民教育九年一貫課程規劃專案報告**。立法院教育
委員會第三屆第六會期。臺北：教育部。

林佳慧（2003）。**21世紀初紐西蘭第三級教育報告書與法案之研究**。暨南國際大學比較教育所碩士論文，未出版，南投。

單文經、高新建、蔡清田、高博銓（2001）等譯：**校長的課程領導**。臺北：學富。

沈珊珊（2005）。國民中小學九年一貫課程改革之探討。**教育資料與研究**，65，17-34。

張明輝（1999）。各國學校教育與行政革新的計畫和策略。載於**學校教育與行政革新研究**（頁218-227）。臺北：師大書苑。

胡志偉（2005）。能教學之適文化國民核心素養研究：理論建構與實證分析。國科會研究計畫。

柯華葳與劉子鍵（2005）**18歲學生應具備基本能力研究**。教育部中教司委託研究。國立中央大學學習與教學研究所。

吳明烈（2004）。**終身學習**。臺北：五南。

吳麗君（2002）九年一貫課程的首演：改革理念與實務面向的落差。載於中華民國課程與教學學會主編**創世紀教育工程：九年一貫課程再造**。臺北：揚智。

徐超聖（2004）。九年一貫課程七大學習領域設置的再概念化分析。第六屆「兩岸三地課程理論研討會」課程改革的再概念化（上集）。臺北：中華民國教材研究發展學會。

莊明貞（2003）。**後現代課程改革**。臺北：高教出版社。

教育部（1999）。**國民中小學暫行課程綱要與現行國民中小學課程標準之比較**。教育部網站：http://teach.eje.edu.tw/data/國民中小學暫行課程綱要與現行國民中小學課程標準之比較890103.ht

教育部（2000）**國民中小學九年一貫課程暫行綱要**。臺北：作者。

教育部（2003）。**國民中小學九年一貫課程綱要**。臺北：作者。

洪裕宏（2003）界定與選擇國民核心素養： 概念參考架構與理論基礎研究。國科會研究計畫。

高新建（1999）。學校本位課程發展的成功因素：綜合分析。載於：高雄師範大學教育學系主編，**新世紀中小學課程改革與創新教學**

學術研討會論文集。高雄：高雄師範大學教育系。

高湧泉（2005）國民自然科學素養研究。國科會研究計畫。

徐明珠（2003）升學制度的最佳量尺。**國語日報**，2003/7/7，13。

黃光國（2003）**教改錯在哪裡**。臺北：心理出版社。

黃光雄（1988）。課程設計的模式。載於**中國教育的展望**。臺北：五
　　南。

黃光雄（1996）。**課程與教學**。臺北：師大書苑。

黃光雄等譯（2000）（James A. Beane 原著）**課程統整**。臺北，學富文
　　化事業有限公司。

黃光雄等譯（2001）（Susan M. Drake 原著）**統整課程的設計**。高雄，
　　麗文文化事業股份有限公司。

黃光雄與蔡清田（1999）**課程設計：理論與實際**。臺北：五南。

黃武雄（2004）。**學校在窗外**。臺北：社大人文庫。

黃炳煌（1996）。**教育改革—理念、策略與措施**。臺北：心理。

黃炳煌（1999）。談「課程統整」：以國民教育九年一貫課程為例。
　　發表於國立中正大學教育學院主辦**新世紀的教育展望國際學術研
　　討會**。1999年11月1-3日。嘉義民雄。

黃政傑（1987）。**課程評鑑**。臺北：師大書苑。

黃政傑（1988）**教育理想的追求**。臺北：心理出版社。

黃政傑（1991）。**課程設計**。臺北：東華。

黃政傑（1997）。**課程改革的理念與實際**。臺北：漢文。

黃政傑（1999）。永續的課程改革經營。發表於國立高雄師範大學教
　　育系主辦「**迎向千禧年——新世紀中小學課程改革與創新教學**」
　　學術研討會。1999年12月18日。屏東悠活飯店。

黃政傑（2005）。**課程改革新論：教育現場虛實探究**。臺北：冠學。

黃嘉雄（1999）學力指標之建構與評量。中正大學教育學院主編**新世
　　紀的教育國際學術研討會論文集**。高雄：麗文。

單文經（2001）。解析Beane對課程統整理論的實際與主張。載於中正
　　大學教育學院主編，**新世紀教育的理論與實踐**。高雄：麗文。

彭小妍（2005）人文素養研究。國科會研究計畫。

莊安祺譯（1998）。（H. Gardner 原著，*Frames of mind: the theory of multiple intelligences*）。7種IQ。臺北：時報文化。

郭俊賢、陳淑惠譯（1999）。L. Campbell, B. Campbell, D Dickinson 原著，*Teaching & Learning through Multiple Intelligence*。**多元智慧的教與學**。二版，臺北：遠流。

郭俊賢、陳淑惠譯（2000）。D. Lazear 原著，*Multiple intelligences approaches to assessment*。**落實多元智慧教學評量**。臺北：遠流。

陳伯璋（1999a）。九年一貫新課程綱要修訂的背景及內涵。**教育研究資訊**，7(1)，1-13。

陳伯璋（1999b）。九年一貫課程的理論及理念分析。本文發表於中華民國教材研究發展學會與國立臺北師範學院主辦九年一貫課程系列研討會，1998年3月10日。臺北。

陳伯璋（2001）**新世紀課程改革的挑戰與省思**。臺北：師大書苑。

陳伯璋（2003）課程統整的迷思與省思。歐用生與陳伯璋主編**課程與教學的饗宴（21-40）**。高雄：復文。

許菊芳（1996）。「關鍵能力」啟動未來。天下**雜誌**，178，166-172。

陳瓊森譯（1997）。H. Gardner原著，Multiple intelligences: The theory in practice。開啟多元智能新世紀。臺北：信誼。

楊深坑 （1999a） 教育知識的國際化或本土化？兼論臺灣近年的教育研究。**教育學報**，27(1)，361-381。

楊深坑（1999b）迎向新世紀的教育改革－方法論之昔察與國際改革趨勢之比較分析，＜教育改革、師資培育與教學科技：各國經驗＞國際學術研討會。

楊龍立（2001）**學校為本課程**。臺北：五南。

楊思偉（1999）。**規劃國民中小學九年一貫課程基本能力實踐策略**。教育部委託專案研究報告。臺北：**臺灣師範大學教育研究中心**。

彭森明（2002）新世紀教育改革研討會紀實：美國當前教育改革的趨勢。**翰林文教**，2002（3），49-56。

蘇永明（2000） 九年一貫課程的哲學分析-以「實用能力」的概念為核心。載於載於財團法人國立臺南師院校務發展文教基金會主編**九年一貫課程：從理論、政策到執行**（pp.1-20）。高雄：復文。

薛承泰（2003）**十年教改為誰築夢？**臺北：心理出版社。

顧忠華（2005）我國國民歷史、文化及社會核心素養之研究。國科會研究計畫。

歐用生（1996）。**教師專業成長**。臺北：師大書苑。

歐用生（1999）。從「課程統整」的概念評九年一貫課程。**教育研究資訊**，7(1)，22-32。

歐用生（2000）。**課程改革**。臺北：師大書苑。

歐用生（2002）披著羊皮的狼？九年一貫課程改革的深度思考。載於中華民國課程與教學學會主編**創世紀教育工程：九年一貫課程再造**。臺北：揚智。

歐用生（2003） 課程統整再概念。歐用生與陳伯璋主編**課程與教學的饗宴（3-20）**。高雄：復文。

歐用生（2007）課程理論與實際的「辯證」——一條漫長的課程改革之路。載於中華民國教材研究發展學會主編**課程理論與課程改革**。臺北：中華民國教材研究發展學會。又載於周淑卿與陳麗華主編**課程改革的挑戰與省思（1-26）**。黃光雄教授七十大壽祝壽論文集。高雄：麗文。

盧美貴（2000）。啐啄同心－學校本位課程發展的領導極其配合措施。載於中華民國教材研究發展學會主編：**邁向課程新紀元（下）**（pp. 242-278）。臺北：中華民國教材研究發展學會。

盧雪梅（2001）「九年一貫課程能力指標」知多少。**教育研究月刊**，第58期，73。

盧雪梅（2004）**從技術面談九年一貫課程能力指標建構：美國學習標準建構的啟示**。教育研究資訊。12：2。

羅吉臺、席行蕙譯（2001）。Thomas Armstrong著（1994），多元智慧豐富人生。臺北。

睿安（2003）好老師 薪火相傳。**國語日報**，2003/7/7，12。

蔡清田（2000a）**教育行動研究**。臺北：五南。

蔡清田（2000b）。學校整體課程之設計。載於中華民國課程與教學學會主編**課程統整與教學**（pp. 289-313）。臺北：揚智。

蔡清田（2001）**課程改革實驗**。臺北：五南。

蔡清田（2002）**學校整體課程經營**。臺北：五南。

蔡清田（2002主譯）**學習領域的課程設計**。臺北：五南。

蔡清田（2003）**課程政策決定**。臺北：五南。

蔡清田等（2004a）**課程發展行動研究**。臺北：五南。

蔡清田等（2004b）**課程統整與行動研究**。臺北：五南。

蔡清田等（2005）**課程領導與學校本位課程發展**。臺北：五南。

蔡清田（2006）**課程創新**。臺北：五南。

蔡清田等（2007）**學校本位課程發展的新猷與教務課程領導**。臺北：五南。

關晶（2003）。關鍵能力在英國職業教育中的演變。**外國教育研究**，30-1，32-35。

二、英文部分

Aoki, T.T.(2003) . Locating living pedagogy in teacher "research": Five metonymic moments .In E. Hasebe-Ludt & W. Hurren (Eds.), *Curriculum intertext: Place, language, pedagogy* (pp.1-10). New York：Peter Lang .

Airasian, P. W. & Gullickson, A. (1999). Teacher self-evaluation. In J. H. Stronge (Ed.), *Evaluating teaching: A guide to current thinking and best practice* (pp. 215-247). Thousand Oaks, CA: Corwin Press.

Apple, M.(1988) Teaching and technology: The hidden effects of computers on teachers and students. In Beyer,.L.E & Apple,M.W.(1988)(eds.). *The Curriculum: Problems, Politics,and Possibilities* . Albany:Sunny.

Apple, M.(1993). *Official knowledge: Democratic education in a conservative age.* London: Routledge.

Archibald, D., & Newmann, F. (1988). *Beyond standardized testing: Authentic academic achievement in the secondary school.* Reston, VA: National Association of Secondary School Principals.

Australian Education Council (1989).*Common and agreed national goals,* Canberra, AGPS. AEC

Beane, J. A. (1997). *Curriculum integration: designing the core of democratic education.* New York: Teachers College Press.

Berliner, D. C. (1987). But do they understand? In V. Richardson. Koehler (Ed.), *Educators' handbook: A research perspective* (pp.259-294). New York: Longman.

Bernotavicz, F., & Locke, A. (Spring 2000). Hiring child welfare caseworkers: Using a competency-based approach. *Public Personnel Management,* 29, 33-42.

Betances, C. A.(1999). *From Professional Development to Practices: Factors in the Implementation of Standards-Based Curriculum and Instruction.* Ed. D. Dissertation of The George Washington University.

Beyer,.L.E.& Apple, M. W.(1988)(eds.). *The Curriculum : Problems, Politics, and Possibilities* . Albany:Sunny.

Bloom, B. S., Hastings, J .T., & Madaus, G. F. (1971). *Handbook on formative & summative evaluation of student learning.* New York: McGraw.Hill.

Bobbitt, F. (1918) *The curriculum.* Boston: Houghton Mifflin Company.

Bobbitt, F. (1924). *How to make a curriculum.* Boston: Houghton Mifflin Company.

Bridges, D. (1997) Personal autonomy and practical competence. In Bridges, D. (1997)(ed) *Education, autonomy and democratic citizenship: Philosophy in a changing world.* (Pp. 153-164). London: Routledge.

Brophy, J. E. (1982) How teachers influence what is taught and learned in classroom. *The Elementary School Journal*, 83(1),1-13.

Brown, D.S. (1988). Twelve middle-school teachers' planning. *Elementary School Journal* , 89 , 69-87 .

Bruner, J.(1960).*The Process of Education*. Cambridge, MA: Harvard University Press.

Bruner, J. (1966) *Toward a Theory of Instruction*. Cambridge, MA: Harvard University Press.

Bruner, J. (1967) Man: A Course of Study. In Bruner, J. & Dow, P. *Man: A Course of Study. A description of an elementary social studies curriculum.* (Pp.3-37). Cambridge, MA: Education Development Centre.

Bruner, J.(1970)."Expository and Hypothetical Modes" in *Man: A Course of Study. Seminars for Teachers*(p.93).. Cambridge: Education Development Centre.

Bruner, J.(1971).*The Relevance of Education*. London: George Allen & Unwin LTD.

Bruner, J.(1977).*The Process of Education*. Cambridge, MA: Harvard University Press.

Bruner, J. S.(1978). *Toward a Theory of Instruction*(8th Ed.). London: Cambridge.

Bruner, J.(1980)."Man: A Course of Study: Response 1. In Stenhouse, L.(1980a). *Curriculum Development in Action*(pp.225-226.). London: Heinemann Educational Books.

Bruner, J. S (1983) *In Search of Mind*. London: Harper & Row Publisher.

Bruner, J.(1986).*Actual Minds, Possible Worlds.* Cambridge, MA: Harvard University Press.

Bruner, J.(1996).*The Culture of Education*. Cambridge, MA: Harvard University Press.

Carr, J.F. & Harris, D. E. (2001). *Succeeding with standards: Linking curriculum, assessment, and action planning.* Alexandria, VA.: Association for Supervision and Curriculum Development.

Cherryhomes, C.H. (2002). Curriculum ghost and visions-and what to do ? . In W.E. Doll & Gough, N. (Eds.). *Curriculum visions* . New York：Peter Lang .

Clandinin, D. J. & Connelly, F. M. (1992) Teachers as curriculum makers. In Jackson, P. (ed.) *Handbook of research on curriculum.* (Pp.363-401). N. Y. : Macmillan.

Dagget, W. (1995) Keynote address. OSSTF Grass Roots Conference, Toronto, ON.

Daignault, J. (1995) Understanding curriculum as poststructuralist, deconstructed, postmodern text. In Pinar, W.F., Reynold, W.M., Slattery, P., & Taubman, P.M.(1995). *Understanding curriculum :an introduction to the study of historical and contemporary curriculum discourses.* New York : Peter Lang.

Dealing, Sir Ron (1996). *Review of qualifications for 16-19 year olds.* London: School Curriculum and Assessment Authority, SCAA.

Department of Education, Science and Training .(2005).*School education.* Retrieved April 12, 2006, from http://www.dest.gov.au/sectors/school_education/

DfES (2003). *Children's Green Paper.* London: DfES.

DfES (2005). *The 14-19 Education and Skills - White paper.* London: DfES.

DfES(2006).*Education_in_England.* Retrieved Sep 13,2006,from http://en.wikipedia.org/wiki/Education_in_England.

Doll, R. C. (1996) Curriculum leadership: Its nature and strategies. In Doll. R. C. *Curriculum improvement: Decision making and process* (489-544). Boston: Allyn and Bacon.

Doll, W. E. & Gough, N. (2002). *Curriculum visions.* New York : Peter Lang.

Doyle, W. (1986). Classroom organization and management. In M. C.Wittrock(Ed), *Handbook of research on teaching* (3rd ed., pp. 392-431).New York: Macmillan.

Drake,S. M. (1998). *Creating Integrated Curriculum: Proven Ways to Increase Student Learning.* Thousand Oaks, California: Corwin Press.

Eisner, E.W. (1994) *The educational imagination.* (3 rd ed.) New York: Macmillan.

Elkin, S.L. & K.E. Soltan (Eds.). (2000). *Citizen Competence and Democratic Institutions.* Pennsylvania: The Pennsylvania State University Press.

English, F. W. (1992). *Deciding what to teach and test: Developing, aligning, and auditing the curriculum.* Newbury Park, CA: Corwin.

Finn, B. (1991). *Young people's participation in post-compulsory education and training.* Canberra: Australian Government Publishing Service..

Finn, C., & Ravitch, D.(1996). *Education reform 1995-1996: A report from the Education Excellence Network to its education policy committee and the American People.* Indianapolis, IN: Hudson Institute.

Fogarty. R. (1991) Ten ways to integrate curriculum. *Educational Leadership*, 49(2), 61-66.

Fullan, M. (1989) *Implementing educational change: what we know.* Ottawa: Education and Employment Division, Population and Human Resources Department, World Bank.

Fullan, M. (1990) Beyond implementation. *Curriculum Inquiry*, 20 (2), 137-139.

Fullan, M.(1991). *The new meaning of educational change.* New York: Teachers College Press.

Fullan, M.(1992). *Successful School Improvement.* Milton Keynes: Open University Press.

Fullan M. & Miles, M (1992) Getting reform right: What works and what doesn't. *Phi Delta Kappan*, 73(10), 744-752.

Fullan, M. & Pomfret, A. (1977) Research on curriculum and instruction implementation. *Review of Education Research*. 47(1), 355-397.

Gardner, H. (1983). *Frames of mind: The theory of multiple intelligences*. New York: Basic Books.

Glatthorn, A. A. (1987) *Curriculum leadership*. Glenview, Ill.: Scott, Foresman & Co.

Glatthorn, A. A. (1990). *Supervisory leadership*. New York: HarperCollins.

Glatthorn, A. A. (2000) *The principal as curriculum leader: Shaping what is taught and tested*. Thousand Oaks, California: Corwin.

Glatthorn, A., Bragaw, D., Dawkins,K. & Parker, J.(1998) *Performance assessment and standards-based curricula: The Achievement cycle*. N.Y.: Eye On Education, Inc.

Glatthorn, A., Carr, J. F., & Harris, D. E. (2001) *Planning and organizing for curriculum renewal*. Alexandria, VA.: Association for Supervision and Curriculum Development.

Good, T. L., & Brophy, J. E. (1987). *Looking in classrooms* (4th ed.). New York: Harper & Row.

Goodlad, J. I. (1979) The scope of curriculum field. In Goodlad, J. I. and Associates., *Curriculum inquiry: The study of curriculum practice*. N. Y. McGraw-Hill.

Green,A. (1997) *Education, Globalization and National State*. London：Macmillan Press.

Guskey, T. R. (1985). *Implementing mastery learning*. Belmont, CA: Wadsworth.

Guskey, T. R. (2001). Helping Standards Make the Grade. *Educational Leadership*, 59(1), 20-27.

Hall, G. E., & Loucks, S. F. (1977) A developmental model for determining whether the treatment is actually implemented. *American Educational*

Research Journal, 14(3), 263-276.

Hall, G. E., Wallace, R. C. & Dossett, W. F. (1973) A developmental conceptualization of the adoption process within educational institutions. Unpublished paper. Austin: University of Texas, Research and Development Center for Teacher Education.

Halpin, D. (2006). Understanding curriculum as utopian text. In Moore, A. (2006)(Ed.).*Schooling , society and curriculum(147-157)*. London: Routledge.

Harstad,(2001) Which Key Characteristics Of Graduates Will A Technology. International Conference on Engineering Education. August 6 - 10, 2001 Oslo, Norway.

Haste, H. (1999). *Competence; Psychological realities*. DeSeCo Expert Report. Swiss Federal Statistical Office. Neuchatel. (downloadable at www.deseco.admin.ch)

Henderson, J. G., & Hawthorne, R.D. (2000). *Transformative curriculum leadership*. Upper Saddle River, NJ: Merril.

Hunter, C.S.J. & Harman, D. (1979) *Adult literacy in the United State*: A report to the Ford Foundation. New York: Mcgraw-Hill. 。

Hynes, W.(1996) Kudos to our classrooms: *Globe and Mail*, Toronto, Ontario, Canada.

Jacobs, H. (1991). Planning for Curriculum Integration. *Educational Leadership*, 49(2), 50-60.

Jacobs, H. (1995). *Mapping the big picture*. Alexandria, VA: Association for Supervision & Curriculum Development.

Kellner, D. (2000) *Globalization and New Social Movements: Lessons for Critical Theory and Pedagogy*. In Burbules & Torres (Eds.): *Globalization and Education: Critical Perspectives*，299-321.

Kempner (1998) *Post-Modernizing Education on the Periphery and in the Core*. International Review of Education,vol,44

Kendall, J. S., & Marzano, R. J. (1997). *Content knowledge* (2nd ed.). Aurora, CO: Mid-continent Regional Education Laboratory.

Kenway, J. (1997) *Education in the Age of Uncertainty: An Eagle's Eye-View*. Paper commissioned by the Equity Section, Curriculum Division, Department for Education and Children's Services, South Australia.

Kim, D. (1993). The link between individual and organizational learning. *Sloan Management Review*, 35(1), 37-50.

Lawton, D. (1983) *Curriculum studies and educational planning*. London: Hodder and Stoughton.

Leithwood, K. A. (1981) Managing the implementation of curriculum innovations. *Knowledge: Creation, Diffusion, Utilization*, 2(3), 341-360.

Little, J.W. (1990) Conditions of professional development in secondary schools. In M.W. McLaughlin, J.E. Talbert & N. Bascia (Eds.) *The contexts of teaching in secondary schools* (pp.187-223). New York: Teachers College Press.

Loucks, S. F., Newlove, D. W., & Hall, G. E. (1975) *Measuring levels of use of the innovation: A manual for trainers, interviewers, and raters*. Austin: University of Texas, research and Development Center for Teacher Education.

Loucks-Horsley, S., Stiegelbauer, S. (1991). Using knowledge of change to guide staff development. In A. Liberman & L. Miller (Eds.). *Staff development for education in the 90s* (pp.. 45-60). New York: Teachers College Press.

Marsh, C.J., Day, C., Hannay, L . & McCutcheon, G. (1990) *Reconceptualizing School-based curriculum development*. London: Falmer.

Marsh, C. & Willis, G. (1995) *Curriculum: alternative approaches, ongoing issues*. Englewood Cliffs, N. J.: Merrill.

Marsh,C. J.(1997). *Planning, Management and Ideology: Key concepts for understanding curriculum 2.* London: The Falmer Press.

Marshall, R. & Tucker, M. (1992). *Thinking for a living: Education and the wealth of nations.* New York: Basic Books.

Martin Carnoy (2000) Globalization and Educational Reform, in Nelly P. & Karen, B eds. (2000) *Globalizaton and Education.* N.Y.: Rowman & Littlefield publishers, INC.

Marzano, R. & Kendall, J. (1996). *Issues in brief: The fall and rise of standards-based Education.* N.Y.: MCRel Resources Center.

Mayer, E. (1992) Putting general education to work: The key competencies report. Canberra: Australian Government Publishing Service..

Mayer Committee. (1992). *Key Competencies.* Retrieved March 29, 2006, from http://www.dest.gov.au/NR/rdonlyres/F1C64501-44DF-42C6-9D3C-A61321A63875/3831/92_36.pdf

McLaren, Peter (1998) Revolutionary pedagogies in Post-Revolutionary Times: Rethinking the Political Economy of Critical Education. *Educational Theory,* vol.48,no.4, 15-28.

Ministerial Council on Education, Employment, Training and Youth Affairs. (1999). *The Adelaide Declaration on National Goals for Schooling in the Twenty-First Century* . Retrieved March 10, 2006, from http://www. mceetya.edu.au/ mceetya/nationalgoals/index.htm

Ministry of Education. (2002). *DRAFT/Tertiary Education Strategy 2002-2007.* Retrieved May 27, 2006, from http://www.minedu.govt.nz/ web/downloadable/dl6730_v1/final-draft-tes-version-13.12.01.pdf

Ministry of Education. (2002). *Tertiary Education Strategy2002-2007.* Retrieved May 20, 2006, from http://www.minedu.govt.nz/web/ downloadable/dl7128_v1/tes.pdf

Ministry of Education. (2005). *KEY COMPETENCIES IN TETIARY EDUCATION.* Retrieved May 10, 2006, from http://www.minedu.govt. nz/web/downloadable//dl10354_v1/key-competencies.pdf

Mitchell, R. (1992). *Testing for learning*. New York: Free Press.

Moore, A. (2006)(Ed.). *Schooling , society and curriculum*. London: Routledge.

Murphy, J. (1990) The educational reform movement of the 1980s: A comprehensive analysis. In Joseph Murphy(ed)., *The educational reform movement of the 1980s*: Perspectives and cases. Berkeley, CA: McCutchan Publishing Corporation.

National Council of Teachers of Teachers of English and International Reading Association. (1996). *Standards for the English language arts*. Urbana, IL: National of Teachers of English..

National Council of Teachers Mathematics. (1989). *Curriculum and evaluation standards for school mathematics*. Reston, VA: Author.

Nitko, A. (1983). *Education tests & measurements: An introduction*. Orlando, FL: Harcourt Brace Jovanovich.

Noddings, N. (1986) Fidelity in teaching, teacher education, and research for teaching. *Harvard Educational Review*, 56(4), 496-510.

Norris, N. (1990) *Understanding educational evaluation*. London: Kogan Page.

Oliva, P. F. (1992) *Developing the curriculum (3rd ed.)*. New York: Harper Collins.

Parsons, C. (1987) *The curriculum change game*. London: falmer.

Pinar, W.F., Reynold, W.M., Slattery, P., & Taubman, P.M.(1995). *Understanding curriculum :an introduction to the study of historical and contemporary curriculum discourses*. New York : Peter Lang.

Pinar, W.F.(2004). *What is curriculum theory?*. New Jersey : Lawrence Erlbaum Associates Publishers.

Portelli, J. P. (1987) Making sense of diversity: The current state of curriculum research. *Journal of Curriculum and Supervision*, 4(4), 340-361.

Posner, G. J. (1995) *Analyzing the curriculum*. London: McGraw-Hill.

Posner, G. J. & Rudnitsky, A. N. (2001). *Course design: A guide to curriculum development for teachers (6ᵗʰ ed)* . New York: Longman

Pratt, D. (1994). *Curriculum planning: A handbook for professionals*. Orlando, FL: Harcourt Brace College Publishers.

Price, D. & Stradley, A. (1981) The grassroots level of caring: An evaluation of school-based curriculum development. *Curriculum Perspectives*, 2(1), 33-37.

QCA, (2000) The School Curriculum and National Curriculum.Http:/www. nc.uk.net/about-ks1-ks2.html

Ross, A. (2000) *Curriculum: construction and critique*. London: Falmer Press.

Rychen, D. S. & Salganik, L. H. (2003)(eds.) *Key competencies for a successful life and a well-functioning society*. Cambridge, MA: Hogrefe & Huber Publishers.

SCANS (1991).*What work requires of schools: A SCANS report for America 2000*, Washington DC, US Department of Labor.

Scott, D.(2006). Six curriculum discourses: contestation and edification. In Moore, A. (2006)(Ed.). *Schooling , society and curriculum(31-42)*. London: Routledge.

Schubert, W. H. (1986). *Curriculum: Perspective, paradigm, and possibility*. N. Y. Macmillan.

Schwab, J. (1983) The Practice 4: Something for curriculum professors to do. *Curriculum Inquiry*, 13(3),239-265.

Sergiovanni, T.J. (1995) *The principalship: A reflective practice perspective*. San Francisco,CA: Allyn & Bacon.

Short, E. (1991a) (ed.) *Forms of curriculum inquiry*. Albany: SUNY Press.

Short, E. (1991b) A perspective on understanding the nature of curriculum inquiry. *Curriculum and Teaching*, 6(2), 1-14.

Short, E. (1991c) Inquiry methods in curriculum studies: An overview. *Curriculum Perspectives* 11(2), 15-26.

Simpson, B. (2002). The knowledge needs of innovating organizations. *Singapore Management Review*, 24(3), 51-60.

Sizer, T. (1984). *Horace's compromise: The dilemma of the American high school*. Boston: Houghton Mifflin.

Skilbeck, M. (1984). *School-based curriculum development*. London: Harper & Row.

Snyder, J., Bolin, F. Zumwalt, K. (1992). Curriculum implementation. In Jackson, P. W. (eds.) *Handbook of research on curriculum*. N.Y.: Macmillan.

Soltan, K.E. (1999) Civic competence, attractiveness, and maturity. In Elkin , S. L. & ,Soltan, K.E.(eds) *Citizen competence and democratic institutions*(pp. 17-37). Pennsylvania: The Pennsylvania State University Press.

Spencer, L.M., & Spencer, S.M. (1993). *Competence at Work : Models for Superior Performance*. New York: John Wiley and Sons.

Stenhouse, L. (1975). *An introduction to curriculum research and development*. London: Heinemann.

Stein, S.(2000). Equipped for the future content standards: What adults need to Know and be able to do in the 21st century. Washington, DC: National Institute for Literacy.

Stiggins, R. J. (1987). *Design & development of performance assessments*. Washington, DC: National Council on Measurement in Education.

Taba, H. (1962) *Curriculum development: theory and practice*. N.Y.: Harcourt Brace Jovanovich.

Tanner, D. & Tanner, L. N. (1995). *Curriculum Development: Theory into Practice*(3nd ed.). Englewood Cliffs, NJ: Prentice-Hall.

Tucker, M. (1998, Spring). The state of standards: powerful tool or symbolic gesture? *Expecting More*,1(2)., Washington, DCC:NCEE.

Tyler, R. W. (1949) *Basic principles of curriculum and instruction*. Chicago: University of Chicago Press.

Van Zolingen S. J.(2002). The Role of Key Qualifications in the Transition from Vocational Education to Work. *Journal of Vocational Education Research*, 23(2). Retrieved June 6, 2006 from http://scholar.lib.vt.edu/ ejournals/JVER/v27n2/vanzolingen.html#mertens1974

Weinert, F.E. (1999). *Concepts of Competence*. DeSeCo Expert Report. Swiss Federal Statistical Office. Neuchatel. (downloadable at www. deseco.admin.ch)

Werner, M.C. (1995). *Australian key competence in an international perspective*. ERIC ED407587

White, J. (1973). *Towards a compulsory curriculum*. London: Routledge and Kegan Paul.

Whitty, G. with Sally Power (2002). The overt and hidden curricula of quasi-markets. In G. Whitty (Eds.) Making sense of education policy (pp.94-106). London: Paul Chapman Publishing.

Wiggins, G. (1989). Teaching to the (authentic) test. *Educational Leadership*, 46(7), 41-47.

Wiggins, G. (1998). *Educative assessment*. Alexandria, VA: Association for & Curriculum Development.

Willis, G. , Schubert, H. W. Bullough, R. V., Kridel, C & Holton, J. (1994)(eds.) *The American curriculum: A documentary history*. Westport: Praeger.

Young, M. (2006). Education, knowledge and the role of the state. In Moore, A. (2006)(Ed.). *Schooling , society and curriculum(19-30)*. London: Routledge.

重要名詞索引

一、中文名詞

二、英文名詞

B

C

Good 227

Goodlad 5, 7, 8, 19, 21, 59, 66, 105, 106, 109, 149, 189, 190, 273

Gough 4, 21

grade level 88

Guskey 220, 227, 256-258, 260

H

Hall 173-175

Halpin 1, 21

Hannay 60, 83, 131

Harris 27, 87, 94, 96, 97, 131, 133, 135, 143, 178, 179, 182, 184, 186, 215, 216, 218, 229, 231, 232, 243, 252, 253, 258, 259, 261, 267, 270

Harris, 273, 274, 282, 283, 285, 295, 301, 304-308, 311-313

Harvard University 27, 105

Hastings 225, 227

Hawthorne 17, 169, 171, 197

Hawthorne, 286, 287, 289, 294

HCP 10

Henderson 17, 169, 171, 197, 286, 287, 289, 294

hidden curriculum 203

High School 79

Holton 4

Howard Gardner v, 22, 27-35

Humanities Curriculum Project 10

Hynes 51

I

ideal 13

ideal curriculum 5, 15, 21

ideal or recommended curriculum 14, 15, 21

ideological curriculum 5, 15, 21

implementation 155

國家圖書館出版品預行編目資料

課程學／蔡清田著. －－初版.
－－臺北市：五南，2008.03
　　面；　公分
參考書目：面
ISBN 978-957-11-5132-8（平裝）
1.課程
521.7　　　　　　　　　　97002115

1ISZ

課程學

作　　者 ― 蔡清田（372.1）

發 行 人 ― 楊榮川

總 編 輯 ― 龐君豪

主　　編 ― 陳念祖

責任編輯 ― 李敏華

封面設計 ― 陳卿瑋

出 版 者 ― 五南圖書出版股份有限公司

地　　址：106台北市大安區和平東路二段339號4樓

電　　話：(02)2705-5066　　傳　　真：(02)2706-6100

網　　址：http://www.wunan.com.tw

電子郵件：wunan@wunan.com.tw

劃撥帳號：01068953

戶　　名：五南圖書出版股份有限公司

台中市駐區辦公室/台中市中區中山路6號

電　　話：(04)2223-0891　　傳　　真：(04)2223-3549

高雄市駐區辦公室/高雄市新興區中山一路290號

電　　話：(07)2358-702　　傳　　真：(07)2350-236

法律顧問　得力商務律師事務所　張澤平律師

出版日期　2008年3月初版一刷

定　　價　新臺幣420元

กอง319